山岳宗教遺跡の研究

時枝　務　著

岩田書院

山岳宗教遺跡の研究　目次

はしがき……5

序　章……9
はじめに　9　一　霊山とはなにか　10　二　霊山研究の方法　13
三　考古学による霊山研究小史　16　おわりに　20

第一部　霊山の宗教空間――23

第一章　三輪山の祭祀空間……25
はじめに　25　一　山ノ神祭祀遺跡と磐座　28
二　山麓の祭祀遺跡群　33　三　神域の祭祀遺跡と古墳　39
四　山麓祭祀の空間構造　43　おわりに　46

第二章　中世大峰山の空間構造……49
はじめに　49　一　吉野の金峯山　51　二　熊野の台頭　56
三　結界としての経塚　61　四　入峰道と宿　64　おわりに　69

第三章　近世立山の宗教空間……71
―考古学からのアプローチ―
はじめに　71　一　山と谷の宗教遺跡　73　二　参詣のための施設　88
三　近世的宗教空間の特質　93　おわりに　97

第二部　霊山の歴史的諸段階――99
第四章　筑前宝満山における山頂祭祀の成立……101
はじめに 101　一 辛野祭祀遺跡の出現 104　二 山頂祭祀の性格 112
三 新たな祭祀遺跡の出現 117　四 新たな祭祀遺跡の性格 122
五 祭祀遺跡の終焉 126　おわりに 128
第五章　白山禅定と男体山禅定……131
―白山山頂遺跡の特質をめぐって―
はじめに 131　一 白山信仰の画期 132
二 日光男体山信仰の画期 140　三 画期のずれの意味 144
四 山岳登拝行としての白山禅定・男体山禅定 150　おわりに 153
第六章　近世富士信仰の諸段階……155
はじめに 155　一 聖地人穴の成立と変容 157　二 吉田口の動向 164
三 人穴と吉田口の比較 170　おわりに 177
第三部　霊山をめぐる宗教文化――181
第七章　平安時代前期における山岳宗教の動向……183
―三鈷鐃を手がかりに―

はじめに 183　一 日光男体山頂遺跡出土の三鈷鏡 184
二 三鈷鏡の類例 193　三 三鈷鏡の宗教的性格 200　おわりに 203
第八章 中世羽黒山の宗教文化……207
はじめに 207　一 羽黒鏡と池中納鏡儀礼 208
二 羽黒山三神合祭殿の成立時期 213　三 羽黒山頂経塚 216
四 羽黒山の梵鐘 221　五 三鈷沢の日本刀 224　おわりに 228
第九章 霊神碑と木曽御嶽講……231
—北関東の事例—
はじめに 231　一 霊神碑の概念 232　二 霊神碑と登山記念碑 238
三 霊神碑の変遷 247　おわりに 261
終　章……265
はじめに 265　一 空間 266　二 歴史 268　三 宗教文化 270
おわりに 272
引用・参考文献……275
あとがき……293
初出一覧……297

はしがき

本書は、考古学の方法による山岳宗教史の研究を目指したものであるが、実質的には山岳宗教遺跡の個別的な検討に終始したきらいがある。

山岳宗教史の研究は、考古学の方法によるものは少なく、管見の限りまだまとまった著作物は公刊されていない。もっとも、筆者による『修験道の考古学的研究』（雄山閣出版、二〇〇五年）や『山岳考古学―山岳遺跡研究の動向と課題―』（ニュー・サイエンス社、二〇一一年）はあるが、前者は修験道史、後者は山地利用の歴史を主題としたもので、山岳宗教を直接扱ったものではなかった。

そもそも、考古学は、考古資料にもとづいて歴史を研究する学問であるが、考古資料から語ることが難しい宗教を大の苦手としてきた。いうまでもなく、山岳宗教は、考古学が不得手とする分野に属し、研究者はきわめて少ない。学界の関心も低く、毎年刊行される学界の動向の報告には、主要な研究さえも取り上げられることは稀である。そのような状況であるから、若手の研究者が参入することもなく、長いマンネリが研究者を蝕みつつあるのが現状である。

そのような逆境を脱するためには、還暦を前にしたわれわれが、率先して新たな研究成果を提示し、前進する以外にない。

数年間苦渋の期間を経た『修験道史入門』（時枝務・長谷川賢二・林淳編、岩田書院、二〇一五年）が、昨年ようやく公刊され、肩の荷が下りたのを契機に、長年の懸案である山岳宗教史の考古学的研究をまとめる案を立てた。

当初、既刊の論文を適宜まとめれば、簡単に一冊くらいまとまるものと思っていたが、まもなくそれが非現実的な構想であることに気付いた。論文は、それぞれの場と状況のなかで書かざるを得ないもので、発想もスタイルも一冊の本にまとまるようなものではなかったのである。本と論文は、一連の研究であるかもしれないが、簡単に連結できるわけではない。

結局、本書の半分が書き下ろしとなったが、作業は思いのほか速く進んだ。問題は、中身の薄さであるが、これはパイオニア的な分野であれば致し方ない面もあると自慰するしかない。将来話題になるに違いないという思い込みが、全編を貫いているが、おそらく誰も見向きもしない論文が大部分を占めているのではないかと思う。

山岳宗教史研究の初代は、山岳宗教の担い手である修験者などの家に生まれ、ある意味運命的にこの分野の研究を牽引されてきた方々であるが、それを継ぐ世代は、おもに世俗的な出自の研究者だった。さらに、その次の世代に属するわれわれは、方法的にも自由となったなかで、本書のような従来の研究から大きく逸脱したものを公刊することができるようになったのだと、つくづく感じる。その点、山岳宗教史研究は、確実に大きく進展しつつある分野であるといえる。ただ、われわれの世代に次ぐ若手研究者は少なく、しかも手堅い文献史学に固執している者が多いように見受けられる。専攻分野の細分化の帰結であろう。

筆者は、今年一月に五十八歳になり、還暦も間近となった。あと何年研究ができるのだろうかと指折ると、運が悪ければ両手で終わるかもしれないことに気付き、慄然としてしまう自分がいる。数十年かけて、この程度の研究しかできなかった筆者が、残りの時間でできることがいかに少ないか自覚する瞬間である。

このようなことを考えると、拙い研究であるが、筆者にとっては人生の一つの成果であることは間違いない。気恥ずかしい成果ではあるが、一風変わった山岳宗教史の研究書として、一つの問題を提起できれば、それで十分である。本書を越えることは、決して難しくはないはずだから、若者たちが奮起して乗り越えてくれることを期待したい。

なお、本書の刊行にあたっては、いつもながら岩田書院の岩田博氏のお世話になった。心より感謝いたしたい。

平成二十八年正月

序章

はじめに

霊山は、日本の代表的な信仰現象として多くの研究者の注目を集め、全国各地で研究が進められてきた。しかし、その研究方法は、文献史料か民俗資料に立脚するものが主流を占め、考古資料を手がかりにしたものは稀であった。文献史料は、文字を自由に操る人々が登場する時代の所産であり、階層的に上位の人々の生活を反映したものであることはいうまでもない。民俗資料は、あくまでも現在のものであり、遡上できる時代には自ずから限界がある。こうした資料的な限界は、近世以後の霊山を扱った研究を後押しする結果となり、古代・中世の実態究明を遅らせることになった。近世以後の霊山の研究は、とても大切なものではあるが、だからといってそれ以前の実態究明を怠るわけにはいかない。

ところが、古代・中世の霊山の実態を物語る文献史料や民俗資料は稀であり、従来の研究方法ではどうしても無理が生じる。古代・中世の信頼できる文献史料は少なく、当然考察できる内容も狭まり、実証的な研究が困難になる。民俗資料では、古代・中世に迫ることは難しく、考える際の参考にはなっても決定打になりにくい。そこで、われわれが注目したいのが考古資料であり、その活用によって思いも寄らない研究成果を上げることが期待できるのである。

本書は、そうした研究の実践書であり、具体的な研究成果を通して霊山の考古学的研究の可能性を示そうとしたものである。その成否の判断は読者に委ねるしかないが、新たな方法で挑戦した試行錯誤の跡であり、山岳宗教史研究に考古学的方法を適用したパイオニアワークといって過言ではなかろう。

具体例の検討に先立ち、霊山の概念と、考古学的方法による山岳宗教史研究のあゆみについて、簡単に述べておこう。

一　霊山とはなにか

『広辞苑』をひくと、霊山とは「神仏をまつる神聖な山。霊地たる山」とあり、神仏の在所である山を指して呼ぶことが知られる。霊山という字面からは、霊魂が寄る山といった解釈を引き出しやすいが、霊魂ではなく、神仏が霊山の祭祀の主体であることが知られる。「霊地たる山」という際の霊地は、やはり『広辞苑』によれば「神社・仏閣などのある神聖な地」ということなので、神社・仏閣などがある山を、おもに霊山と呼んでいる可能性がある。神社が鎮座している土地は、なにがしかの神聖性を帯びているに違いなく、それが特定の山と関連していれば、その山が霊山である可能性は高い。もっとも、特定の山と無関係な場合、単に耕作地を避けて鎮座地が選ばれただけかもしれない。また、仏閣、すなわち寺院は、単に修行に適した静寂な環境ゆえに建てられたかもしれず、山岳信仰と結び付くとは限らない。神社・仏閣があるから、その山が霊山であるということではかならずしもないわけで、むしろ神社・仏閣の有無に関わらず「神聖な地」であることに意味を見出すべきであろう。いずれにせよ、霊山は「神聖な山」であり、一種の聖地とみてよい。聖地は、さまざまな地形の場所に存在するが、そこが山だった場合に、霊山という概念が適用されることになる。

霊山に対する信仰は、通常霊山信仰と呼ばれることはなく、山岳信仰という。信仰の対象となる山岳が、すなわち霊山であり、霊山と信仰の組み合わせは同義反復に近いと意識されているらしい。とすれば、山岳信仰の対象となる山が、まさに霊山であるということになる。『広辞苑』には、山岳信仰の項目はなく、山岳崇拝が立項されており、「山岳を神としてあがめること」と説明する。とすれば、山を神とみる観念が山岳崇拝であり、山そのものの神格化が前提となる。それは、山に神仏を祀ることとは異なり、自然である山そのものを神とみなす観念にほかならない。まさに神体山の思想である。しかし、われわれは、通常、山岳信仰という概念を、より広い意味で用いることが多い。山岳信仰は、山岳崇拝よりも広義の概念であり、両者を同一視することはできない。

そこで、『日本民俗大辞典』を引くと、山岳信仰は「山岳および山中の社寺仏閣を中心に展開する信仰」と規定され、山岳だけでなく、そこに所在する寺社への信仰も含むことが示されており、『広辞苑』でいう山岳崇拝は山岳信仰の一形態に過ぎないことがあきらかになる。山岳信仰は、山岳という場で繰り広げられるさまざまな信仰を包括するものであって、山岳そのものを信仰対象とする場合にのみ限定されるわけではないことが知られるのである。山岳崇拝は山岳そのものを神格化する宗教形態かもしれないが、山岳信仰はより包括的な概念であって、さまざまな信仰形態を含む概念であることに注意しなければならない。とするならば、霊山には、さまざまな形態のものがあり、その信仰は多様性を帯びていることになろう。

かつて宮田登は、日本の霊山を「神道の山」「仏教の山」「民間信仰の山」に分けた（宮田一九七〇）が、実際にはそれらの信仰が複合している霊山が多く、現実は宮田が考えた以上に複雑である。神社があるからといって神道だけとは限らず、寺院があるからといって仏教に限定されず、まして民間信仰に至っては内容を規定すること自体が難しい。

民間信仰に拘れば、山岳信仰は民間信仰の一形態であるということも可能で、宮田の便宜的な分類は破綻してしまう。さらに問題なのは、山岳信仰が日本特有の現象であれば、宮田の分類もある程度の有効性をもち得るのであるが、世界各地に存在が認められている事実からすると、あまりにも狭い見解として排されそうである。

しかし、周知のように、霊山を舞台に展開されている山岳信仰のあり方は、世界共通の普遍的なものではなく、地域性を多分に備えた存在である。クレタ島の山岳信仰と五臺山のそれが、まったく似ていない信仰であるのは容易に察することができるが、富士山（静岡県・山梨県）と大峰山（奈良県）のそれですら異なる相貌をみせているのは、驚きでさえある。火山である富士山と、そうではない大峰山の違いも大きいが、孤立して聳え立つ富士山と、連綿と山並みが続く大峰山という地形の違いも大きかろう。そうした自然環境に起因する相違点ばかりでなく、人文的な環境の差が、より重視されるとする見解もあろう。たとえば、全国的な信仰の広がりをもつ霊山と、狭い地域社会の信仰を集める霊山では、規模も内容も大きく異なることは、改めていうまでもなかろう。山岳信仰に地域性があることはあきらかであるが、突き詰めれば個々の霊山ごとに個性があって、均質な地域性を想定することすら不可能である。霊山同士が複合して、結節地域を形成する場合もあろうが、その具体例を示すことは現段階では困難である。

霊山がかくも個性的であるのは、歴史的要因が大きく作用しているためと考えられ、霊山が辿った歴史がそのあり方を大きく規制していることは疑いない。古代の山岳信仰に発する霊山と、近世後期に流行神のように台頭してきた霊山では、その性格が異なるのも無理はなかろう。しかも、同一の霊山でも、信仰内容は時代とともに変わっており、どの時代の話なのかを明確にしないと霊山を論じることができない。たとえば、栃木県日光市の日光男体山は、古代には雨乞いの対象であったが、中世には修験道の山岳練行の行場となり、近世には成人儀礼を目的に登拝する民間信仰の山となったことは、周知の通りである。日光男体山信仰の変化は、担い手の推移とも深く関わっており、古代には古密教の僧侶、中世には修験者、近世には村の若者が主役であったことの反映ともいえる。こうした変化は、どこの霊山でもみられる現象であり、なかには一時期隆盛した信仰が、その後衰微し、遂には忘れ去られた例さえある。霊山としての信仰は継続していながら、山内の特定の宗教施設だけが栄枯盛衰の歴史を辿ることも稀ではなく、霊山の歴史は具体的な研究を待って初めて解明可能であるといって過言でない。このように考えると、霊山の信仰は、いつの時代のことなのかを正確に把握して論じないと、とんでもない誤りを犯すことになることがわかろう。

結局、霊山ということばは一般的な用語であるかもしれないが、霊山一般を論じることはきわめて困難な課題である。個々の事例に即して考えると、その内容はあまりにも多彩であり、霊山が聖地として信仰されている山であるという以上の共通点を見出すことは、実際には難しいのではないかと思える。ということであれば、むしろ、地域や時代のなかで、ある特定の霊山が、どのように位置づけられるかを解明する作業が重要となろう。霊山の具体相を、個々の事例に即して、個別に論じるという実証的な研究を集積することで、霊山とはなにかを具体的に問うていく以外に今は選択肢がなさそうである。

二 霊山研究の方法

そこで、問題となるのが、霊山はどのような方法で研究すれば実態に迫れるのか、ということである。実は、これも答えは一つではなく、研究者の数だけ研究方法があるといっても間違いではない。融通無碍とでもいいたいところであるが、それではあまりにも茫漠としているので、代表的な研究方法を概観しておきたい。

霊山の概念の問題を含め、霊山で展開している宗教現象を理解しようとすれば、宗教学的研究が有効である。山岳信仰の担い手が信奉する経典などを手がかりに、教学的な研究を進め、担い手の心意に寄り添った理解を得ることが可能である。また、西洋哲学の概念を武器に、担い手の宗教経験を合理的に解明し、宗教哲学的な研究をおこなうことができる。さらに、宗教現象を記述し、比較したうえで、そこに表現された世界観や宇宙観を解読できよう。そうした作業を通して、霊山とはなにかという根源的な問題に答えることが、宗教学の方法であるといえよう。

世界観や宇宙観の問題は、担い手の生活や社会との関連において理解すべきであるという立場に立てば、宗教現象を文化の一形態と把握して研究する文化人類学や社会学の方法を活用することができる。文化人類学では、インフォーマントの語る世界を西欧の概念で再構築し、霊山で生起している出来事をその地域の文化のなかに位置づけて記述する。そして、他地域の事例と比較しつつ、山岳信仰の根源にある「構造」を炙り出す作業をおこなう。社会学では、文化人類学と同じような作業をおこなうが、霊山の宗教現象を現代社会理解の手がかりとして捉える点で、大きな違いをみせる。このように、霊山を信仰する人に注目し、そこから人間や社会のあり方を考えようというのが、文化人類学や社会学の方法である。

霊山を中心に信者が繰り広げる宗教現象は、空間的な広がりをもち、顕著な地域性を発することが多いが、そうした空間的な側面に注目するのが地理学である。山麓の宗教集落の形態をあきらかにし、そこに定住する御師などが保有する檀家の分布を把握し、その歴史的変遷に迫る。また、霊山における登拝路や入峰道の実態と変遷、それに付帯する施設のあり方、山中の聖地に対する空間認識などを解明する。さらに、曼荼羅や絵図に描かれた霊山の姿を検討し、信者の世界観の解明にまで及ぶ。こうした研究を通して、霊山の地表における人間と自然の実態を科学的に把握し、霊山の空間的特性を解明しようというのが地理学の方法である。

地理学でも歴史地理学のように時間的な変化に注目する分野もあるが、霊山の時間的な変化に注目し、霊山の歴史を描くのが歴史学である。おもに文献史料を手がかりに、古代から現代までを対象に研究するが、主体となるのは近世である。歴史全体のなかに霊山を位置づける姿勢が強いため、霊山と世俗権力の関係に着目し、寺社領の動向などを取り上げることが多い。同様な立場から宗教家の身分に注目し、補任状などを手がかりに、朝幕関係などを論じるのも、歴史学ならではの視点である。また、霊山の組織や運営への関心から、廻檀活動のほか、勧化や開帳の実態をあきらかにし、霊山の経済的な基盤を分析する。さらに、霊山への参詣者や講集団の実態に迫り、社寺参詣のあり方を解明するなど、民衆史的な方向性が濃厚な点に特色がみられる。このように、霊山という宗教的な場を取り上げながらも、世俗的な世界との関連に強い関心を抱き、史料に即した分析を土台にして、大社会の中に霊山を位置づけるのが、歴史学の方法である。

歴史学同様、霊山の歴史の解明を目的とするが、文献史料よりも伝承を重視するのが民俗学である。民俗学は、かつて歴史学の方法の一つと考えられてきたが、近年は文化人類学や社会学と同じ指向性をもつように変化して来た。そのため、ここでの紹介に異を唱える研究者がいると思うが、従来からの見解を記しておきたい。霊山に伝わる神事・祭礼・芸能、御師などの活動、講集団と参詣習俗、伝説などの口承文芸などを手がかりに、古文書などを援用しつつ、霊山の歴史と民俗を解明する。また、霊山に伝わる宗教用具や民具を調査し、生活と信仰の実態に迫り、民俗資料を通した歴史を描く。さらに、村落や都市で聞書きなどの民俗調査を実施し、霊山への信仰の変遷を把握し、地域社会における霊山の位相を確認する。こうした調査を積み重ね、霊山への信仰の本質に迫ろうとするのが、民俗学の方法であるといえよう。

霊山の歴史を研究する手がかりは、文献史料と民俗資料のほか、主なものとして考古資料が挙げられるが、それを材料として研究するのが考古学である。霊山の歴史を研究するという点では、歴史学と同じであるが、考古資料を素材とする点で異なっている。もっとも、文献史料か考古資料かという違いを除けば、歴史学ということで一括して考えることも可能である。霊山に残された遺跡を調査し、残された遺構と出土した遺物、出土状態を確認し、それをもとに霊山の歴史を考える。とりわけ、神仏分離などで廃絶してしまった霊山では、文献史料が散逸し、民俗も伝承が途絶え、残された遺跡だけが歴史解明の唯一の手がかりという場合も稀ではない。そのような場合に力を発揮するのが、考古資料の研究によって、歴史を復原しようとする考古学の方法である。本書で採用する方法は、この考古学的方法であり、以下考古学的方法による霊山研究のあゆみに触れたい。

なお、そのほかにも、美術史・建築史・国文学などの方法による霊山の研究がおこなわれているが、今は省略に従う。

三　考古学による霊山研究小史

霊山の考古学的研究は、神道考古学を提唱した大場磐雄と、仏教考古学を体系化した石田茂作によって昭和初期に開始された。大場は、山形県鶴岡市羽黒山御手洗池や群馬県前橋市赤城山小沼発見の銅鏡を手がかりとした池中納鏡儀礼の復原（大場一九三四・三五）、日光男体山頂遺跡や神奈川県伊勢原市大山山頂遺跡の出土遺物にもとづいた関東地方の修験道の流布の考察（大場一九三六）などを発表し、戦後になって祭祀対象の山を、景観上の特色から神奈備式霊山と浅間式霊山に分けた（大場一九七〇）。石田は、矢島恭介とともにおこなった奈良県天川村金峯山経塚出土品の集成（石田・矢島一九三七）をはじめとする基礎的研究のほか、戦後刊行した修験道の遺跡・遺物についての概論（石田一九七三）など霊山に関連する一般的な著作を公にした。

昭和三十年代になると、各地の霊山の考古学的調査が積極的におこなわれ、昭和三十四年（一九五九）には日光男体山頂遺跡、同三十五年には神奈川県伊勢原市大山山頂遺跡と福岡県太宰府市と筑紫野市にまたがる宝満山山頂遺跡、同年から同三十六年には富山県立山町立山の玉殿窟、同三十七年から同三十八年には三重県伊勢市朝熊山経塚、同年から同四十年には長野県長野市戸隠山の遺跡群、同三十九年には神奈川県箱根町駒ヶ岳山頂遺跡、同四十一年には同町箱根三所権現社跡の発掘調査が実施された。

こうした山岳遺跡の発掘調査の成果を受けて、昭和四十八年に、宗教学者の宮家準は、修験道の遺跡として行場遺跡、遺物として修験者の衣体を取り上げ、そこに籠められた修験道の宇宙観・人間観などを解読してみせた（宮家一九七三）。また、昭和五十一年には、修験道に関わる考古資料を寺院・仏像・経典・経塚・仏具・仏塔に分けて紹介したうえで、金峯山と熊野の経塚、大峰山の行場遺跡について具体的な検討をおこなった（宮家一九七六）。こうして、霊山の発掘調査の成果は、宗教学者によって逸早く注目されたわけであるが、それは霊山の性格を考古学者が十分に認識できなかったためである。

昭和五十年から同五十九年にかけて、全一八巻に及ぶ『山岳宗教史研究叢書』が刊行され、それまでの山岳宗教史の研究の総括がなされた。その編集の中心となった五来重は、「修験道文化」の研究の必要性を力説し、修験道美術・修験道芸能・修験道文学とともに修験道遺跡・遺物の存在に注目した。こうした学際的な動向は、考古学による霊山の研究にも大きな影響を与え、昭和五十四年に小田富士雄らによってまとめられた福岡県の英彦山・求菩提山に関する研究（北九州市立歴史博物館一九七九）では、考古資料のほか、文献史料・絵画資料・工芸品・民俗資料など実に広範な資料を集成している。このように、考古学の外部にあたる隣接科学からの刺激は、確実に考古学に影響を与えた。

昭和五十八年から同六十一年にかけて、奈良県立橿原考古学研究所は、大峰山頂にある山上蔵王堂の解体修理にともなって、大峰山頂遺跡の発掘調査を実施し、護摩壇や灰溜などの遺構、黄金仏をはじめとする豊富な遺物を検出した（奈良県文化財保存事務所一九八六）。調査そのものは、面積も限られていたが、黄金仏の発見がマスコミによって大々的に報道され、国民や研究者の霊山に対する関心を喚起した。発掘が進行中の昭和六十年には、奈良国立博物館で「特別展山岳信仰の遺宝」が開催され、多くの参観者を得た。翌年、『仏教芸術』誌上で「修験の美術」が特集され、井口喜晴が霊山の出土遺物を概観した（井口一九八六）。同年には、『月刊考古学ジャーナル』誌上において、坂詰秀一によって特集「山岳信仰と考古学」が組まれ、山頂遺跡や経塚、あるいは修験道遺跡に関する論文が掲載された（坂詰編一九八六）。昭和六十二年、菅谷文則は、大峰山頂遺跡が農耕民による山岳信仰の所産であると説き（菅谷一九八七b）、翌年には大峰山頂遺跡が修験道の入峰修行と密接な関係にあると主張した（菅谷一九八八）。昭和六十一年から同六十二年には、國學院大學考古学資料館が、石川県白山市白山山頂遺跡の調査を実施した（國學院大學考古学資料館一九八八）。その結果、大峰山と白山の両山頂遺跡の調査成果を広く評価すべく、昭和六十二年に、菅谷文則・椙山林継らを中心に「山の考古学研究会」が結成された。なお、平成二年（一九九〇）には、大和久震平が、『古代山岳信仰遺跡の研究』をまとめ（大和久一九九〇）、日光連山の遺跡の考察に加え、全国各地の山岳を踏破した成果を紹介した。

「山の考古学」の普及は、霊山の遺跡の重要性を多くの研究者が認識することに繋がり、従来よりも調査機会が増え、論文数も増加した。

東北地方では、宮城県南三陸町田束山頂遺跡や福島県喜多方市飯豊山頂遺跡などの山頂遺跡の調査がおこなわれ、前田洋子の羽黒鏡（前田一九八四）、梅宮茂の福島県福島市信夫山頂遺跡出土の銅鏡（梅宮一九八九）などの研究が出た。

関東地方では、埼玉県秩父市武甲山山頂遺跡などの山頂遺跡、神奈川県伊勢原市八菅山などの修験道関連遺跡が調査され、茨城県つくば市筑波山や日光連山では多くの研究論文の発表があり、そのほか井上唯雄の赤城山（井上一九八八二)、時枝務の群馬県草津町草津白根山(時枝一九八四)などの研究がある。

中部地方では、白山山頂遺跡・立山雄山山頂遺跡・山梨県甲府市と長野県川上村にまたがる甲斐金峰山頂遺跡・山梨県韮崎市苗敷山頂遺跡などの山頂遺跡、長野県飯山市小菅山・富山県福光町医王山・石川県鹿島町と富山県氷見市にまたがる能登石動山など修験道寺社などさまざまな遺跡の発掘調査がなされている。なかでも、富山県立山町芦峅寺室堂遺跡(富山大学人文学部考古学研究室一九九四)は登山史上重要であり、静岡県湖西連峰の遺跡群(湖西市教育委員会二〇〇二)は地方霊山の研究上貴重なデータを提供した。そのほか、甲斐金峰山、苗敷山、長野県川上村御陵山、山梨県と静岡県にまたがる富士山、戸隠山、長野県八ヶ岳、長野県飯山市小菅山、長野県と群馬県にまたがる四阿山、長野県中野市高社山、静岡県熱海市伊豆山、新潟県妙高市妙高山、立山、石川県能都町石仏山、白山、石川県金沢市倉ケ岳、石川県白山市笈ヶ岳など多数の研究があり、さらに桜井甚一による仏具を手がかりとした古密教に関する研究(桜井一九八三・八五)、山本義孝による遺跡の踏査に立脚した修験道の研究(山本一九九五・九七・九八・二〇〇三a・b)、櫛原功一による修行窟の研究(櫛原二〇〇六・〇八)など、霊山の実態に迫ろうとする意欲的な研究が注目される。

近畿地方では、滋賀県米原市伊吹山頂遺跡や大峰山頂遺跡、奈良県上北山村笙ノ窟の発掘調査をはじめ、吉野山の寺院・神社・院坊・行場・拝所などの遺跡の総合的な調査が着々と進められている(奈良山岳遺跡研究会二〇〇三、茂木ほか二〇〇五、橋本二〇〇九)。また、奈良県桜井市三輪山や大峰山については膨大な研究蓄積があり、菅谷文則・森下惠介・竹田政敬による奥駈道や宿(菅谷二〇〇二、森下一九九七、竹田一九九八)の研究が注目される。

中国・四国地方では、広島県廿日市市厳島、鳥取県三朝町三徳山、同県大山町伯耆大山、高知県越知町横倉山の発掘調査がおこなわれているが、他地方に比して至って少ない。

九州地方では、福岡県と大分県にまたがる英彦山、宝満山、福岡県久山町首羅山・同県豊前市求菩提山・佐賀県東背振村背振山などで発掘調査がおこなわれており、それらの霊山についての研究論文も多い。たとえば、宝満山では、小田富士雄(小田一九八〇、小田ほか一九八三)、森弘子(森二〇〇二・〇五)・山村信榮(山村二〇〇五a・b・〇七a・b)、岡寺良(岡寺二〇〇八)らの研究がある。ほかの霊山でも同様であり、九州地方は霊山の研究が盛んであるといってよかろう。

このように、霊山の考古学的研究は、平成になって急激に活発化した。研究の担い手は、おもに地元の研究者で、地域に密着した地道な調査が主体である。茂木雅博は、平成十年に『季刊考古学』誌上で「山の考古学」を特集し(茂木編一九九八)、平成十五年に『山岳信仰と考古学』(山の考古学研究会編二〇〇三)、平成二十二年に『山岳信仰と考古学Ⅱ』(山の考古学研究会編二〇一〇)をまとめ、霊山の考古学を確立した。また、橋本裕行は日本のみでなく韓国や中国の山岳宗教遺跡の実態調査を踏まえ、東アジア的な規模での霊山の考古学を構想した(橋本二〇〇九)。

このように、研究史を振り返ると、意外に多くの研究蓄積があることがわかる。にもかかわらず、その存在が周知されていないのは、考古学内部での情報共有に留まり、学際的な情報発信が十分でなかったためであると考えられる。しかも、他分野の研究への理解が乏しく、それに起因する用語の不正確さと相俟って、他分野の研究者に等閑視される結果を生んだことは深刻な問題を内包している。本書では、この点を反省し、できる限り学際的な姿勢で研究に臨むことを心掛けたい。

おわりに

本書では、いわゆる総論に当たる論文がないので、最初に霊山の概念、研究方法、研究史について、簡単に見解を述べた。この程度の論述では不十分であることは承知しているが、霊山の考古学的研究は、いまだまとまった総論を書ける段階に達していないと考え、今回は無理をしないことにした。

以下、各論を展開していくことになるが、ただランダムに列記するだけでは、考古学的研究の特色を把握しにくいと考え、第一部では空間、第二部では時間、すなわち歴史、第三部では文化をテーマとして掲げた。個々の論文の内容が、テーマと厳密に一致していない部分もあるかもしれないが、それはすでに発表済みの論文をテーマごとに振り分けたためである。各論文の執筆時には、ここでのテーマを意識して執筆したわけではなく、そこに違和感の原因がある。あらかじめ諒とせられたい。

第一部　霊山の宗教空間

第一章　三輪山の祭祀空間

はじめに

三輪山は、山中への立ち入りを原則として禁じる神体山として名高く、その祭祀は古墳時代まで遡ることが知られている。三輪山は、日本の霊山としては、もっとも古い時代から信仰されていた山であるが、神社祭祀の起源と関連して論じられることはあっても、山岳宗教史のなかで語られることは少ない。

確かに、三輪山は、平安時代以後に開かれた霊山とは異質な側面をもち、霊山として扱うことをためらう傾向がないわけではない。しかし、日本における霊山の成立を考えるうえで、決して見落とすことができないのが三輪山である。極論をいえば、三輪山の祭祀を解明せずして、日本の山岳宗教の成立をあきらかにすることはできないとさえいえよう。

かくも重要な山であることもあって、三輪山に関する研究論文は膨大であり、詳細な研究史を書けばそれだけで一本の論文となる分量がある。そのため、ここでは考古学的方法によるおもな研究を概観し、問題の所在の把握に努めることにしよう。

考古学的方法による三輪山の研究は、大正時代に、高橋健自・西崎辰之助が、奈良県桜井市三輪町馬場に所在する山ノ神祭祀遺跡について報告したことに遡る(高橋・西崎一九二〇)が、当初古墳と考えていたため、いくつかの混乱がみられる。その後、地元出身の樋口清之が、三輪山全域を射程に入れた報告をおこない(樋口一九二八・三八)、事実関係がより詳細にあきらかにされた。

山ノ神祭祀遺跡を祭祀遺跡と明確に位置づけたのは、大場磐雄が最初で、彼によって古代における三輪山の山岳信仰の存在があきらかにされた(大場一九四二・四三・六一・六七・七〇)。大場は、山ノ神祭祀遺跡に巨石が存在することに着目し、そこに神を憑依させて祀ったと考え、その巨石を磐座として捉えた。もっとも、祭祀遺跡という概念自体が大場によって案出されたものなので、巨石が磐座かどうかという判断を超えたものである点に留意しなければならない。また、大場は、山岳信仰の山を神奈備式霊山と浅間式霊山に分類し、前者の典型を三輪山に求めた(大場一九七〇)。神奈備式霊山は、人里に近い場所にあり、秀麗な山容を呈する点に特色があるとした。さらに、出土した祭具に酒造用具を表現した土製品が含まれており、『万葉集』などの古典との共通点がみられると指摘し、祭祀の実態に迫ろうと試みた(大場一九五一)。

大場の指摘を受けて、樋口は三輪山の祭祀遺跡を再検討し、祭祀遺跡が三輪山の山中から山麓に点在する状況を解明した(樋口一九五九・七二・七五)。樋口によれば、「三輪山中の巨石群」「大神神社禁足地遺跡」「山ノ神遺跡」「狭井川畔祭祀遺跡」などが、一大遺跡群を形成しているという(樋口一九七二)。「三輪山中の巨石群」を祭祀遺跡の範疇で捉えることには問題が残るが、三輪山を中心とした祭祀遺跡群の存在を明確にしたことは、三輪山の祭祀を考えるうえで重要な仕事であった。

その後、佐々木幹雄は、三輪山の祭祀遺跡から出土する遺物に、陶邑窯跡群で焼成された初期の須恵器が多数含まれていることに注目し、三輪山の祭祀と陶邑の深い関係を指摘した(佐々木一九七五・七九・八〇)。また、『古事記』崇神記に、大物主神の嫁である活玉依媛が、茅渟県陶邑の陶津耳の娘とされていることとの関連にも言及し、三輪山と陶邑の関係を暗示する伝承と考えた(佐々木一九八四)。そのうえで、佐々木は、三輪山の祭祀の担い手が王権であると推測し、三輪山の祭祀が国家にとって象徴的な意味があったことを想定した。佐々木の研究によって、考古学と古代史の課題が結びつき、それまでの研究では言及されなかった新たな側面が照射されることになった。

また、寺沢薫は、三輪山の山麓における弥生時代から古代までの祭祀の変遷を跡付け、四世紀後半に祭祀が開始されたが、五世紀後半以降祭場の所在する範囲が縮小し、六世紀中頃には狭井川と大宮川に挟まれた水垣内に集中するようになり、七世紀前半以後もっぱら禁足地に限定されるようになったと考えた(寺沢一九八八)。しかも、祭祀は、最初露天でおこなわれていたものが、やがて磐座を使用するようになり、最終的には土壇でおこなわれるようになったとした。さらに、三輪山の祭祀には、王権の守護神としての日神と、地域を統合する農耕神としての性格の、二つの側面があると考えた。三輪山の祭祀自体が、時代とともに変化し、祭場のあり方も変わったことをあきらかにした意義は大きい。

さらに、大平茂は、三輪山の山麓から出土した子持勾玉を集成した際に、三輪山における祭祀の変遷に言及し、「三輪の水垣内全域」を祭場とした四世紀中葉から五世紀前半の第一段階、「山麓部」を祭場とした五世紀後葉～六世紀前葉の第二段階、禁足地内を祭場とした六世紀中葉から七世紀中葉の第三段階、「禁足地内の御主殿跡」を祭場とした七世紀後葉以降の第四段階に区分した(大平二〇〇七)。

その後、古谷毅は、出土遺物を手がかりに山ノ神祭祀遺跡の変遷を、「小型素文鏡・碧玉または水晶勾玉等を中心とした四世紀後半～五世紀前半」「滑石製・土製模造品、子持勾玉、須恵器から構成される五世紀後半～六世紀前半」「須恵器の第二のピークが示す六世紀後半を中心とした一時期」の三時期に区分し、『風土記』などの文献史料の検討を敷衍して、祭具の変化は荒神である自然神から人格神へという変化を反映したものと考えた（古谷二〇一〇）。

　このように、三輪山の山麓における祭祀遺跡の研究は、山ノ神祭祀遺跡を中心に据えておこなわれてきたが、その関心はおもに祭祀の変遷と担い手の問題の解明にあった。祭祀の歴史を知ろうとする以上、当然進むべき方向性であったといえるが、山麓という立地や磐座という形態のもつ意味の解明は立ち遅れる結果となった。山麓という立地は、三輪山の祭祀空間を検討することによって意味づけが可能になるものであるが、その点について十分に検討が加えられてきたとはいえない。また、磐座という形態は、巨石をアプリオリに磐座とするだけで、磐座とはなにかさえ問われることがなかった。

　そこで、本章では、三輪山をめぐる祭祀空間を、山麓の祭祀遺跡を手がかりに考察したいと思う。

一　山ノ神祭祀遺跡と磐座

　山ノ神祭祀遺跡は、三輪山と平坦地の地形変換線よりやや山寄り、標高一二四ｍの緩傾斜地に位置し、現在鬱蒼と茂った林に囲まれている。遺跡の左脇には、三輪山に水源をもち、下流の田畑を潤す谷川が流れている。遺跡付近は、狭い平坦地をなしており、中央に斑糲岩の巨石がある。巨石は、周囲に杭が立てられ、注連縄が張られており、一見して祭場であることが知られる（第1図）。しかし、巨石は、遺跡発見後に動かされたと伝えられており、本来の状態を保っているわけではない。

　遺跡は、大正七年（一九一八）五月に蜜柑畑の開墾に際して発見されたが、巨石の存在がそれ以前から知られており、山の神が祀られていたことから山ノ神祭祀遺跡と呼ばれるようになった。所在地の字は出雲屋敷で、山ノ神ではない

第１図　山ノ神祭祀遺跡

ので、遺跡名は地名によって名付けられたわけではないことが判明する。開墾の際、邪魔な巨石を除去するため、巨石の周囲を底面付近まで掘り進んだところで、大量の遺物が発見され、開墾作業が休止された。巨石は、高約二・〇m、幅約一・八m、奥行約一・二mを測り、周囲には寄りかかるように自然石が配され、基部は割石を詰めて固定してあったという。とすれば、人工的に据えられたことになるが、何分大正時代の所見なので、確実とはいえない。しかも、発見当初は古墳と考えられていたので、人為的に石を配したとする先入観があったことを否めない。発見後、盛んに盗掘されたため、攪乱が激しく、発掘調査で確認することも難しい状態である。

当時作成された実測図をみると、巨石(甲)の北西側に、小振りの石(乙)が寄りかかり、東側により小さな石(丙)が四個円弧をなしながら配されている状況をうかがうことができる(第2図)。小さな石の間隙には小石が敷き詰められ、その周辺から多量の遺物が出土したということであるので、遺物は巨石の東側から出土したことになる。とすれば、三

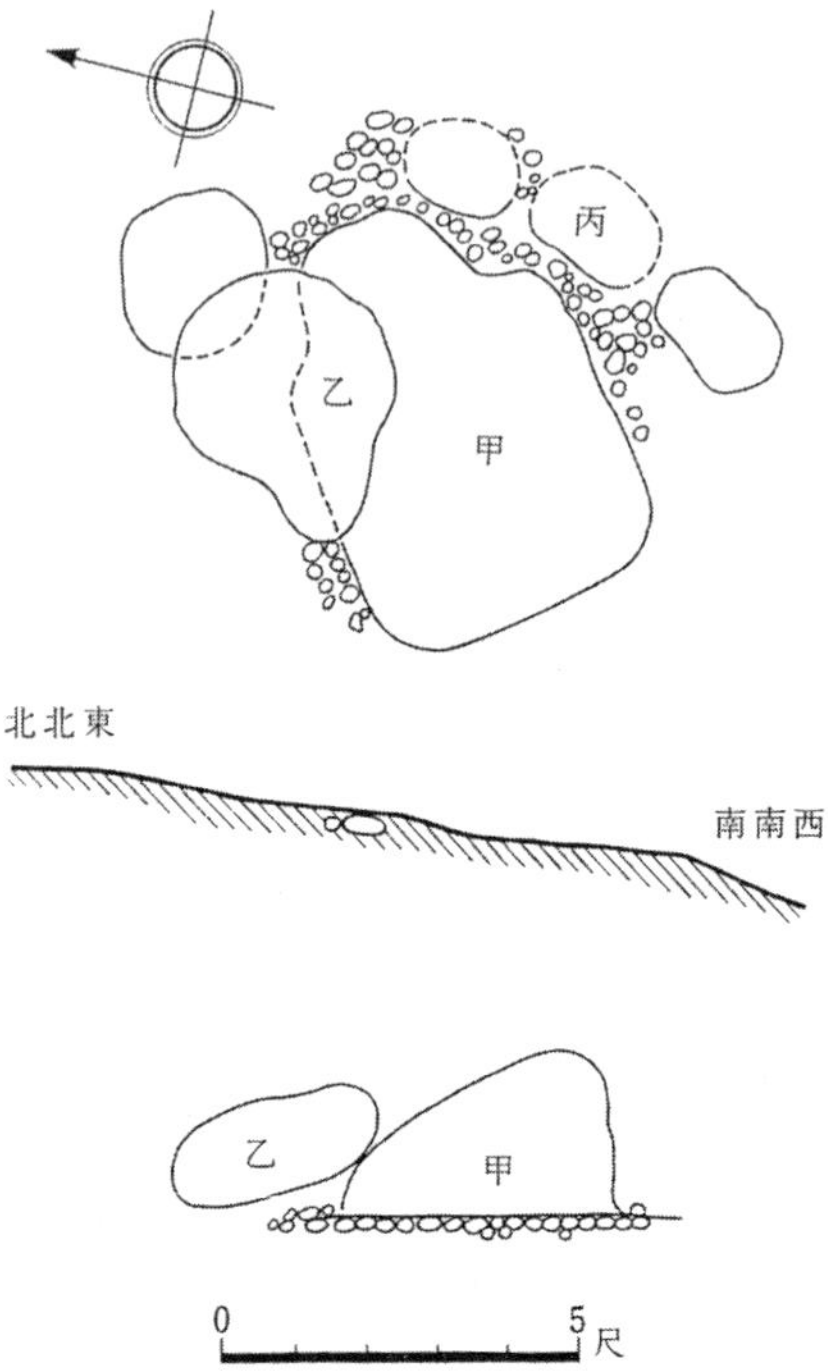

第2図　山ノ神祭祀遺跡実測図
（大場 1943 による）

輪山側から遺物が出土したことになり、そこが祭場であるとすれば山側から里側を向いて祭祀が執行された可能性がある。ところが、樋口は、関係者からの聞書きでは、小さな石は「石の地固めとして、不規則に石の傾斜あるいは崩壊しそうなところに主につめてあったそうである」とし、実測図が必ずしも信用できないことを指摘している（樋口一九七二）。そうした指摘を勘案すると、巨石は自然のままであった可能性があるが、小石は人為的に敷かれたものと判断され、自然を利用しながら構築した祭場と考えるのが最大公約数的な見解ということになろう。いずれにせよ、巨石を中心に、その周囲を祭場として整備したとみられる点が重要である。

出土遺物は、勾玉・子持勾玉・臼玉・管玉・有孔円板・平玉・剣形模造品などの石製品、臼・杵・柄杓・箕・俎板などの土製模造品、土師器・須恵器・素文鏡などである。いずれも祭祀に使用されたものと考えられ、その時期は素文鏡・勾玉などが四世紀後半～五世紀前半、子持勾玉・有孔円板・平玉・剣形模造品などのいわゆる滑石製品と土製模造品、そして須恵器の一部が五世紀後半～六世紀前半、大部分の須恵器が六世紀後半のものであることは、古谷らによってすでに指摘されている（古谷二〇一〇）。四世紀後半～五世紀前半のものは、奈良県天理市石上神宮祭祀遺跡や福岡県宗像市沖ノ島祭祀遺跡などで知られているが、その事例数は決して多くない。それに対して、五世紀後半～

六世紀前半のものは、全国各地の祭祀遺跡で検出されており、典型的な祭祀遺物であるといえよう。六世紀後半のものは、須恵器に特化するようにみえるが、おそらく臼玉などのなかにはその頃まで下るものが含まれているのであろう。須恵器のみを用いた祭祀であった可能性は低いように思うが、玉類の型式の把握が困難なため、具体的に考察を展開することができない。今は、可能性を指摘するのみに留め、今後の研究の進展に期待したい。

さて、大場磐雄は、山ノ神祭祀遺跡の巨石を中心とした祭場を磐座と捉えたが、最初から磐座に絞り込んでいたわけではなかった。

戦前の大場は、「上代人が石に対して一種の霊感を認識した結果、石神又は磐座が広く存在するに至るので、又神聖な区域を石を以て示す磐境の如きも同様であるといつてよいであらう。故に石神や磐座が実際の石を対象としたことは、今更贅言する迄もない」とし、磐座のほか石神や磐境の可能性も考えていた。もっとも、「たゞ石神と磐座とは、一見別個の内容を有する如くであるが、実際に於いては大體同一物であつて、その間の明瞭な区別は判じ難い」とし、磐座も石神も実質的には同じものであるとみていた（大場一九四三）。

ところが、戦後になると、「山麓に祭場を設定し、または所在の石を磐座として、これに神霊を招奉したものと推定される」として、「最も好適な場所」が山ノ神祭祀遺跡であるとした（大場一九七〇）。ここでは、山ノ神祭祀遺跡の巨石を磐座と断定し、憑依する神の存在にまで説き及んでいる。大場によれば、磐座は「神の占め給う座」としての石と規定できる（大場一九七〇）といい、神が高いところから石に憑依し、そこを座として占めるという観念が認められる石を磐座として捉えていることが知られる。それに対して、石神は神として「奉斎したと考えられるもの」、磐境は「神籬と同様、臨時に設けた神霊奉斎の一様式であった」とし、磐境は「後世まで残存し得る可能性に乏しいため、遺蹟遺物として考古学的に指摘することができない」と考えた（大場一九七〇）。

このように、大場が戦後になって山ノ神祭祀遺跡を磐座と判断するようになったのは、臨時施設である磐境は遺跡として残らないとする自らの学説を根拠に、磐境を排除できると考えたことに起因する可能性が高い。しかも、石神と磐座は実際上区別できないとする判断も、磐座説を強固なものにさせたと考えられる。

しかし、石神と磐座では、その背後にある神観念に大きな相違があることは、すでにみたように大場自身が明言している。石神は、それ自身が神であり、神は巨石のある場所に常住する。後世、石神を祭神とする神社に発展したと考えれば、具体的なイメージも明確になる。対して、磐座は、去来する神が、祭りに際して占める座であり、臨時に設けられた祭場とみることができる。厳密にいえば、磐座とされた巨石に対して、そこに憑依した神を祀るべく祭場が設えられるわけで、祭儀はおもに巨石の前面で執行された可能性が高い。つまり、磐座も、神が来臨している際、すなわち祭りがおこなわれている間は、石神と同様に祭祀対象なのである。石神と磐座の差違は、神が去来するか否かにあり、神の在所をどことみるかにあるのである。こうした点を踏まえ、桜井治男は、『日本民俗大辞典』で、磐座を「神を迎え、まつるために設けられた石」と規定するが、従うべき見解である。

それでは、山ノ神祭祀遺跡を、どう理解したらよいのであろうか。巨石周辺で祭祀がおこなわれたことは、祭祀遺物の存在によって知られるが、巨石が石神なのか、磐座なのかは、すぐに判断することができない。祭祀遺物の詳細な出土状態が判明していれば、祭祀の具体相に迫ることが可能であったかもしれないが、残念ながらその情報はない。したがって、山ノ神祭祀遺跡の実態のみから、石神か磐座かを判断することは難しいのである。石神も磐座も、考古学にとっては、実態概念として使用することはできず、いずれも検討してみなければわからない分析概念なのである。

とはいえ、手がかりが、まったくないわけではない。それは、三輪山の山麓に分布する山ノ神祭祀遺跡と類似した祭祀遺跡である。

二　山麓の祭祀遺跡群

三輪山は標高四六七ｍの低山であるが、大和盆地から望む山容は実に秀麗な姿を呈しており、古代から信仰の対象として崇められてきたことは周知の通りである。『万葉集』には三輪山を歌った歌謡が多数収録されており、古代人にとって、三輪山が特別な存在であったことが知られる。

三輪山は、山頂付近に大物主神を祀る奥津磐座、中腹に大己貴神を祀る中津磐座、山麓近くに少彦名神を祀る辺津磐座など三〇箇所を超える磐座が山内にある（樋口一九五九・七二・七五）。しかし、禁足地として一般の入山を禁じているためもあり、その実態は不明な点が多い。祭祀遺物が出土している地点もあるようであるが、個々の遺跡の実態はあきらかになっておらず、磐座とされるもののすべてが遺跡であるわけではなさそうである。

三輪山では、しばしば神体山という用語が使用されるが、その意味するところは、山が神の鎮座する場所であり、山自体が聖なる存在であるということである。とすれば、そこに神が常住するという考えが基本にあるわけであるが、磐座という用語がなんの疑問も挟まれることなく使用されている。もし、神体山であるならば、そこにある巨石は石神であり、磐座ではないはずである。

ところで、三輪山の山麓には、大神神社が祀られているが、本殿がなく、拝殿のみであるという特色をもつ。背後の三輪山が本殿に匹敵し、あえて社殿を設けるに及ばないと考えられたためである。神体である山そのものを祀った神社という説明がなされることが多いが、三輪山の西麓には、大神神社以外にも多数の祭祀遺跡の存在が知られており、なかには巨石を伴うものがみられる。

寺沢薫は、三輪山の西麓の祭祀遺跡を二三箇所掲げたが、そのうち一二箇所に磐座が見られるとした（寺沢一九八八）。もっとも、一二箇所のうち、祭祀遺物の出土が確認できていないものが六箇所含まれているので、それらを差し引くと六箇所となる（第3図）。なお、寺沢が掲げた「九日神社境内」は、春日神社境内と思われるが、該当しそうな磐座は確認できなかった。六箇所のうちには山ノ神祭祀遺跡も含まれるので、ここでは、それ以外の祭祀遺跡の概要を摘記しておきたい。

奈良県桜井市檜原の檜原神社には巨石があり、神社の周辺からは土製模造品のほか、土師器が採集されている（寺沢一九八八）。同市馬場奥垣内祭祀遺跡は、昭和四十年（一九六五）の温泉開発によって発見された遺跡で、巨石に近い地点に須恵器大甕を据え、その内部に須恵器杯・高杯・長頸壺・滑石製臼玉などを納めていた（樋口一九七二）。出土した須恵器は、五世紀後半～六世紀前半のものが主体で、祭祀がおこなわれた時期を示している。そのほか、陶質土器・土師器・土製模造品が出土しているが、陶質土器と土師器は四世紀後半～五世紀前半に遡るもので、祭祀が長期間にわたっておこなわれていたことを知ることができる（寺沢一九八八）。同市馬場若宮社には巨石があり、境内から滑石製臼玉と須恵器が採集されており、巨石を伴う祭祀遺跡とみられる（寺沢一九八八）。同市三輪の大神神社背後の禁足地には複数の巨石があり、付近からは勾玉や臼玉などの滑石製模造品、子持勾玉・須恵器・土師器などが多く採集されている（樋口一九七二）。同市三輪の素戔嗚神社には巨石があり、境内から管玉と臼玉の滑石製模造品のほか土師器が採集されており、巨石を伴う祭祀遺跡と考えられる（寺沢一九八八）。

また、寺沢が磐座を伴わない遺跡としている同市金屋の天理教敷島教会付近は、すぐ北側に鎮座する同市金屋の志貴御県坐神社の境内に巨石が認められ、両者が深く関連している可能性が指摘できる（寺沢一九八八）。とすれば、これらの遺跡も、巨石を伴う祭祀遺跡ということができよう。

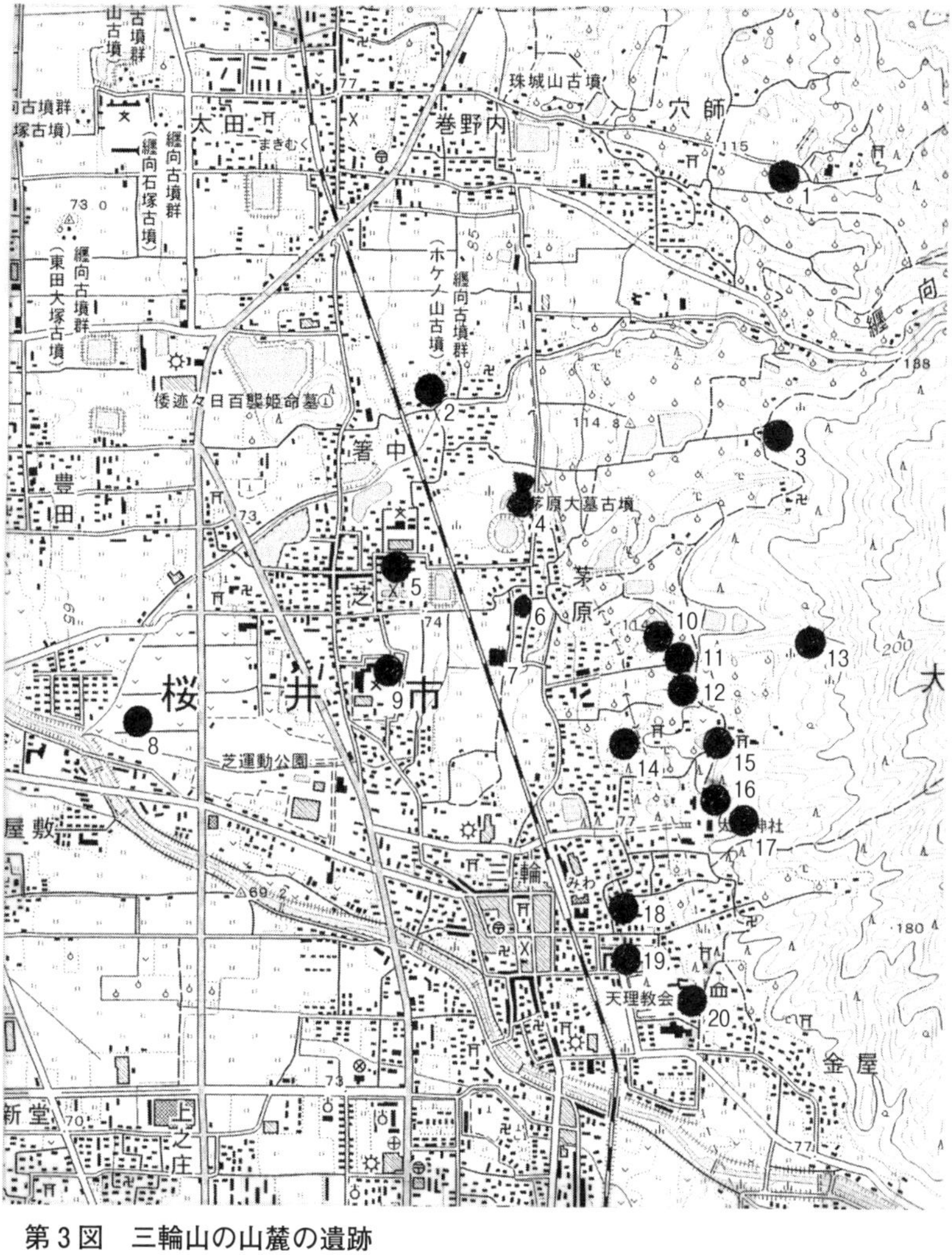

第 3 図　三輪山の山麓の遺跡

1. カタヤシキ　2. 国津神社付近　3. 檜原神社付近　4. 茅原大墓古墳　5. 廣田寺付近　6. 弁天社古墳　7. 狐塚古墳　8. 初瀬川・巻向川合流点付近　9. 大三輪中学校庭　10. 箕倉山　11. 源水・堀田　12. 奥垣内　13. 山ノ神　14. 若宮社境内　15. 鏡池周辺　16. 三ツ鳥居下　17. 禁足地　18. 素戔嗚神社境内　19. 三輪小学校付近　20. 天理教敷島教会付近

寺沢は、天理教敷島教会付近と志貴御県坐神社境内を除き、そのほかに巨石を伴わない遺跡を一〇箇所掲げるが、そのなかには性格の異なる二種の祭祀遺跡がみられる（寺沢一九八八）。第一は、一般的な祭祀遺跡で、滑石製臼玉を出土した桜井市穴師カタヤシキ（野見宿禰神社付近）と同市芝慶田寺付近、有孔石製品・土製模造品・土師器・須恵器を出土した同市箸中国津神社付近、滑石製臼玉・土製模造品・土馬を出土した桜井市茅原箕倉山祭祀遺跡、土師器・須恵器を出土した同市馬場鏡池周辺、勾玉・臼玉・土製模造品・土師器・須恵器を出土した同市金屋三輪小学校付近の六遺跡が該当する。第二は、子持勾玉のみを出土した遺跡で、同市茅原源水・堀田、同市三輪大神神社三ツ鳥居下、同市芝初瀬川・巻向川合流点付近、同市芝大三輪中学校校庭の四遺跡が該当する。

このように、三輪山の西麓に分布する祭祀遺跡には、三種類のものが認められる。第一は巨石を伴うもので、山ノ神祭祀遺跡など七遺跡、第二は巨石を伴わないもので、箕倉山祭祀遺跡など六遺跡、第三は子持勾玉のみが出土したもので、大神神社三ツ鳥居下など四遺跡が確認されている。そのほか、巨石の存在が知られるだけの場所があるが、将来祭祀遺物が確認された場合、巨石を伴う祭祀遺跡に加えられる可能性がある。現在、三輪山の山麓の祭祀遺跡は一七遺跡を数えるが、この数字は将来増加する可能性が高い。

これらの祭祀遺跡の分布をみると、北限がカタヤシキ、南限が天理教敷島教会付近、東限が山ノ神祭祀遺跡、西限が初瀬川・巻向川合流点付近であることがわかる。南北約二・五km、東西約二・〇kmの範囲内に分布しているが、とりわけ大神神社付近に集中することが知られる。しかも、巨石を伴う祭祀遺跡は、大部分が大神神社付近に所在し、平野部にまで広がりをみせる子持勾玉出土地と異なるあり方が看取できる。巨石を伴う祭祀遺跡が、大神神社を中心に南北に帯状に分布しているのは、ちょうどこの付近が南北に走る断層による山麓の地形変換線と重なっているからであり、山麓を意識して祭祀遺跡が設けられたことを示している。あるいは、巨石そのものが、山麓を中心に分布し、平野部にはなかったという自然的な条件に起因する分布のあり方かもしれない。

こうした状況は、三輪山の西麓に分布する祭祀遺跡が、三輪山の存在を意識して営まれたことを物語っている。とすれば、三輪山の山岳信仰と密接な関係にある祭祀遺跡であると予測できるが、巨石を伴う祭祀遺跡の意味付けにあたっては二つの立場が考えられよう。

一つは、巨石そのものが祭祀対象であったと考え、三輪山の山麓の各所に石神が祀られていたとする立場である。この場合、それぞれの祭祀遺跡に祀られた神は、そこに常住する神で、土地の性格を強く反映した個性的な神格をもつ神が、三輪山の山内と山麓の至るところに遍満していた状況を想定することができる。三輪山は、まさに精霊が跋扈する、アニミズムの山として位置づけられることになる。

もう一つは、巨石を磐座と捉え、三輪山の神が、山麓に多数設けられた祭場に降臨して祀られたとする立場である。巨石に神を招き、祭祀が終了するとともに、再び神に帰還してもらうというかたちの祭祀が執行されたと考えるわけである。その場合、祭祀遺跡で祀られた神は、山頂などから去来する神で、祭祀遺跡が異なっても祭神は同一であると理解できることになる。ちなみに、祭祀遺跡は、祭場と、祭具の処理場所から構成されており、遺物が出土する地点は祭具の処理場所と考える。処理には、祭祀終了時の状態で放置する場合と、後片付けをともなう場合の二者が想定できよう。

ここでは、仮に前者を石神説、後者を磐座説と呼んでおこう。

では、どちらが、三輪山の祭祀遺跡を理解する際に、より適切な解釈と考えられるのであろうか。判断は、考古資料だけでは難しく、文献史料を援用する必要がある。三輪山を代表する神話に、『日本書紀』崇神天皇条にみえる、神婚伝承がある。それは、周知のように、大物主神が倭迹迹日百襲姫を妻としたが、姫は夜毎訪れる夫の正体を知りたいと願ったところ、小箱に入った紐蛇であることがわかり、「ほと」を突いて自害したというものである。この神話からは、さまざまな情報を得ることができるが、三輪山の神は複数いるわけではなく、大物主神であること、山麓の人里に神の嫁がいたことなどを読み取ることは容易である。大物主神は、蛇体であることが知られるが、蛇が山を象徴する動物であることはいうまでもない。神は山におり、人里へ下って、人間と交渉したのである。神話がどの程度祭祀の実態を反映しているか不明であるが、三輪山の大物主神を山麓で祀ったことが、この神話の背景にあったとみることは許されよう。とすれば、三輪山の神は大物主神に限定できるので、複数の神々を前提する石神説よりも、特定の神の各所への降臨を想定する磐座説のほうが、三輪山の山麓の祭祀遺跡の解釈には、より適合的であるといえそうである。

つまり、三輪山山麓の中心部に巨石が存在する祭祀遺跡は、巨石を磐座として、そこに神を招き降ろして祀った結果、残されたものと考えられるのである。巨石が磐座として選ばれたのは、山中で無数にみられる巨石が、山麓では稀な存在であったためであろう。それゆえ、巨石が山中と密接に関わる場であることを示す証拠と考えられ、山中に坐す神が山麓に顕現する際の目印とされたのであろう。

また、祭祀遺跡が多数存在しているのは、一つには長期間にわたって祭祀が継続されたためであるが、同時に機能していた祭祀遺跡が複数あった可能性も高く、祭祀の担い手が複数存在した可能性がある。もっとも、祭具や祭式に共通性がみられることから、担い手の間には共通の神観念が共有されていたと考えられる。山から神を山麓の巨石に招き、祭祀をおこなう祭式を、とりあえず山麓祭祀と呼んでおこう。

三　神域の祭祀遺跡と古墳

ところで、三輪山の西麓は、すでにみてきたように多くの祭祀遺跡が分布するが、古墳時代の集落遺跡の存在は明白でなく、古墳も僅かに認められるのみである。弥生時代には、桜井市三輪・金屋遺跡や同市芝遺跡が知られ、竪穴建物や方形周溝墓が発掘されている。拠点的な集落であったとみてよかろう。ところが、古墳時代に入る頃、北方に同市纏向遺跡が出現し、以後三輪・金屋遺跡や芝遺跡が衰退する（寺沢一九八八）。纏向遺跡は、大規模な掘立柱建物など顕著な遺構をもち、関東地方から中国地方までの土器の搬入がみられ、当時として全国的に傑出した集落であったことは、多くの研究者が説いているところである。今、その内容に踏み込む余裕はないが、そうした大集落が出現した頃、時を同じくして三輪山の山麓からは集落が消えていくのである。

また、古墳をみると、祭祀遺跡である国津神社付近の西方に日本最古の前方後円墳である可能性が指摘されている箸墓古墳があり、その北方に初期古墳を主体とした纏向古墳群など多くの古墳が分布している。南方は、初瀬川の対岸の丘陵上に、前期を代表する前方後円墳である同市桜井茶臼山古墳、後期の群集墳である外鎌山古墳群などが分布している。三輪山の西麓では、国津神社の東南方に帆立貝形前方後円墳の茅原大墓古墳と横穴式石室をもつ馬塚古墳、箕倉山祭祀遺跡の西方に横穴式石室をもつ弁天社古墳と狐塚古墳の存在が知られている（寺沢・千賀一九八三）。茅原大墓古墳は前期古墳である可能性が高いが、それ以外は六世紀後半の造営と考えられ、一辺四〇ｍの方墳と推測されている狐塚古墳がもっとも新しい。寺沢は馬塚古墳→弁天社古墳→狐塚古墳の順で造営されたとし、「三輪山祭祀と深い関係をもち、大王家と姻戚関係にあるほどの豪族の墓」と推測している（寺沢一九八八）。

茅原大墓古墳は祭祀遺跡の成立以前に遡る可能性が高く、箸墓古墳以来の古墳の流れを汲むとみられるが、馬塚古墳・弁天社古墳・狐塚古墳は祭祀遺跡の成立以後に造営されたものであり、選地にあたっては祭祀遺跡の存在が考慮されたはずである。馬塚古墳・弁天社古墳・狐塚古墳の立地をみると、子持勾玉出土地以外の祭祀遺跡よりも低い地点に位置しており、平坦地の東端が選ばれていることがわかる（第3図）。子持勾玉出土地は、河川の合流点付近などに営まれたものがあるため、どうしても低地に立地するものが含まれるが、それ以外の祭祀遺跡は古墳よりも高い山麓に立地している。そこには、古墳は低地、祭祀遺跡は高地とする空間意識がみられるように思う。

古墳が営まれた六世紀後半は、三輪山の祭祀遺跡が営まれた最後の隆盛期であり、以後祭祀遺跡は衰退し、おそらく社殿を伴う神社が建立されたものとみられる。神域における古墳は、祭祀遺跡の最終段階で初めて造営できたのであり、それ以前、祭祀遺跡成立後は古墳の造営はみられなかったのである。つまり、祭祀遺跡の成立時には禁忌とされていた神域における古墳の造営が、禁忌が弛緩するなかで六世紀後半になって可能となったのである。しかし、古墳の造営が許されたのは神域の周縁部であり、神域の範囲が狭められた結果とみることもできる。

神域の変遷について、寺沢は、四世紀後半〜五世紀前半の第一段階には三輪全域が祭場であったのが、五世紀後半〜六世紀初頭の第二段階に狭井川・大宮川間に狭まり、さらに六世紀前半〜七世紀初頭の第三段階に禁足地に限られるようになったと説いた（寺沢一九八八）。この説が正しければ、古墳が営まれた六世紀後半には、すでに禁足地のみが祭場であったことになり、現在の大神神社の状況とほぼ同じであったといえる。しかし、古墳が低地に限定されていた状況からは、禁足地以外でも山麓を神聖視する観念が残存していた可能性がある。

禁足地は、大神神社拝殿の奥にある三ツ鳥居の内側で、三輪山の山麓から山腹にかけての土地である。樋口によれば、「三輪山における巨石の配置は、現在の大神々（ママ）社拝殿から禁足地を連ね（この中にまず最初の巨石がある）、尾根をたどって標高三〇〇メートル付近に一群、そして頂上の石群に達する一列と、玄賓谷（オーカミ谷）の標高二一〜二五〇メートル線の間、この谷の南（A群）、北（B群）両側の尾根上と、谷頂に当たる（C群）、三群を最低とし、次は三一〜三五〇メートル間の一群（D群）、四〇〇メートル上の一群（E群）があって、ほぼ同じ谷の延長線に位置している一群がある。このうちC、D、E群ともその所在地付近では谷はほとんど認められず一種の低い尾根となっている。頂上にあるものは、日迎神社の祠の西方に南（F群）、北（G群）の小形のサークルに囲まれた小石群、そして、その東方には楕円形（南北一〇メートル、東西三〇メートルほど）の石群（H群）がある」という（樋口一九七二）。つまり、禁足地の背後には三輪山が広がっているわけで、禁足地が三輪山を象徴的に示す祭場であったことがうかがえるのである。

大神神社の伝承では、三輪山の山中に分布する巨石は、奥津磐座・中津磐座・辺津磐座と呼ばれるが、それらはいずれも禁足地の上方に存在する自然の露頭を中心とした巨石群である（大場一九七〇）。磐座の呼称からは、山麓から頂上にかけて、辺―中―奥という空間区分がなされていたことがあきらかになる。この区分は、宗像大社が辺津宮―中津宮―奥津宮という構造を採っていることと符合し、海上と同様な区分を山中に適用したものということができる。しかし、実際の巨石は、オーカミ谷などの巨石のように、奥津磐座・中津磐座・辺津磐座のいずれにも含まれないものが多数存在する。もともと、奥津磐座・中津磐座・辺津磐座という区分は、理念的な性格が強く、実態をそのまま反映したものではないのかもしれない。しかも、それらが祭祀遺跡を伴うものかどうか未調査である現状では、巨石を磐座として扱った年代さえ不明である。今は、三輪山の山内とはいえ、必ずしも均質な空間とは捉えられていなかった可能性を指摘するのみに留めたい。

すでにみたように、禁足地からは勾玉や臼玉などの滑石製模造品、子持勾玉・須恵器・土師器などが採集されており（樋口一九七二）、禁足地が古墳時代の祭祀遺跡であることは疑いない。しかし、発掘調査によって遺物の出土が確認されているのは、拝殿に近い場所であり、禁足地の一画に過ぎない点に注意する必要がある。山腹の巨石群周辺からも臼玉などが採集されたと伝えられているものの、発掘調査によって確認された例はなく、山麓と同様に扱うわけにはいかない。山腹の巨石のなかには、人為的に配置したことがあきらかな例もあるとされ、祭祀遺跡が存在する可能性は否定できないが、古墳時代まで遡るかは不明である。現在の拝殿がある平坦地は、一二世紀以降に整備されたものであることが、発掘調査によってあきらかにされており、一二世紀頃に磐座として整備されたものがある可能性がある。

このように、三輪山の神域の空間構造をみると、少なくとも三つの異なる空間が存在することがわかる。

第一は、禁足地であり、一部に古墳時代の祭祀遺跡が存在することは確認されているものの、全貌は未解明である。しかも、現在禁足地とされている区域以外にも、巨石が確認できる場所があり、基本的には三輪山の山体そのものといってよい。この空間は、山の自然が生きており、人間が容易に立ち入ることができない。磐座として利用可能な巨石が無数にあり、祭祀遺跡が存在する可能性はあるが、古墳時代に遡るものばかりではなかろう。もっとも、神が山に常住するとすれば、神を招いて祀る磐座は不要であろう。しかも、神が恐ろしい存在であった古代の段階で、果たして神の領域に踏み込んで祀ることがあったであろうかという疑問が湧く。

第二は、山麓の高地で、祭祀遺跡が濃密に分布する空間である。山辺の道沿いに南北に細長く続くが、おもに狭井川から大宮川までの間の三輪山の山麓で、巨石を伴う祭祀遺跡も少なくない。巨石は、磐座として用いられ、三輪山から神を招いて祀った可能性がある。祭具は滑石製模造品と土製模造品が主体で、須恵器を伴う場合も多く、ある程度定型化した祭祀がおこなわれていた。典型的な山麓祭祀の祭場と考えられるが、祭祀遺跡以外に顕著な遺跡がなく、神域として機能していたとみられる。

第三は、低地で、子持勾玉の祭場が設けられたが、六世紀後半以降古墳が造営されるようになる。当初神域の一部をなしていたが、祭祀を管掌する司祭の墓地とみられる古墳が造営され、神域から隔離された可能性がある。死者を葬る古墳が造営された六世紀は、禁足地が明確に立ち現れてくる時期でもあり、三輪山の山麓における空間の再編成が進んだとみられる。当然、この第三の空間の外側には、集落・古墳・水田が営まれていたわけで、まさに世俗的な世界が広がっていた。その意味で、第三の空間は、世俗と聖域の境界領域に属していたとみてよかろう。

ところで、この三つの空間は、東側に第一の空間、その西側に隣接して第二の空間、さらにその西側に第三の空間というように、縞状に広がっていた。東側に聖なる極、西側に俗なる極があり、その中間にこれらの空間が帯状に横たわっていたのである。そのうち、祭祀遺跡は第二の空間に集中し、もっとも聖なる領域である第一の空間には僅かな数がみられるに過ぎない。

四　山麓祭祀の空間構造

さて、三輪山を山岳宗教の観点からみるとき、注目されるのは巨石を用いた磐座祭祀である。磐座は、そこに神を招いて祀り、終われば送るという祭祀に用いた石である。その磐座が、山麓に設けられ、三輪山から神を招いて祀っていた。その典型が山ノ神祭祀遺跡で、磐座とされた巨石の前面で石製模造品・土製模造品などの祭具や須恵器を用いた祭祀を執行し、三輪山の神を祀ったのである。山ノ神祭祀遺跡は、すぐ東側が三輪山の山腹に達する場所であり、山と里の境界領域に造営されたことが容易に推測できる。山側は神の領域、里側は人の領域に属し、両者が接する場所で祭祀を執行したと考えられる。人は、神の領域に踏み込めない以上、神に境界領域まで出てきていただき、祀る以外に方法はない。そこで、新たに生み出されたのが、磐座に勧請し、祀った後に帰っていただくという祀り方である。こうすれば、人が神の領域を侵犯することなく、神を丁重に祀ることができるわけである。

このような整理によって明白なように、山麓での磐座祭祀は、山頂や山腹を禁足地とする思想と裏腹の関係にあった。神と人の領域を明確化することによって、神の領域は人にとって禁足地となり、人の領域には神を祀る磐座が必要とされるに至った。人の領域にある磐座で神を祀るためには、そこに神を招かねばならず、去来する神の観念が前提となった。禁足地は、人が踏み込むことを禁じる場所であるが、禁じることによって初めて神の領域であることが顕在化する。禁足地を設定するということは、神と人の領域を区画することであるが、それはまた神と人の関係を安定化させるための手段でもあった。禁足地の設定によって、人が神の領域に誤って踏み込み、祟りを受けることがなくなり、結果的に荒ぶる神を鎮めることが可能になった。

去来する神の観念が、磐座が成立する以前からあった可能性は高いが、磐座の成立によって強化されたであろうことも容易に推察できるところである。磐座の成立は、去来する神の観念を確固たるものにしただけでなく、神迎えと神送りを伴う祭式を整備させたはずである。祭場を清らかにして神を迎え、供物や祝詞で神を歓待し、やがて神を送り帰す儀礼が整えられたに違いない。考古資料からその実態を解明することは困難であるが、丁寧な発掘調査によって、将来その一端があきらかにされる日が来るであろう。磐座における祭祀遺物が、祭場に放置された状態であったのか、それとも撤去後に廃棄された状態であったのかが問題であるが、その解明は今後に期せざるを得ない。

磐座を考えるにあたって注意しなければならないのは、磐座はあくまでも祭場を構成する設備の一種であって、依代ではないことである。依代は、神が憑依する際の目印であって、憑依する対象ではない。この点、しばしば依代を憑依の対象と誤解した言説がなされているが、それが折口信夫の学説を曲解したものであることは、すでに指摘しておいたところである（時枝二〇一五）。磐座に依代を付けた可能性はあるが、それは磐座のような堅固なものではなく、祭りに際して臨時に設けられたものであったことはいうまでもない。磐座は、依代と切り離して論じる必要があり、折口の依代論とは別個に考察されなければならない。

三輪山における磐座の分布は、西麓のごく限られた範囲に限定され、山麓全域にさえ及んでいない。それにも拘らず、複数の磐座の存在が認められ、神が固定した場所でのみ祀られていたわけではないことを示している。磐座が複数存在する原因は、磐座祭祀が長期間にわたって継続されたための変化、祭祀の担い手が複数存在した可能性など、さまざまなことが考えられる。しかし、いずれの場所も祭場にふさわしい条件を備えていたからこそ、そこに磐座が設けられて祭祀が執行されたわけで、なんらかの共通点があったとみなければならない。つまり、祭場としての要件を満たした場所は、三輪山西麓のごく限られた範囲であったということである。

そうした祭場にある磐座に、三輪山の神は降臨したわけであるが、当然三輪山の山頂、あるいは山腹から神はやってきたのであろう。祭祀を終えて帰る先も、三輪山の山内であったと考えられるので、通常神は三輪山山中に常住していたことになろう。三輪山は、しばしば神体山と呼ばれ、山そのものが神であると説明される。しかし、山は神の在所であって、山そのものが神ではなさそうである。なぜならば、山そのものが神であるならば、去来伝承が生まれる余地がないからである。山は動かないが、神は去来するのであり、山と神は別個の存在であると考えるのが合理的である。そして、三輪山では、この山が禁足地として認識されているのである。とすれば、禁足地こそ神の居所であり、そこから磐座に招いて祭祀を挙行したのである。

とすれば、禁足地は神が常住する場所であり、磐座は臨時に降臨する場所であると理解することができよう。山中にある禁足地に神がいるとする観念が、典型的な山岳宗教であることはいうまでもないが、そこに人が立ち入ることを禁じるあり方は、後の修験道の霊山などと比較すると大きく異なっている。しかし、時系列的にみれば、三輪山における禁足地のあり方がより古い形態をみせていると考えられ、修験道の霊山はより発展した形態として位置づけることができよう。今、この展開の問題には踏み込まないが、山岳宗教の原点に山への立ち入りを禁止する観念があったことに注目したい。

山麓祭祀では、神聖な山への入山が禁じられているため、祭祀はその外側でおこなわれる。山岳宗教でありながら、山ではなく、里で祭祀が繰り広げられることになる。しかし、祭祀対象は山にいる神であるため、神を里に招いて祀ることになる。もっとも、山ノ神祭祀遺跡などにみられるように、限りなく禁足地に近い境界領域に祭場が設けられたのである。神の居所である禁足地を取り囲むように、磐座を伴う祭場などが配置され、後にはその外側に古墳が造営されたのであり、理念的には同心円的な広がりを想定することができるが、実際には西麓の一画のみに帯状に展開したのであった。そこには、祭祀を取り巻く政治的・社会的事情が介在していると思われ、空間論的視点だけでは説明しきれない。

いずれにせよ、山麓祭祀は、神の居所である山を禁足地として囲い込み、その外側の山麓に山の神を祀る祭場を設けて祀ったものである。こうした山麓の祭場を、群馬県高崎市榛名山では戸神社、同県前橋市赤城山では近戸神社と呼ぶが、それらも三輪山の山麓祭祀の系譜に繋がるものであろう。山岳宗教の原初的な形態としての山麓祭祀は、従来あまり重視されてこなかったが、今後は三輪山以外の山岳においてもその存否を検証する必要性があろう。

おわりに

以上、わずかな考古資料にもとづいて憶測を重ねてきたが、三輪山の祭祀に原初的な山岳宗教のあり方を見出すことができた。

それは、山を禁足地とし、神と人の領域を区分し、その境界領域において山の神を祀る山麓祭祀をおこなうものであった。神は禁足地に常住したが、去来することが可能であると考えられたため、山麓の磐座などに招いて祀られた。磐座は、臨時の祭場であったが、自然の露頭である巨石などを利用したため、考古学的に容易に視認できる遺跡として残された。

そこには、山と里を異なる空間として認識し、山麓を両者の境界領域として位置づける観念がみられる。山は聖地としての性格を付与され、対して里は人が生活する俗地と位置づけられ、両者を対比させる思考を読み取ることができる。六世紀後半に、山麓祭祀が再編された折、子持勾玉出土地以外の祭祀遺跡が分布する範囲よりも低い場所に古墳が造営されたが、空間認識を大きく変えるまでには至らなかった。

ところで、山麓祭祀が、山に神の存在を認める以上、山岳宗教であることは疑いない。山への立ち入りを禁じるのは、神への畏怖の念が強いためであり、山の神は時に祟る荒ぶる神と考えられていたはずである。この点については、今後、文献史料によって裏付ける必要があるが、すでにその一部は古谷によって証明されている（古谷二〇一〇）。

そのほかにも、時間的な変遷の動態や各地への影響、あるいは土製品や子持勾玉をめぐる問題など、論じ残した点は多いが、これまで山岳宗教として論じられることが少なかった山麓祭祀の概要だけは提示できたかと思う。山麓祭祀について、その概念の当否を含めて、忌憚のない意見を頂戴できれば幸甚である。

第二章　中世大峰山の空間構造

はじめに

山岳宗教の成立が古代に遡ることは疑いないが、それをもって霊山の成立といえるかどうかは、大きな疑問がある。それは、霊山は、そこで修行する宗教家がおり、そこへ参詣する信者がいなければならないからである。宗教家も参詣者もいない場合、それは聖地、あるいは聖なる山であるかもしれないが、いまだ霊山と呼ぶには条件が熟していないのではないか。とすれば、そうした条件を満たす霊山は、いつ頃成立したのであろうか。そのことを検討するうえで、重要な手がかりを提供してくれるのが、金峯山と大峰山である。

金峯山は、御嶽と呼ばれ、貴紳の信仰を集めたが、顕著になったのは一一世紀のことであった。一一世紀は、社会的には中世の開幕といってよい時代であるが、政治体制としては古代の余韻を引きずっていた。そのため、古代末期として扱われることもあれば、中世初期として評価される場合もあるが、山岳宗教史としては金峯山信仰の流布は中世の開幕を告げる出来事として位置づけることができよう。

一方、大峰山は、特定の山を指示する言葉でないためもあり、漠然とした印象で語られ、ややもすると修験道と置換される用語として理解される場合があるように思う。大峰山が、修験道の成立と深い関係にあることは疑いないが、実態としてどのような状況であったのか問われることは意外に少なかったように思う。

そこで、本章では、吉野の金峯山と熊野について整理したうえで、大峰山の成立について論じ、そこにおいて整備された施設を考古資料のなかから見出すことによって、宗教空間としての大峰山の特質に迫りたい。

ところで、大峰山に関する考古学的研究は、金峯山経塚の調査・研究から始まった。最初に遺物の紹介(黒川一九〇五、広瀬一九二二)がなされ、やがてその集成的研究(石田・矢島一九三七)がまとめられ、金峯山経塚出土遺物の全貌があきらかになった。その後、それを基礎資料として活用しつつ、金峯山信仰をめぐる習俗や文化の研究がさまざまな視点からおこなわれた(佐藤一九五四、矢島一九五九、蔵田一九六六、神山一九七一、三宅一九七七・八三・九五、濱田一九八六・八七、河田一九九八、京都国立博物館二〇〇七、時枝二〇一〇a、井口二〇一一)。

昭和五十八年(一九八三)から六十一年にかけて大峯山寺本堂の解体修理に際して奈良県立橿原考古学研究所による発掘調査が実施され、石組護摩壇・灰溜・階段状遺構・石組溝・石垣などの遺構、金仏・銅鏡・鏡像・懸仏・仏具・銅板経・経軸端・飾金具・銭貨・緑釉陶器・黒色土器・青磁・白磁など豊富な遺物が検出されたのを契機に、大峰山頂遺跡に関する本格的な研究が開始された(奈良県立橿原考古学研究所一九八四・八五、奈良県文化財保存事務所一九八六、菅谷・前園・西藤一九八六、菅谷一九八七a・九五、前園一九八七)。

大峰山の発掘調査は、大峰山のみでなく吉野山に関する考古学的研究をも惹起し、それまでに蓄積されていた資料の見直しが進められた(菅谷一九八四、井口一九九七a、吉野歴史資料館一九九七、泉一九九九・二〇〇四、泉・竹田二〇〇三)。そのほかにも、大峰山をめぐる考古資料の研究は活発で、考古学のみならず美術史や歴史地理学からのアプローチもなされている(大阪市立博物館一九七〇、元興寺文化財研究所一九八三、田辺一九八三、菅谷一九八五・八六・八七b・九八・二〇〇二・〇三、森下一九九五・九七・九八・二〇〇三・〇七・〇八、井口一九九七b、小田二〇〇〇、橋本二〇〇一・〇八・〇九、入倉二〇〇二、奈良山岳遺跡研究会二〇〇三、増補吉野町史編集委員会二〇〇四、前園・松田二〇〇四、時枝二〇〇六、大西二〇〇七・〇八）。とりわけ、菅谷文則・森下恵介・橋本裕行は、大峰山の山岳宗教遺跡の現地調査を積極的に推し進め、多くの事実をあきらかにしている。

このように、大峰山に関する考古学的研究は膨大な蓄積があり、個々の研究内容を紹介しきれないほどである。本章では、これら多くの先学の研究に学びつつ、大峰山の宗教空間について考察したいと思う。

一　吉野の金峯山

大峰山頂遺跡が所在する山上ヶ岳（標高一七一九・二ｍ）は、金峯山経塚が所在することからあきらかなように、平安時代の金峯山であった。金峯山を吉野町の青根ヶ峯（八五七・九ｍ）とする五来重の説もある（五来一九八一）が、考古資料をもとに考えれば、山上ヶ岳以外の場所ではあり得ない。五来説は、大峰山頂遺跡発掘以前の情報が不足した段階で、藤原道長が山上ヶ岳のような険峻な山に登るはずがないという思い込みに支えられて創案されたものであり、今日では認めることができない。青根ヶ峯をはじめとする吉野山から山岳信仰が芽生えた可能性はあると思うが、道長が登拝した一一世紀には、すでにそのような初期段階を脱していたのである。

金峯山は、金の御嶽、あるいは単に御嶽と呼ばれ、いつの頃からか蔵王権現の聖地として崇められていた。確かな文献によって、その歴史を辿ることは難しいので、ここでは大峰山頂遺跡の発掘調査の結果判明したことを紹介しておこう（菅谷一九八八）。それによれば、八世紀後半に「竜の口」と呼ばれる岩裂の周辺で護摩が焚かれたことに始まり、九世紀に固定した護摩壇が設けられ、その後仏堂が建てられた（菅谷一九八八）。自然の岩裂に対する信仰を基盤に、徐々に人工的な施設が設けられ、最終的に山上蔵王堂に発展したのである。

本来、岩裂が聖地の中心であったはずであるが、現在、岩裂は山上蔵王堂の内々陣にあり、その外側に内陣、さらにその外側に外陣が控え、岩裂は文字通りの秘所として存在しているのである。最初の仏堂が岩裂の覆屋として設けられたとしても、その後整備された山上蔵王堂は、岩裂を秘匿するべく設計されており、見れば死ぬという禁忌がまことしやかに伝えられていることは周知の通りである。金峯山は、金が涌出し、それを蔵王権現が守っているとされるが、金の在処と岩裂は関係あるのであろうか。岩裂を聖地の中心とする例は、福岡県の宝満山山頂遺跡や栃木県の日光男体山頂遺跡などでみられ、後者では岩裂中から多量の遺物が出土している。大峰山頂遺跡の発掘調査で出土した黄金仏は、一〇世紀頃のものと推測されているが、岩裂の性格と関わる可能性がある。岩裂と黄金の関係は明確でないが、ここが金峯山のもっとも重要な場所と考えられていた可能性が高く、金峯山信仰の原点と評してよい場所であろう。

ところが、藤原道長が金峯山経塚を築造した場所は、この岩裂周辺ではない。金峯山経塚は、寛弘四年（一〇〇七）に藤原道長が造営した日本最古の経塚であるが、元禄期の山上蔵王堂再建に伴う整地に際して発見されたため、実態は不明である。大峰山頂遺跡の発掘調査においても、元禄期の整地層中から多数の経塚遺物が発見されており、元禄期に経塚が大規模に破壊されたことが確認できる。整地に際して土砂を掘り出した地点は、山上蔵王堂の南側にある涌出岩周辺であることが推測できるので、経塚は本来涌出岩周辺に造営されたことがわかる。藤原道長の経塚が造営された地点を絞り込むことはできないが、涌出岩周辺であることは疑いなく、山上蔵王堂の岩裂からは隔たった場所であることが知られる（第4図）。

藤原道長は、釈尊報恩・弥勒値遇・蔵王親近・自身無常菩提・臨終正念・極楽往生・滅罪・竜華三会成仏・経巻涌

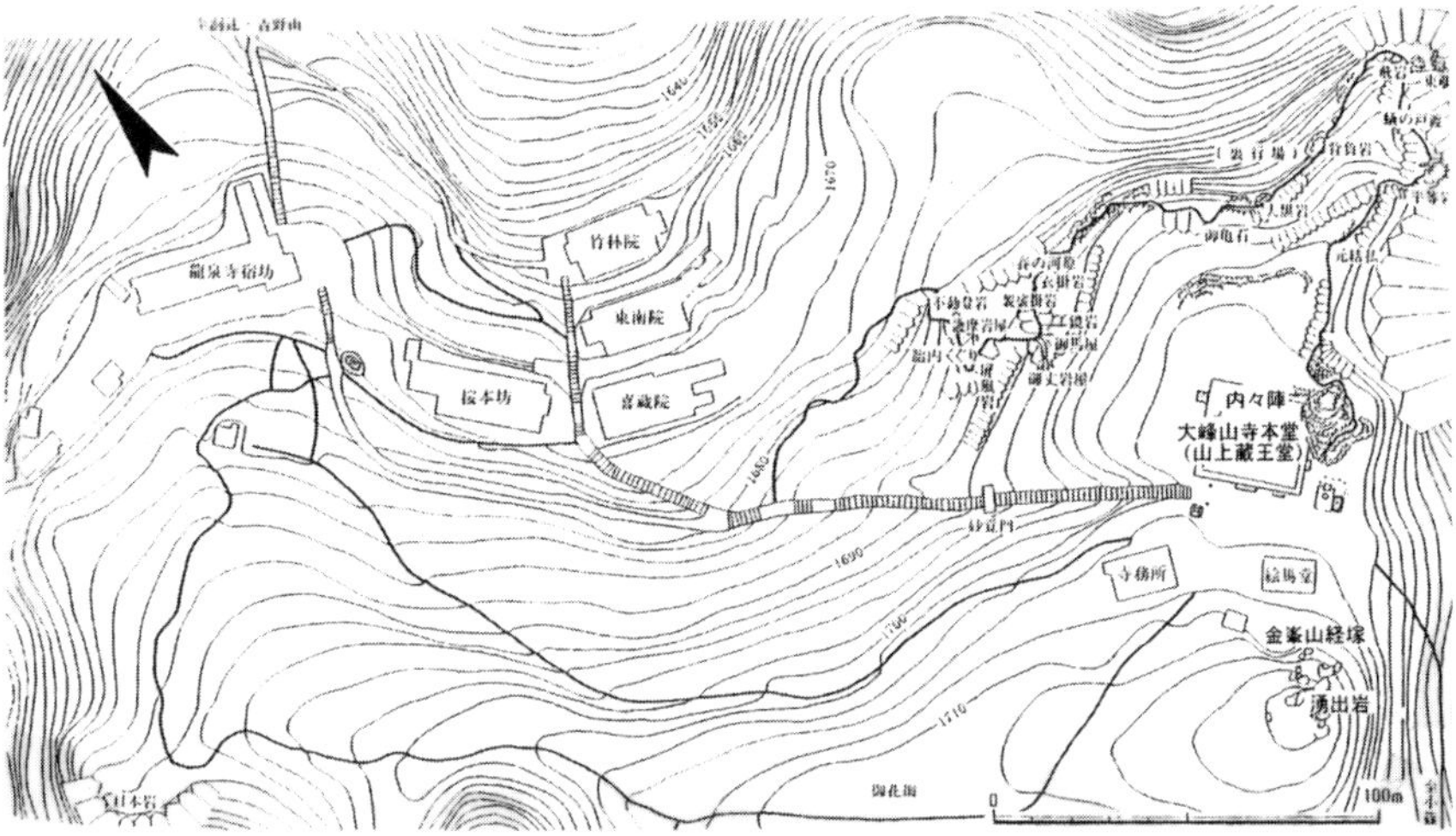

第４図　大峰山頂遺跡周辺図（奈良山岳遺跡研究会 2003、一部加筆）

出・神通力獲得など多様な造営目的を経筒の銘文に刻んでいるが、そのほか皇子出産祈願、厄年の厄払いなどを願ったと説かれることが多い。現世利益を中心に、往生祈願までおこなっており、経塚の造営目的はあまりにも幅広く、要領を得ない嫌いがある。しかし、経筒に納めた法華経を、弥勒菩薩が如来となって説法する時まで保存することが基本的な目的であって、そのために堅牢な経筒・外容器・石室を用意して埋納したわけである。しかも、埋経した経典の保護を、蔵王権現に期待したからこそ、金峯山の山頂に埋納したのであった。そして、弥勒如来の説法を聴聞したいといっているので、垂迹としての蔵王権現を介して弥勒菩薩と縁を結ぶことを意図したことが知られる。

　ところで、涌出岩は、蔵王権現が地中から出現した場所と伝え、山上ヶ岳における代表的な聖地であった。涌出岩は、丘の上に突出した巨岩で、蔵王権現を祀るための磐座としての性格をもち、周辺がその祭場であったと考えられる。役行者が祈念し続けた結果、末法の衆生を救済するのに相応しい容姿をした蔵王権現が出現したという伝説が著名であるが、蔵王権現の祭場としての性格に発した伝説であろう。涌出岩周辺が蔵王権現の祭場であったことは、蔵王権現を象った鏡像や懸仏が多量に出土していることからあきらかであるが、従来それらは経塚副納品とされ、蔵王権現の供養に用いられたものであることが見落とされていた。懸仏は、建物に懸垂するなど、今日の絵馬のような用いられ方をした奉納品で、経塚ではなく小祠などに伴う可能性が高い。おそらく、涌出岩周辺に存在した蔵王権現の小祠に奉納されたもので、涌出岩が蔵王権現の磐座であったことを示している。このように、涌出岩は、山上蔵王堂の岩裂と同様な性格をもっており、古墳時代からの伝統的な祭祀のあり方を継承する聖地であるといえよう。とすると、金峯山には、岩裂と涌出岩といういずれも岩を中心とした聖地があり、岩裂が山上の中心部、涌出岩が周辺部に存在したことになろう。そして、今日、われわれは、岩裂を中心とした遺跡を大峰山頂遺跡、涌出岩を中心とした遺跡を金峯山経塚と呼んでいる。

周知のように、藤原道長の経筒は、保存状態が良好で、埋納にあたっては外容器や石室で保護されていたと推測できる。しかも、経典の腐食状態からは、天地を逆にして埋納されていた可能性が指摘できる。『御堂関白記』によれば、銅製の灯籠が経塚標識として造立されたことが判明するので、おそらく低いマウンドをもった独立した経塚であったに違いない。典型的な埋経の経塚である。道長は、垂迹である蔵王権現の聖地に経塚を築くことで、弥勒菩薩や阿弥陀如来と結縁し、成仏の機会を得ようとしたのであろう。蔵王権現の聖地であった金峯山を、道長は成仏の機縁としたわけであるが、そのことによって金峯山は霊場としての性格を一層強固なものとしたはずである。経塚造営は、霊場創出作業の一環であり、以後多くの参詣者が訪れるようになったと推測される。

金峯山経塚からは、霊場としての繁栄を裏付けるように、多くの経塚遺物が出土しているが、金峯山経塚を構成していた大部分の経塚は、道長の経塚のような埋納施設を伴わず、経筒を直接岩場に差し込むような簡易な経塚であったと考えられる。それゆえ、多くの経筒が破損しており、なかには原形を留めないまでに細かく割れているものもある。それは、最初から経典の保存を目的とせず、功徳を得るために納経することを意図したからに他ならない。いわゆる納経の経塚である。多くの参詣者にとって、経塚造営は、あくまでも祈願を成就させるための手段であって、経典の保存は関心の外にあった。作善業の一つである経塚造営は、霊場である金峯山への参詣に伴う行為であって、それ以下でも以上でもなかった。あらかじめ金峯山に属する宗教家によって準備が整えられ、形通りに儀礼を執行した後、適当な場所に納めたのである。あるいは、参詣者が持参した経筒を、岩の間隙などに挿入した場合もあったはずである。こうして、埋経の経塚とは異なる趣旨をもつ、納経の経塚が、多数造営されることになったのである。

さて、『御堂関白記』によれば、道長は、山麓の吉野にあった金照房に宿泊し、先達金照房の案内で御嶽詣をおこなった。途中祇園と呼ばれた安禅に一泊して、険路を辿って金峯山に登拝し、山上にあった金照房に泊まった。翌日、盛大な供養を営み、埋経を済ませ、終了後直ちに下山した。この登拝において、注目したいのは、金照房の存在である。金照房は、坊名であり、同時に先達の名であったが、彼は山麓と山頂に宿泊施設を確保し、先達として活動していた。明記されているわけではないが、先達を務めていることから判断すれば、彼は山岳修行の練達者で、いわゆる験者であったと推測できる。当時、金峯山は、参詣路を熟知した宗教家の案内のもとに、宿泊施設まで確保された状態で登拝できる霊山だったのである。

先達に案内されての参詣は、道長に留まるものではなく、ごく一般的なものであったと考えられる。山上では、本格的な経塚を築造する場合は稀であったが、簡易な納経は多くの参詣者が実修したとみられる。道長の経塚は、金峯山詣の初期の段階で造営されたため、以後の参詣者にとっては納経場所を示す格好のモニュメントとなったはずである。道長の経塚の周囲には、大勢の参詣者が納経し、あたりに一大経塚群が形成されることになったのである。その結果、中核的な信仰の場であった岩裂と並ぶ信仰の場として、一一世紀に金峯山経塚をもつ涌出岩がもう一つの信仰の拠点として浮上したのである。

このように、金峯山においては、中心的な信仰の場である岩裂と、周縁的な信仰の場である涌出岩の二つの信仰拠点が形成されることになった。一一世紀にはむしろ周縁的な場である湧出岩が信仰の中心として栄えたわけであるが、それは聖地の中心である岩裂へ、当時新しい風習であった経塚の造営を忌避した結果である可能性が指摘できる。つまり、新しい風習である経塚は、導入に際して、聖地の中心部に営むことが憚られたため、周縁部を中心に展開せざるを得なかった可能性が高いのである。それは、旧来の聖地の秩序を保ちながら、新しい動きを取り込むためになされた工夫でもあろう。金峯山経塚は、古代以来の聖地の空間構造を踏まえ、中世的な聖性を内包した新たな空間構造を創出するための装置でもあったといってよいのではなかろうか。

二　熊野の台頭

摂関期を代表する霊山が金峯山であるとすれば、院政期を代表する霊地として、霊山ではないかもしれないが、熊野を挙げることができる。熊野は、熊野三山と称されるように、本宮・新宮・那智の三つの霊場が組み合わさってできた巨大な霊場である。神社を中核としながらも、全体に仏教色が濃く、まさに神仏習合の霊場としての性格をもっている。熊野信仰が隆盛した契機は、寛治四年(一〇九〇)の白河上皇の熊野御幸であり、一一世紀末のことであった。その後、参詣道の整備などが進み、一二世紀に入って一層の発展をみることになった。

熊野三山のうち大峰山と直接関連するのは本宮で、旧鎮座地である大斎原と熊野川を挟んだ対岸にある備崎が、奥駈道の出入口となっている。吉野から入峰した逆峰の行者が、熊野川を渡渉した濡れた足のままで本宮に入ることが、古くからの慣習となっていたと伝えられていることは、周知の通りである。本宮の行者は、客僧を主体に長床衆を構成していたが、彼らの多くが修験者であったことはいうまでもない。しばしば熊野修験と称されるが、実際には大峰山で修行していた行者であり、熊野独自の修験者であったわけではない。彼らの多くが客僧であったことからも、流動的な性格がうかがえ、現在みることができるような組織化された教団とは異なった集団であったことは疑いない。いずれにせよ、ここでは、本宮が大峰山と深く関わる霊場であり、なかでも備崎が重要な地点であったことが確認できる。

その備崎には、奥駈修行の拠点である備宿が設けられ、近くには奥駈道沿いに大経塚群が営まれたことが知られている。

備崎経塚は、平成十三年(二〇〇一)十二月から翌年三月まで、大谷女子大学による発掘調査がおこなわれた結果、丘陵先端部の平坦面である第一地点で三二基、その上方にある第三地点で七基の経塚が確認された(大谷女子大学博物館二〇〇二)。経塚の保存状態はかならずしも良好ではなかったが、狭い痩せ尾根上に、経塚が密集して営まれている状況があきらかにされた。報告書では経塚の形態をa形態からf形態の六形態に分類している(第5図)が、d形態・e形態・f形態については推定復元による部分が大きい(大谷女子大学博物館二〇〇二)。この分類を整理すると、坑を穿つa形態とf形態、坑を穿たないb形態とe形態の四つの類型で捉えるのが、現実的な方途であろう。

構築に要する労力に注目すれば、f形態がもっとも手間がかかる形態、次いでa形態もしくはe形態、もっとも簡略なのがb形態ということになろう。そのうち、もっとも労力を要するf形態の経塚は稀で、もっとも省力化が可能なb形態とそれに準じるa形態の経塚が好んで造営された。坑を穿ち石室を構築するf形態は、経典を保存することを意図した埋経の遺構としてふさわしいもので、坑を穿つa形態も埋経のためのものとみられる。それに対して、坑をもたないb形態は、経典の奉納を目的とした納経の経塚で、やはり坑のないe形態も納経と考えてよかろう。

　このような経塚が、平坦地や緩傾斜面に群集し、それが七箇所確認されており、全体として備崎経塚という一大経塚遺跡を形成している。つまり、備崎経塚は、多数の単位群によって構成される経塚群の複合体として存在しているのであり、そのあり方は経塚の性格の一端を表現しているものと考えられる。備崎経塚全体からみれば、各地点の経

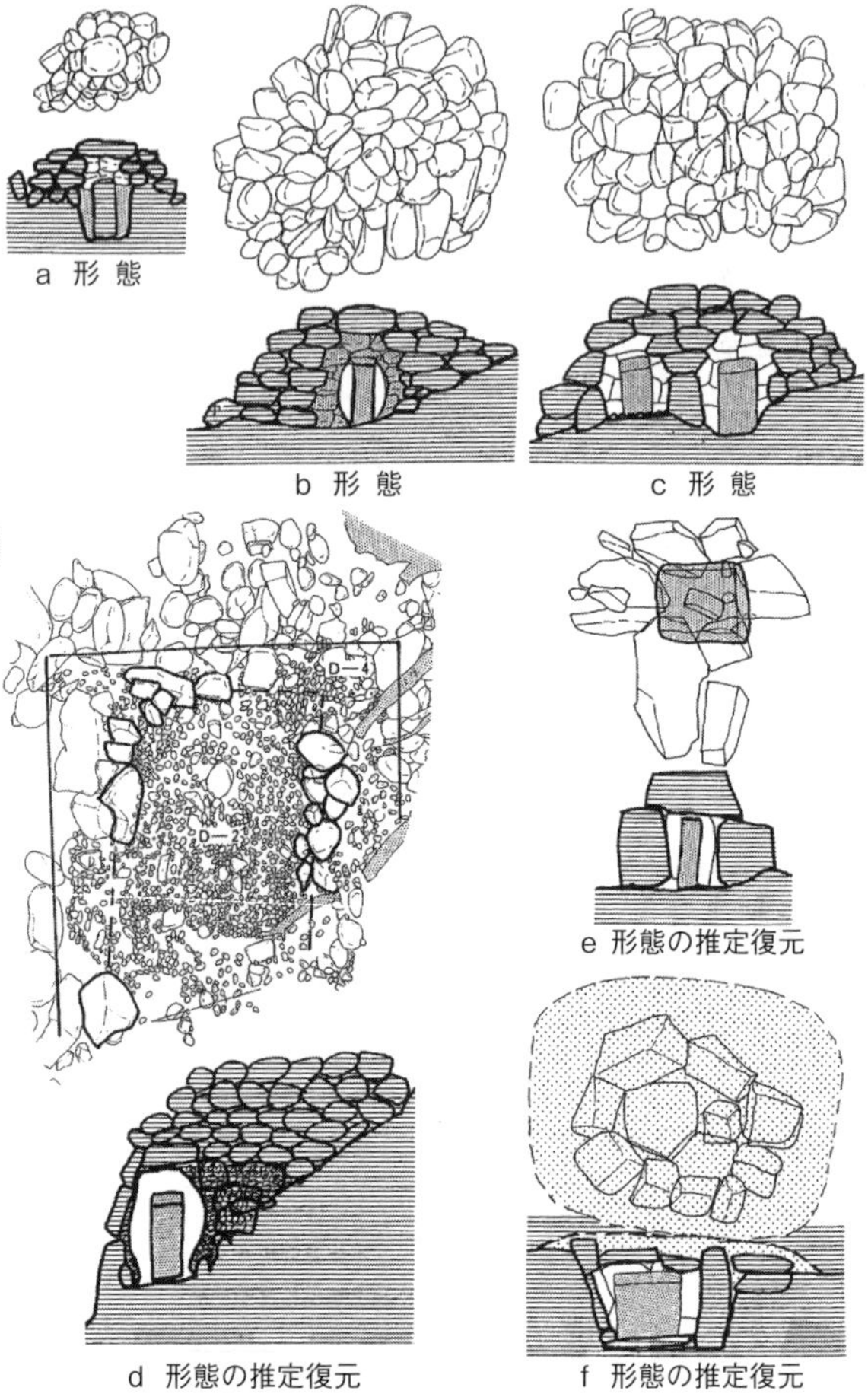

第5図　経塚遺構の類型（大谷女子大学博物館2002による）

塚群は、いわば支群とでもいうべきまとまりと考えることができよう。

出土遺物に注目すると、備崎経塚では経筒と外容器の使用が知られるが、銅製経筒二件・土師器製経筒五件・瓦質土器製経筒三件、渥美経筒五件・猿投経筒二件・常滑経筒一件、渥美外容器五件・瀬戸外容器六件・常滑外容器一六件が確認できる。また、副納品はさまざまなものがみられるが、供養具などが多く、厳密な意味での副納品はきわめて僅かである。一見多数の経筒・外容器が出土しているようにみえるが、経塚は確認されただけでも三九基あり、発見された経筒などの数を上回っている。経塚とは断定できないものの、地表面で確認できる礫群は、優に七〇基を超えるが、それにしては経筒などの発見量があまりにも少ない。盗掘の影響と未発見遺物の存在を考慮しても、経筒などの絶対量の少なさはあきらかであり、むしろ最初から経筒などを納めない礫群・塚の存在を想定する必要があるように思われる。また、経筒・外容器の産地に注目すると、渥美・猿投・瀬戸など東海地方の諸窯の製品が多いことが指摘できる。備崎経塚の造営に、東日本からの参詣者が、大きな役割を果たしたことを物語っている。さらに、破損した遺物が顕著で、保護施設を持たなかったために、細片になるような打撃を受けたと考えられる。備崎経塚は、保護施設をもたない納経の経塚が多く造営されたとみられるが、その担い手が参詣者であったことは改めて指摘するまでもなかろう。

備崎経塚のおもな造営主体は、本宮への参詣者であり、彼らが増加した結果、大規模な経塚群が残されたと考えられる。備崎経塚に埋経と納経の両者があり、遺構のあり方にバリエーションが認められるのも、さまざまな造営者が経塚造営に関与した結果であると考えられる。異なる階層の施主のみならず、東海系陶器の多さをみれば地域的にも東国を含む広範囲の施主が、備崎における経塚造営に参加した可能性が高い。備崎経塚では東海系陶器が卓越しているのに対して、那智経塚では東播系陶器など西日本産の遺物が比較的多くみられ、参詣者の構成が異なっていた可能性がある。熊野詣が、熊野三山をすべて巡るものであったとすれば、三山のどこに経塚を造営するかを選択する際に、地域差が生じた可能性がある。いずれにせよ、備崎経塚は、熊野詣の盛行を反映したものであり、社寺参詣を記念するモニュメントであったといえよう。

備崎経塚の立地についてはすでに触れたが、再度確認しておくと、備崎経塚は、熊野川の東岸に岬状に突き出た尾根上に立地し、そこには経塚を営むために整地したとみられる平場が七段にわたって築かれている。経塚群は、尾根筋に取り付いてすぐの緩傾斜面に立地しており、熊野川に臨む尾根筋にある。尾根を下った熊野川対岸は、熊野本宮大社旧社地の中州であり、経塚群は熊野本宮と深い関係を示している。一方、尾根を登った場所には備宿があり、宗教的専門家である修験者の行場となっている。さらに、その奥には、奥駈道が通じており、大峰山の聖域に続いている。つまり、本宮とは熊野川で画され、大峰山の行場とは備宿で限られた中間地帯に、経塚は位置している。本宮より大峰山に近い聖域であるが、宗教的専門家が修行する備宿より手前であるところに、備崎経塚の特色があるのではなかろうか。

修験者は、宗教的指導者や勧進活動の主体として経塚造営に関わった可能性が高いが、造営の発願者・施主は在俗者が主体であった。備崎経塚も、金峯山経塚と同様、多くの在俗者が施主として参加し、経塚の造営がなされたのである。宗教家の指導のもと、経塚供養に参加する施主がいたかもしれないが、在俗者が立ち入ることができたのは備宿の手前までで、そこから奥は専門的な宗教家のみが立ち入ることが許される聖域であったに違いない。それゆえに、経塚は、備宿の手前までの領域に造営する必要があったと考えられる。

宗教家と施主の関係は、経塚遺構—単位群—経塚群という群構造に反映しているのであろうが、その背後にある社会関係は不明である。個々の経塚遺構が施主に対応することは疑いないが、それが集った単位群、さらにその複合体である経塚群が、どのような社会的基盤をもつかが問われなくてはならない。しかも、問題をみえにくくしているのは、経典を埋納した主体部をもつ経塚は、礫群よりも少なく、平面的に確認できる礫群と地下遺構が直接的な対応関係にないことである。礫群のなかには、経塚造営後に構築されたものが含まれており、礫群の形成がそのまま経塚造営に対応していないと考えられる。一部の礫群は、現在の山岳におけるケルンのように、参詣者によって積み上げられる性格のものであった可能性が指摘できよう。

備崎経塚が造営された時期は、おもに一二世紀前半であり、大治五年（一一三〇）に沙門行誉によって造営された那智経塚とほぼ同時期である。新宮の神倉山経塚は、鎌倉時代まで造営が継続するが、成立したのはやはり一二世紀前半である。経塚からみる限り、一二世紀前半は、熊野にとって大きな画期であった。一二世紀前半は、経塚が全国的に普及した時期でもあり、経塚の画期である可能性もある。しかし、同時に、この時期は、熊野三山の諸施設が整備された時期でもある可能性が高い。経塚の造営は、熊野信仰の隆盛に伴う参詣者の増加を背景に、熊野三山を霊場として整備する作業の一環としておこなわれたとみてよかろう。

三　結界としての経塚

備崎経塚では、経塚群を貫くように奥駈道が走っており、山側に道を辿れば大峰山を経て吉野へ至ることができる。熊野から吉野へ向かう順峰ならば始点、吉野から熊野へ向かう逆峰ならば終点ということになるが、逆峰が一般的であったことを踏まえれば、備崎は実質的な山岳修行の終点として意識されていたはずである。修験者は、長期間にわたる山岳修行の果てに、漸く熊野本宮に参詣できる直前に、備崎経塚の地に至るわけである。奥駈修行の実質的な終点としての備崎という位置づけは、経塚群の性格を理解するうえで重要な手がかりとなろう。

備崎が奥駈道の南端であるとすれば、奥駈道の北端は山上ヶ岳であり、かつての金峯山である。そこには、備崎経塚と同規模か、もしくはそれを上回る規模の経塚である金峯山経塚が存在する。金峯山経塚の出土遺物は、藤原氏をはじめとする貴族らによって奉納された優品が多く、その充実度は備崎経塚の比ではない。その差の原因は、造営された時期と担い手の違いにあり、背景にある社会的な状況の相違にある。それぞれの経塚から出土した経塚遺物における初出の紀年銘をみると、金峯山経塚が寛弘四年（一〇〇七）の藤原道長の金銅製経筒であるのに対して、備崎経塚は保安二年（一一二一）の陶製経筒であり、その間には一〇〇年以上の開きがある。ちなみに、金峯山経塚は、日本最初の本格的な経塚であり、聖地金峯山への信仰の昂揚を背景に御嶽詣がおこなわれるようになり、多くの貴紳の参詣がみられたことは周知の通りである。御嶽詣において、俗人が参詣できる限界点が金峯山の山頂であり、そこに経塚が営まれた。参詣者は、経塚の背後に広がる世界に対し畏敬の念を抱いており、その未踏の世界が修験者の聖性の根拠とされたのである。金峯山経塚は、俗人が立ち入ることのできる限界に立地し、修験者のみが修行できる行場である大峰山の北側の結界をなしていた。

それに対して、備崎経塚は、大峰山の南側の結界としての位置にあり、金峯山経塚を意識して造営された可能性が指摘できる。北の金峯山経塚と南の備崎経塚は、奥駈道で連結しているが、両者の中間の空間は修験者の行場である大峰山にほかならない。つまり、大峰山の南北に大規模な経塚が営まれていたわけであるが、そうしたあり方が生み出されたのはいうまでもなく備崎経塚が造営された時点である。金峯山経塚は、御嶽信仰の中心部に営まれた経塚であるが、そこよりも南に広がる聖域への俗人の立ち入りを禁じる結界としての性格ももっていたと考えられる。金峯山経塚が成立した時点では、大峰山は茫漠たる聖域であって、行場として整備されていなかったとみられる。ところが、白河上皇や鳥羽上皇らによる熊野御幸に伴って熊野信仰が昂揚すると、御嶽信仰に対抗するかのように熊野信仰が隆盛をみせ、金峯山と熊野を繋ぐ存在として大峰山が着目されるようになったのである。

このように、金峯山経塚は、吉野から奥駈道への入口に当たり、熊野から来た場合には奥駈道の出口として位置づけられる。対して、備崎経塚は、熊野から奥駈道への入口で、吉野からは奥駈道の出口として位置づけられる。一二世紀前半における備崎経塚の造営は、奥駈道の整備の一環としておこなわれたが、金峯山経塚の存在を強く意識した事業であった。金峯山経塚が奥駈道の北端に位置したことを利用して、新たに南端に備崎経塚を造営することで、結果的に奥駈道の南北に巨大な経塚が配されることになった。こうして、北側の金峯山経塚、南側の備崎経塚が、聖地を結界する機能をもち、大峰山を俗人の入山範囲から隔離することに成功した。両経塚のような大規模な経塚は、奥駈道の出入口にのみ所在し、貴紳によって造営された。それに対して、小規模な経塚は、山中に点在する可能性があり、大規模な経塚とは性格を異にすると考えられる。その造営主体も、山中で修行した行者自身であった可能性が高く、大規模な経塚とは異なっていた。備崎経塚が造営された一二世紀前半は、奥駈道の整備が進んだ時期であったとみられ、奥駈修行が本格化し、集団入峰が本格的に開始された可能性がある。

ところで、経塚によって聖域を結界し、行場の範囲を明確化した事例は、他にもいくつかみられるが、ここでは一つだけ具体例を掲げておこう。富士山では、三島ヶ岳経塚と経ヶ岳経塚の二遺跡が、一二世紀中頃に営まれた。三島ヶ岳経塚は、三島ヶ岳山頂から南に下った地点に所在し、経典・経軸・経筒・陶片などの遺物が出土した。経塚は一切経を埋納した大規模なもので，木箱に納められていた経典に「末代聖人」の文字が確認されたことから、『本朝文集』や『本朝世紀』にみえる末代上人の実在を示す証拠として注目された。『本朝文集』巻五九や『本朝世紀』久安五年（一一四九）四月十六日条によれば、末代上人は、京都・東海道・東山道沿い・関東などで一切経の勧進活動をおこない、京都では鳥羽法皇の帰依を受け、久安五年に富士山に一切経を埋納したことが知られる。もう一つの経ヶ岳経塚は、山頂と山麓のちょうど中間地点にあたる富士山五合目に位置し、一二世紀の銅鋳製経筒と経巻が発見されている。末代上人は、山頂付近と五合目に経塚を造営し、二つの経塚に挟まれた区域、すなわち五合目以上を聖地として位置づけたのである。つまり、末代上人は経塚を造営することで、富士山を聖地として整備し、富士山に登拝して修行する富士禅定の行場の範囲を明確化したのである。この一例からだけでも、経塚による聖域の結界が、大峰山だけのものではないことがあきらかになろう。しかも、経塚の造営時期は一二世紀中頃で、備崎経塚とほぼ同時期であることも注目されよう。

経塚は、経典保存を本来の目的とする施設であるが、早くから現世利益や極楽往生の効験を期待して造営する例が出現し、多様な機能を担うようになった。霊場においては、霊場であることを象徴的に示すモニュメントとして造営されることがあり、霊場を特色付ける遺跡であることが知られている（時枝二〇一四）。金峯山経塚や備崎経塚は、霊場の施設としての経塚の範疇で捉えることもできるが、奥駈道の南北を限るように営まれていることは、霊場のモニュメントに留まらない意味をもっていると考えられる。それが、結界としての位置づけであり、聖域を区画する機能である。厳密には、最初に営まれた一基の経塚が、結界を目的として営まれたのであろうが、それがどの経塚であるかを指し示すことができるほど調査は進んでいない。

いずれにせよ、ここでは、経塚が聖域を結界する機能をもつ場合があることに、注目しておきたい。

四　入峰道と宿

それでは、南北を経塚によって結界された大峰山の内部は、どのような空間として整備されたのであろうか。奥駈修行との関係で注目される備宿跡は、標高一五九ｍの最高点の直下、経塚群よりも高所の平場にあり、人工の壇が確認できるという（山本二〇〇六ａ・ｂ）。発掘調査がおこなわれていない現状では、その実態について詳細な議論をおこなうことができないが、山岳修行の拠点となった施設であることは間違いない。山本によれば、磐座とみられる巨石が確認できるということで、もしそうならば神仏の祭場をもっていたことになろう。「宿」が、一定期間滞在する施設を意味する言葉から発したとみれば、祭場と滞在施設の存在が予測されよう。

宿は、金峯山経塚がある山上ヶ岳にも存在し、脇宿と称した。「脇」は「涌」に通じ、涌出岩となんらかの関係があるように思われ、もしそうであったならば蔵王権現の信仰と密接な関係にあったことになる。現在、山上ヶ岳には、吉野や洞川に本拠をもつ寺院の宿坊が営まれているが、それらの原型が宿であった可能性も十分に考えられよう。

しかし、宿について考古学的な検討をおこなった森下惠介によれば、「宿の本質は神仏の宿所にあったと見られ、そうした霊地であったがために、一部が修行者の行所、宿所として固定し、拝所ともなったものであろう」といい、神仏が宿る場所が宿であったという（森下一九九七）。つまり、宿は、神の宿であって、行者の宿ではなかったというのである。とすれば、宿は、神仏が宿る場所の数だけあるわけで、間違いなく無数にあったのである。ところが、森下が指摘するように、「一部が修行者の行所、宿所として固定し、拝所ともなった」のである。むしろ、宿の大部分は、そうした行所・宿所・拝所であって、単なる神仏の在所ではない。とすれば、宿とはなにかを解明するためには、語義による穿鑿から離れて、実態を問題にする必要がある。

ところで、奥駈道は奥駈修行に使用される入峰道で、おもに尾根沿いに走り、途中に多数の行場や宿が配されている（第６図）。行場や宿は、近世に大峰七十五靡と呼ばれるようになるが、長承二年（一一三三）に書写された『金峯山本

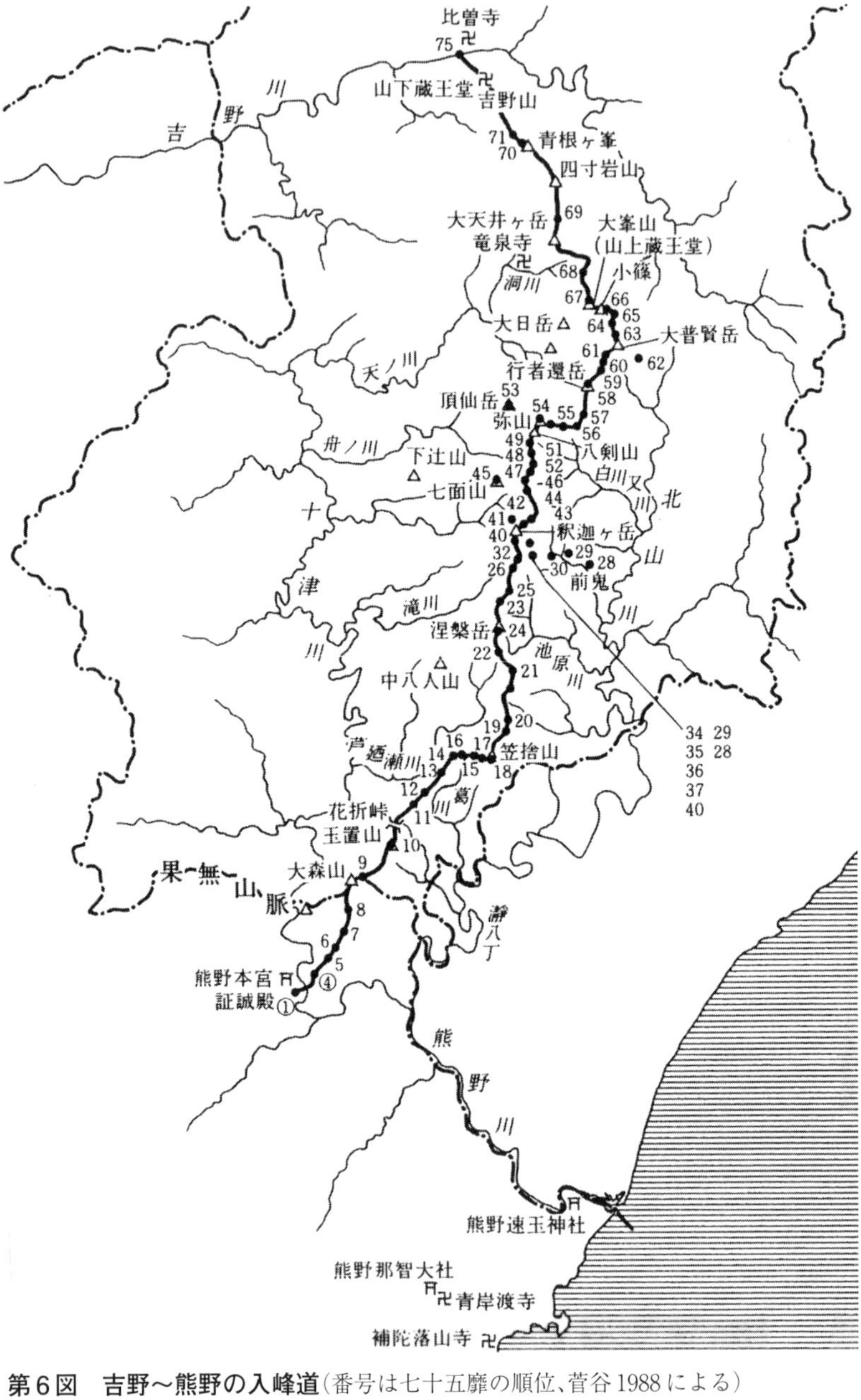

第6図　吉野〜熊野の入峰道（番号は七十五靡の順位、菅谷1988による）

縁起』では八一箇所、鎌倉時代の『大菩提山等縁起』では一〇六箇所の宿がみえ、数や場所は時代とともに変化したことが知られる。宿は嶺・秘所・靡などといわれ、山中の聖地を指すが、神仏が宿る聖地であるとともに、一部は行者の宿泊施設としての機能を備えていた。そうした拠点的な宿は、水と食料を確保できる場所に立地しており、小篠宿・深仙宿・弥山宿など、湧水が確保でき、修行を支える人々の集落に近い場所に限られていた。

近世の宿の実態をみると、神仏を祀る仏堂や神社が中心にあり、それを取り巻くように宿坊が設けられていたことが知られる。中世以前の宿の実態は、不明な点が多いが、宗教施設と宿泊施設が組み合わさった形態は、基本的に同じではなかったかと考える。白山や立山の室堂、あるいは日光連山の宿と同様で、山小屋の一部に神仏を祀る空間を確保したものであった可能性も十分に考えられる。その実態の解明には、拠点的な宿の発掘調査が必要であり、今後の調査の進展に期待するしかない。

しかも、大峰山における大部分の宿は、峰・露岩・岩裂・湧水・池など顕著な自然物を有するのみで、建物などをもたないものである。それらは、むしろ森下がいうように神仏が宿る場所としての性格が強く、西の覗き・鐘掛岩・蟻の戸渡り・平等岩など大峰山のさまざまな行場と関連する可能性が高い。それらの行場が、行場とされたのは、そこで修行することによって神仏の力を体得できると考えられたからであり、逆にいえばその行場に体得すべき神仏が宿っているとされたからである。つまり、宿泊機能をもたない宿は、文字通り神仏の宿る場所であったが、その神仏は行者が体得すべき超能力を備え、そのための修行方法が確立されていたゆえに、宿となり得たのである。

大峰山で、特徴的な自然地形などを利用して所定の修行をおこなったのは、一二世紀に遡る可能性が高い。大日岳で一二世紀の湖州鏡、笙ノ窟で一二～一三世紀の瓦器椀・銅六器・銅鏡・水晶五輪塔・ガラス小玉・火打鎌・銅造不動明王立像、前鬼の金剛界窟で永仁三年(一二九五)銘の碑伝、笙ノ窟で一四世紀の土師器羽釜片、釈迦ヶ岳で一三～一四世紀の古瀬戸陶片、両童子岩で一二世紀の東播系須恵器鉢片が採集されており、奥駈修行が一二世紀に成立し、一三～一四世紀に宿や行場の整備がなされたと推測できる。一四世紀に出現する羽釜や鉢などの日常的な調理具は、行者の生活用具として山中に持ち込まれたものとみられ、長期間山中に滞在するような修行がおこなわれたことを示している。とすれば、奥駈修行が集団による山岳練行として完成された時期は、一二世紀まで遡る可能性があるが、確実なところは一三～一四世紀ということになろう。

大峰山の宿は、奥駈道に沿って配されており、山岳練行のための施設であったことが推測できる。周知のように、入峰修行には吉野から熊野に向かう逆峰と熊野から吉野へ行く順峰があり、本山派では順峰、当山派では逆峰が採用されていたが、いずれの場合でも同じ入峰道を辿ることに違いはなかった。修験道では、宿をはじめとする大峰山全体は、それぞれ独自な宗教的意味を付与され、一つの完結した宇宙に見立てられ、金剛界・胎蔵界の曼荼羅として把握されていた。また、近世には入峰道の途中に発心門・修行門・菩提門・涅槃門の四門に比定される門が設けられ、奥駈道を含む入峰道を進むことが成仏の過程に対応することを象徴的に示し、奥駈修行の教学的な意味づけがなされていた。中世にも、奥駈道・宿・行場が、なんらかの宗教的意味を付与されていた可能性が高い。

大峰山内部の空間のあり方には不明な点が多いが、少なくとも奥駈道を中軸とし、宿や行場が、独自な宗教的世界観を背景に配されていたと考えられる。その思想的な表現が、『金峯山本縁起』や『大菩提山等縁起』の縁起であろうが、その下地にはリアルな空間に実在する宿や行場があったのである。古代以来、神聖視された聖地が、宿や行場に再編成され、集団での入峰修行である奥駈修行に組み込まれたわけで、ここに中世的な山岳修行のあり方を見出すことができよう。

おわりに

以上、中世の大峰山の空間構造について、金峯山と熊野との関係の中に位置づけ、そのうえで大峰山内部でのあり方を概観した。

その結果、大峰山は、一二世紀前半に行場として整備され、独自な空間を確保するようになった可能性が指摘できた。大峰山の南北には、金峯山経塚と備崎経塚という大規模な経塚が結界として設けられ、大峰山の聖域を明確化した。内部は、奥駈道を中心に、宿や行場によって分節化され、密教思想を基本とした意味づけがなされた。本来ならば、個々の宿や行場の意味をめぐって議論しなければならないが、遺跡の実態が十分に解明されていない現在、議論を深めることができない。

今後、宿や行場をはじめ山中に残されている遺跡の実態の解明が進み、新たな議論が可能となることを期待したい。その時、宗教学や民俗学の立場から解明されてきた大峰山の山岳観や宇宙観と、実際の宿や行場との関係もあきらかになるであろう。

第三章　近世立山の宗教空間

―考古学からのアプローチ―

はじめに

近世は、社寺参詣が盛んで、人々の足は高山にまで及んだ。当然、人々の足跡を物語る考古資料が山岳に残されることになったが、その研究は十分に進んでいるとはいえない。山岳宗教遺跡研究の主流は、古代への関心が高く、中世はまだしも近世への関心は至って低いのが現状である。しかし、古代・中世の考古資料に比して、近世の考古資料は量的に多く、資料的には好条件に恵まれている。研究者がその気にさえなれば、近世の山岳宗教史の一端を、考古資料によって叙述することができるはずである。

そこで、ここでは、富山県の立山を例に取り上げ、考古学の立場から近世の立山信仰について考察したい。とりわけ、遺跡の位置と性格に注目し、山岳霊場の空間的な特質を中心に検討してみようと思う。最初に山上に残された遺跡の実態を俯瞰し、ついで参詣のためのインフラのあり方を述べ、最後に近世的な宗教空間がいつ頃成立したのかという点について考えてみたい。

もっとも、近世立山の宗教空間は、巨視的には、かつて岩鼻通明が羽黒山で指摘したように、山頂の行場などを中心とした聖域圏、山麓の宗教集落を中核とした準聖域圏、信者が居住する広範な地域に及ぶ信仰圏から成り立っている(岩鼻二〇〇三)。そのうち、今回問題にするのは、聖域圏のあり方に過ぎない。観念的には聖域圏として一括し得るような存在かもしれないが、実は聖域をして聖域たらしめ、準聖域圏や信仰圏の中核をなす宗教的求心力を生み出す構造がそこにはあるはずである。その構造とは、一体どのようなものなのか、考古資料を手がかりに具体的に考察してみたいというのが、本章の眼目である。

ところで、立山については、佐伯立光・佐伯幸長・高瀬重雄・橋本芳雄・廣瀬誠・日和祐樹・福江充らによる豊富な文献史料にもとづいた研究(佐伯立一九七六、佐伯幸一九七三、高瀬一九六九・七一・八一、高瀬編一九七七、橋本一九五六、廣瀬一九七一・九七、日和一九七七、福江一九九八a・九八b・二〇〇二・〇七)、高達奈緒美・由谷裕哉による民俗学的研究(高達一九九七・由谷二〇〇八)、川上貢・立山の室堂保存修理委員会・米原寛による建築史的研究(川上一九八七、立山の室堂保存修理委員会一九九五、米原一九九五)、石原与作・午山生・宇野隆夫・兼康保明・木本秀樹・久々忠義・高慶孝・佐伯哲也・鈴木景二・高橋健自・立山町教育委員会・立山町婦人ボランティア養成講座・尖山祭祀遺跡発掘調査団・時枝務・富山県教育委員会・富山県［立山博物館］・西井龍儀・藤原良志(京田良志)・北陸中世考古学研究会・宮本哲郎・山内賢一・山本義孝・吉田孫四郎らによる考古学的研究(石原一九七三、午山一九〇七、宇野一九九八、兼康二〇〇八、木本一九九三、高慶二〇〇六、佐伯二〇〇五・〇七・〇八・一〇、鈴木一九九八・九九、高橋一九一一、立山町教育委員会一九九七、立山町婦人ボランティア養成講座編一九八九、尖山祭祀遺跡発掘調査団一九九七、時枝二〇一〇b、富山県教育委員会一九七〇・七一・八一、富山県［立山博物館］一九九三・九四・九六・九七・九八a・九八b、西井一九九五・九七a・九七b・二〇〇〇、藤原一九六一、北陸中世考古学研究会二〇〇九、宮本一九九三、山内・久々一九八八、山本二〇一二、吉田一九〇七)など、実に豊富な成果が上げられている。それらの研究について、個々の研究史上の位置づけをおこなうとあまりにも膨大になるので省略するが、本論のなかでしばしば参照することになろう。それにしても、立山の研究の量的な多さは、他の山と比較したとき、異様に傑出したものであるといえよう。ここでは、可能な限り、これらの研究を踏まえて、議論を展開したいと思う。

一　山と谷の宗教遺跡

1　山頂遺跡

雄山・大汝峰・別山・浄土山などからなる立山連峰は、標高三〇一五ｍの大汝峰を最高峰とするが、信仰上の主峰は雄山神社奥宮が鎮座する雄山で、標高は三〇〇三ｍとやや低い（第7図）。室堂から登拝するルートを想定すれば、浄土山から一ノ越を通過して雄山に至り、さらに大汝山から別山へという順序になろう。あるいは、このルートとまったく逆のコースを想定することもできるが、別山から剱岳を遥拝することを考えると、浄土山からのルートがより一般的であったことが推測できる。これらの山々は、互いに密接な関係にあり、全体として「立山」の信仰的世界を形成していたと考えられる。そうした信仰的世界を実証するかのように、これらの山々では、いずれも山頂から遺物が採集されており、山頂遺跡の存在が確認されている（北陸中世考古学研究会二〇〇九）。

雄山の山頂には雄山神社峰本社が鎮座しており、遺跡の状態を把握しにくいが、多くの巨岩が露出している状態が観察できる。遺物は、それらの巨岩の隙間に散布することが多く、元祐通宝・嘉祐通宝・寛永通宝・鉄製角釘・真鍮製飾釘・鉄製建築金具・金銅製納経札・鉄製刀子・鉄鏃（北陸中世考古学研究会二〇〇九）のほか、九世紀に遡る須恵器片、寛平大宝が採集されている（佐伯二〇〇八）。古代・中世に遡るものもあるが、近世の遺物が多く、とりわけ寛永通宝と鉄製角釘が目立った存在となっている。

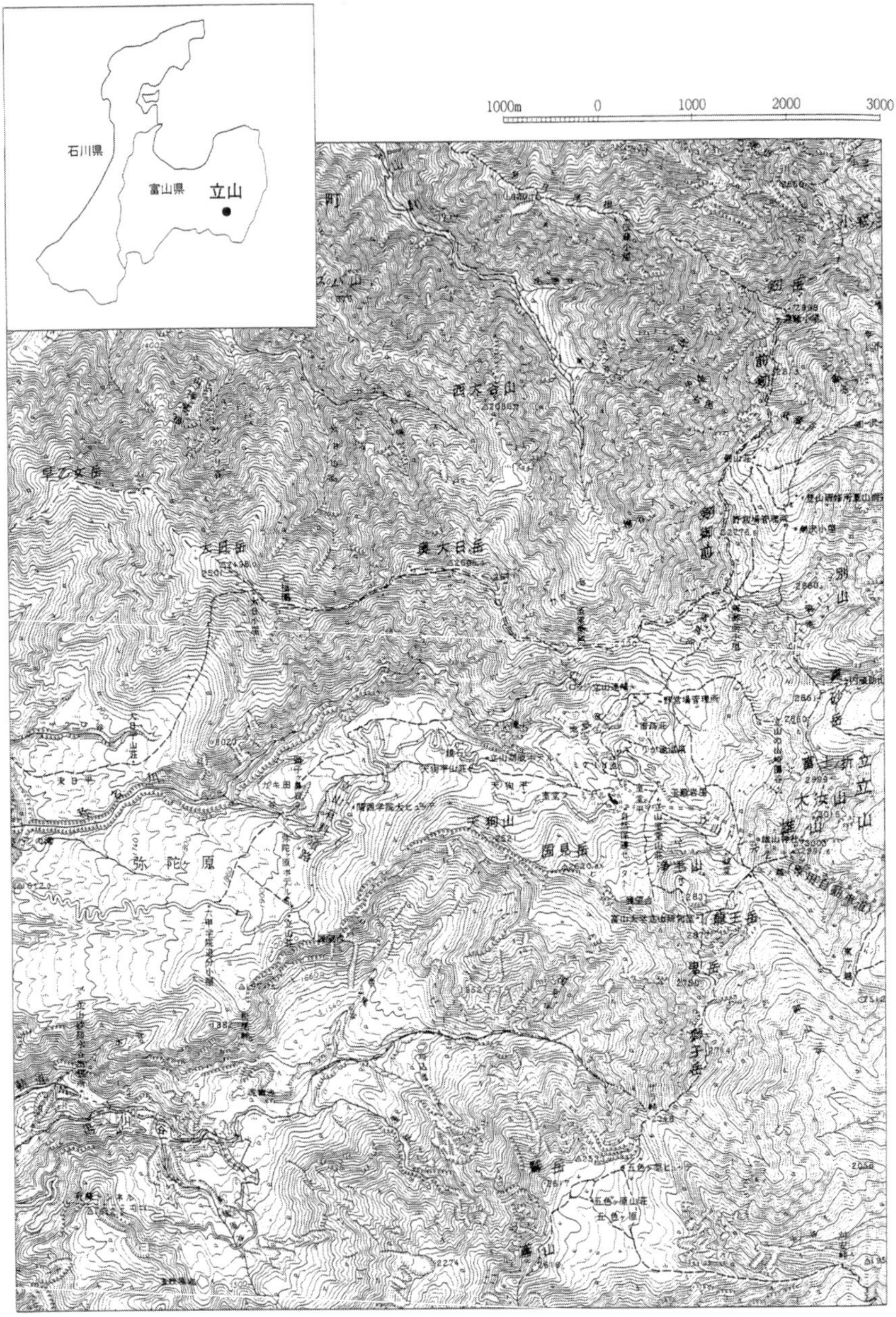

第7図　立山連峰要図(富山県[立山博物館]1997による)

大汝山の山頂平坦面には、小祠が営まれたと推定されるL字状に組まれた石垣が残り、付近から遺物が採集されている。遺物は寛永通宝・鉄製角釘・鉄製洋釘・鉄製刀子が知られている(北陸中世考古学研究会二〇〇九)。また、山頂には巨岩が露出しており、そこからも鉄製角釘などが採集されている。遺物は、大部分が近世のものとみられ、鉄製洋釘は近代に下るものが多いと考えられる。

別山山頂からは、中国銭・鐘鈴・懸仏・銅鏡・鉄製鰐口・火打鎌・鉄斧・鉄製磬・鉄製刀子・鉄製鋺・鉄製角釘・常滑甕・珠洲擂鉢・土師器皿などが採集されており(北陸中世考古学研究会二〇〇九)、銅鏡が一二世紀、常滑甕が一三世紀前半、珠洲擂鉢が一三世紀後半、中国銭・鐘鈴・懸仏・鉄製鰐口・火打鎌・鉄斧・鉄製磬・鉄製刀子・土師器皿が中世に遡ると判断され、近世のものは鉄製角釘など僅かである(北陸中世考古学研究会二〇〇九)。

浄土山の山頂には小祠があり、鉄製剣形模造品が出土しており、近世の奉納品とみられる(北陸中世考古学研究会二〇〇九)。

これらの山々における近世の遺物は、寛永通宝・鉄製刀子・鉄製剣形模造品などの奉賽品、鉄製角釘・真鍮製飾釘・鉄製建築金具などの建築金具類が、顕著な遺物として注目される。建築金具類は、かつてそこに小祠が営まれていたことを実証する遺物というべきもので、山頂に小祠が営まれていたことを見逃すわけにはいかない。小祠の具体相は、なかなか解明できないが、山頂に小祠が営まれていた事実に注目したい。自然の巨岩などを直接祭祀対象とするのではなく、そこに小祠を建設し、祭祀をおこなっていたところに、近世の段階の山岳宗教のあり方をみることができよう。また、奉賽品は、厳密には賽銭と奉納品に区分すべきであるが、いずれも神仏に対する供献品である。圧倒的に多いのは寛永通宝であるが、中世に生産された中国銭のなかにも、奉賽された時期が近世にまで下るものが含まれている可能性がある。刀子は、時期を絞り込むのが難しい遺物で、中世に遡るものも存在するかもしれないが、近世にも奉納されていたとみてよかろう。武器の代替品としての意味合いが籠められている可能性が指摘できる。その点では、鉄製剣形模造品も同様で、剣の代替品であることはいうまでもない。

これらの山頂遺跡が近世に形成された要因は、山頂に小祠が営まれ、祭祀対象となっていたことにある。山頂が神の居所とされ、賽銭の奉納などがおこなわれた結果、山頂遺跡が残されたのである。山頂は近世においても聖地であったが、そこに人工的な施設である小祠を設けることによって、聖地を可視化しようとしたところに近世の特色がある。小祠の設置によって、神仏が常住すると観念されるようになり、それまでの去来する神仏のイメージが大きく変容することになったことはいうまでもなかろう。宗教施設は、神仏の所在を示す記号としての役割を担うとともに、神仏の場所への固定化を促進する機能を発揮したのである。

2　登拝道沿いの遺跡

山中の遺物発見地点には、山頂のような景観上顕著な特色をもつ地点ばかりでなく、登山道沿いの中間地点も存在する。

雄山への登拝口である祓堂は、現在祓度社となっているが、そこから懸仏の鏡板とみられる銅製品と銅製飾金具が採集されている（北陸中世考古学研究会二〇〇九）。銅製品が懸仏の鏡板とすれば中世の遺物である可能性があるが、銅製飾金具は近世の小祠に使用されたものと考えられる。

浄土山と雄山の鞍部である一ノ越には、小祠が祀られ、石仏が存在しているが、筆者らはそこから鉄製角釘を採集した。

雄山の三ノ越は、山頂を目前とした拝所で、やはり石仏がみられるが、そこで寛永通宝・珠洲甕底部破片が採集されている（宮本一九九三）。珠洲甕は、一二世紀後半から一三世紀のもので、経筒外容器の可能性が推測されている。しかし、経塚を造営するには、必ずしも条件のよい場所ではないことが気がかりではある。

このように、登拝道沿いの遺跡は、いずれも雄山への登拝道沿いに所在している。採集された遺物のうち、鉄製角釘と銅製飾金具は小祠に使用されていた建築金具類とみられ、そこに小祠が営まれていたことを示す遺物として評価できよう。また、寛永通宝は賽銭として奉賽されたものと考えられ、道者が路傍の小祠に祈りを捧げたことを示す遺物といえよう。登拝道沿いでも、聖地を示すために小祠が設けられ、小祠が祭祀対象として認識されていたことをうかがうことができる。自然の巨石などではなく、小祠という人口の宗教施設を設け、そこを中心に宗教活動が展開されていたところに、近世的なあり方を見出すことができることはいうまでもない。その点、登拝道沿いの遺跡のあり方は、山頂遺跡と同様な様相をみせているといえ、両者が一連の活動によって形成されたものであることを示している。

しかし、ここで見落としてはいけないのは、神仏が山頂のみに常住するのではなく、途中にある多数の聖地にも、それぞれ神仏が祀られている多神教的な世界である。登拝道は、目的地である山頂に至るための道具であるばかりでなく、山中に遍在する多くの神仏に出会える場とも意識されていたであろうことに想到する必要があろう。多くの神仏によって構成される曼荼羅的な世界が山中に展開していた事実を、われわれはこれらのささやかな遺跡から読み取らねばならないのである。登拝は、単なる登山ではなく、途中に祀られた多くの神仏を拝しながら辿る巡礼でもあったことを、改めて指摘しておかねばなるまい。

3　玉殿窟と虚空蔵窟

玉殿窟と虚空蔵窟は、立山の火口壁の岩壁に開窟しているが、その上方の平坦面に室堂が位置しており、いわば立山信仰の中心地にある。立山は、「立山縁起」や「立山曼荼羅」によれば、佐伯有頼、もしくは父の有若が開山したと伝え、山中の玉殿窟において熊の姿をした立山神に遭遇したという物語を伴う。それは、今日立山の主峰として崇められている雄山よりも、一層聖性の高い場所として玉殿窟が語られてきたことを意味する。つまり、起源伝承によれば、玉殿窟こそ立山信仰の根源の地であり、立山におけるもっとも聖なる場所として位置づけられることになる。

玉殿窟は、内部に中世の地蔵菩薩石仏と阿弥陀如来石仏、近世の地蔵菩薩石仏が安置されており、内部の発掘調査によって至和通宝・治平通宝・政和通宝・寛永通宝・土師器・須恵器・珠洲瓶・銅製懸仏・鉄製短刀・鉄製角釘・金銅製飾金具などが発見されている。北宋銭の初鋳年をみると、至和通宝が一〇五四年、治平通宝が一〇六四年、政和通宝が一一一一年であるが、その後長年にわたって流通していたため、奉賽された時期を絞り込むことはできない。もっとも、それは新寛永が生産される以前のことで、古寛永の時期を下ることはない。とすれば、近世前期には、賽銭の奉納がおこなわれていたことを示唆する資料として位置づけられる可能性があることになるが、それ以前に遡る可能性を否定できるわけではない。その点、寛永通宝は、一六三六年の初鋳以来、継続的に鋳造されているが、近世のものと断定できる。当然、近世における立山信仰の実態を反映した確実な資料として評価することができるわけで、その価値は近世における立山信仰を考えるうえでは重い。近世の遺物としては、ほかに鉄製角釘がみられるが、玉殿窟内に祀られていた小祠の遺物であろう。窟内が神仏の居所であるとする観念は、中世以前に遡り、本来は窟の存在だけで神仏の所在がわかった。ところが、近世には、中世に一般化し、玉殿窟でも創建された小祠の存在によって、神仏の居所であることを知るような状況が生じていた可能性が高い。小祠が、神仏を祀るための施設としてではなく、むしろ神仏が所在することを明示する記号としての役割を果たすようになっていたのである。石仏は、地蔵菩薩や阿弥陀如来など窟の本尊との関連を推測させるもので、小祠と同様な記号としての役割を発揮しているといえよう。もっとも、この石仏は、神仏分離の際に室堂周辺から移動されたものとされており（富山県［立山博物館］一九九七）、それが真実ならば現在の景観は近代以降に形成されたものということになる。その場合、廃仏毀釈から守るために石仏を目立たない場所に隠した結果、現在のような玉殿窟の姿が生み出されたことになろう。石仏のような地表に露出しているものについては、さまざまな要因による移動の可能性が考えられ、十分な検討が必要である。

文化三年（一八〇六）の「越中国立山岩峅寺図絵」（市神神社所蔵）によれば、「玉殿岩屋」の注記に「自然ノ岩屋、奥行十間ホド、内ニ蓮花石アリ、左リノワキニ矢ノ穴アリ、コノ矢御本社ニアリ」とみえ、窟の内部に「蓮花石」が安置されていたことが知られる。阿弥陀如来を象徴する石であったと考えられる。また、「矢ノ穴」は、佐伯有頼、もしくは父の有若が熊を射た際の矢に関連するもので、熊が立山権現であることからすれば立山権現を象徴するものであったとみられよう。つまり、文化三年段階では石仏のことは確認できず、むしろ自然物である石と穴によって、阿弥陀如来や立山権現が象徴的に示されていたことを知ることができるのである。ちなみに、阿弥陀如来は立山権現の本地仏であり、両者が一体であることは改めて説明するまでもない。

玉殿窟に隣接して営まれた虚空蔵窟は、一説には玉殿窟が神仏を祀るための施設であるのに対して、行者が参籠するために利用された修行窟であると伝える。その場合、両者が一体となって、修行窟としての機能を発揮していたことになろう。また、玉殿窟が越中国内、虚空蔵窟が国外の行者の宿泊に供されたという説もあるが、いずれにせよ、両者が深い関係に置かれた修行窟として利用されたことを物語る伝説といわねばならない。虚空蔵窟の内部には、現在一一軀の羅漢石仏が安置されているが、これも神仏分離時に室堂から移動したものと伝えられ（富山県［立山博物館］

一九九七)、近代に形成されたあり方である可能性が高い。窟内部からは、永楽通宝・寛永通宝・土師器埦・土師器皿・鉄製鐘鈴・鉄製刀子・鉄製角釘・鉄製金具・鉄仏・懸仏などが出土しており、一〇世紀の土師器埦の存在から古代に遡って使用されていたことが確認できる。しかも、一一世紀頃の鐘鈴の存在は、古密教の行者が参籠したことを物語っている。土師器皿は一五世紀のもので、灯明皿として使用した痕跡が残り、中世における修行窟の実態を物語る。鉄仏と懸仏は、窟に祀られた本尊、あるいは本尊に奉納されたものとみられ、時期としては中世の所産と理解してよかろう。一四〇八年初鋳の明銭である永楽通宝は、土師器皿とほぼ同時代のもので、賽銭として使用されたと考えられる。しかし、中世に生産されたものに違いはないが、近世初期まで流通していたため、賽銭として奉納された時期を絞り込むことができない。

時期を特定することが難しい遺物ではあるが、鉄製角釘や鉄製金具は、おもに近世のものである可能性が高く、小祠に使用されていたものとみて大過ない。小祠は、懸仏の存在などから中世には創建されていた可能性が高いが、近世になっても祀られていたと考えてよい。木製の小祠は、雪の多い立山では案外に早く朽ち果てたと予想され、何度も繰り返し小祠が更新されたと推測できる。寛永通宝の存在は、ここが聖地として意識され、しかも訪れる者があったことを示す。江戸時代において、寛永通宝はもっとも一般的な賽銭であり、神仏への奉賽はごく自然におこなわれた宗教的な行動であった。ここを訪れた道者が、窟もしくは窟内の小祠に対して、奉賽したのであろう。

玉殿窟と虚空蔵窟は、古代以来連綿と立山の秘所として祀られ続けて来たわけであるが、自然の洞窟に神仏の存在を認め、そこを聖地として祀ったのが本来の姿であろう。他所と異なる洞窟という地形が、神仏のいるなによりの証拠であったはずであるが、近世にはそこに小祠が祀られていた。小祠は神仏の存在を可視化するための装置であり、本来洞窟だけで神仏の存在が認知できたはずなのに、あえて小祠を設け、いわば二重に神仏の存在を強調したのが近世の姿であった。

また、古代・中世には窟修行をおこなった痕跡が認められるのに対して、近世にはその形跡がない。むしろ祭祀場所として、参詣者が拝する場所になっていたようで、行場としての意識が希薄化していた可能性が高い。室堂が整備される以前には、修行窟が宿泊場所として使用され、祭祀場所であると同時に宿泊施設でもあった可能性が考えられよう。実証することは至難の技であるが、室堂に先立って、玉殿窟と虚空蔵窟が立山での修行の拠点であった時代があって、その記憶が起源伝承に反映しているのではなかろうか。もとより空想の域を出ないが、平坦面に室堂があり、その下の崖に玉殿窟と虚空蔵窟があることの意味を積極的に評価したいと思う。とはいえ、近世には、室堂が整備されたことによって、本来修行窟がもっていた宿泊機能が失われ、もっぱら祭祀施設として機能したところに、近世の玉殿窟と虚空蔵窟のあり方を見出すことができるであろう。

4　室堂平

ここまでみてきた場所は、いずれも険しい斜面であったが、室堂平は、起伏はあるというものの他よりも平坦な場所である。立山の登拝拠点としての平坦地の役割は、現在もみることができるが、ここにも宗教遺跡を確認することができる。室堂自体が宗教施設でもあり、宗教遺跡としての性格をもっているが、それについては後述することとし、ここでは室堂以外の宗教遺跡についてみておこう。

室堂から玉殿窟へ行く途中の緩斜面に、納骨遺跡と呼ばれている東西約四・七m、南北約四・〇m、高さ二m以上の花崗岩の巨石があり、頂部にある溝状に走る節理の割目などに火葬骨片が散乱している。ここから、元祐通宝一枚・寛永通宝二枚・土師器皿が採集されている（富山県［立山博物館］一九九七）。元祐通宝は一〇八六年に初鋳された北宋銭で、新寛永流通以前に流通していた中世を代表する渡来銭で、賽銭として奉納されたものであろう。寛永通宝も、賽銭として使用されたもので、一部地域で明治時代以後も賽銭として使用されたことが知られているが、基本的には使用された時代を江戸時代と考えてよかろう。土師器皿は、轆轤を使わずに手捏ねで製作したもので、一五世紀のものと推測されている（富山県［立山博物館］一九九七）。土師器皿の時期は、納骨がおこなわれた時期を示唆するものではあるが、決定的な証拠とはなりにくい。一般的に、中世前期は火葬が広まった時期であるのに対して、中世後期は土葬が復活した時期であり、この遺構が形成されたのが一五世紀とすれば、全国的な動向とは符合しない在地独自のものということになろう。近世になると、病死者などの特例を除けば土葬が基本であり、中世後期以上に火葬が廃れることを考えれば、近世の遺構である可能性は低い。新しいとすれば、むしろ近代に形成された可能性を考慮する必要があるわけで、納骨遺跡は近世の室堂平を考える際には除外してよかろう。ただ、そこが特別な場所であるという意識が残っていたために、寛永通宝が賽銭として奉納されたのであろう。

室堂の南側、室堂と納骨遺跡の間には、石塔や石仏が散在している。なかには、盗難を防ぎ、風雪から保護するために設けられたコンクリート製の龕の中に収められているものもあるが、本来の所在地は不明である。石塔には宝篋印塔など中世のものが多いが、石仏は、地蔵菩薩に中世のものが多数みられるものの、大部分が近世の所産で、種類も豊富である。

羅漢石仏は、室堂には三軀しかないが、玉殿窟に一一軀が残されており、本来は一具であったと考えられている。さらに二軀を加えて十六羅漢を構成していたとみて間違いないが、その奉納に関連する記録が「立山寄附券記」として立山町岩峅寺雄山神社に残されており、寛政八年（一七九六）から天保十一年（一八四〇）の間に奉納されたことが判明する（富山県［立山博物館］一九九七）。羅漢石仏の銘文には、「二ノ御丸」の「波尾女」、「江戸御屋鋪」の「心源院」らの名がみえ、加賀藩の奥女中や側室が寄進したことが知られる。同様な銘文は、玉殿窟の羅漢石仏にもみえ、「二ノ御丸」の「イクタ女」「小川氏女」「瀬サキ女」らの名が確認できる。造立趣旨については、玉殿窟の羅漢石仏に「御菩提」「先祖代々」「為二世安楽」などがみえ、祖先供養や追善供養を目的とした造立であったことが判明する。なぜ、祖先供養などのために羅漢を造立したのか不明であるが、釈迦の涅槃に際して羅漢が歎き悲しんだことと関連するのであろうか。

十王石仏は、六軀確認されており、やはり「立山寄附券記」の記載によって寛政八年から天保十一年の間に奉納されたことが判明する（富山県［立山博物館］一九九七）。羅漢石仏と同時に造立されたものであろう。十王石仏には銘文がなく、寄進者や造立意趣を直接知ることができないが、地獄の冥官である十王の性格から死者供養と関連するであろうことが容易に推測できる。

名号碑は、梵字で名号を大書し、「奥州仙台観音寺快山法印筆」と刻んだもので、石積みの塚の上に立っている。あきらかに江戸時代のものであり、観音寺は延宝五年（一六七七）の創建であるというから、一七世紀以降に造立されたとみてよかろう。塚は、名号碑を立てるために構築されたものとみるには大きく、名号碑造立以前から存在していた可能性が考えられる。名号は、さまざまな功徳をもつとされるため、石碑の性格を限定することは難しいが、祖先供養や除魔などの機能を期待して造立されたことが考えられる。

磨崖大日報身真言碑は、幅約二m、高さ約一mの安山岩の巨石に、梵字で大日報身真言を刻んだもので、近世のものとみられる。五輪塔にしばしば刻まれることのある真言で、梵字で五輪塔を表現したものとみてよかろう。祖先供養や死者供養の意図が籠められている可能性がある。

そのほか、室堂の石造物には笠塔婆が二基あり、いずれも基礎に番号が刻まれていることから、三十三所観音巡礼の本尊である観音像を表現したものであることがわかる。うち一基は基礎のみであるが、もう一基は千手観音像が残り、文化八年（一八一一）六月に「鍛冶町田畑屋□(万)右門、鹿熊善兵衛、六兵衛」が寄進したことが銘文から判明する（富山県［立山博物館］一九九七）。笠塔婆は、商人とみられる町人によって寄進されたもので、羅漢石仏・十王石仏とは異なる身分の者が担い手であったことが知られる。しかも、これらは立山に設置された三十三所観音巡礼に関わるもので、祖先供養などを排除するわけではないが、むしろ現世利益的な性格の強い信仰であった可能性がある。巡礼である以上、当然のことであるが、巡礼道としても使われた登拝道の整備と関連する遺物ということができよう。

　このように、室堂平の考古資料には、祖先供養や死者供養と関連するものが多くみられるが、その根源は納骨遺跡の存在に由来する可能性が高い。納骨遺跡の時期を特定できていないため単なる予測に留まるが、かつて納骨がおこなわれた記憶が、祖先供養や死者供養に関わる石造物をここに造立させた遠因となったのではないか。そして、そうした死者と関わる信仰は、地獄谷の信仰と密接に関わりつつ展開したであろうことが容易に推測できよう。

「立山寄附券記」には、かつてさまざまな石造物が室堂平にあったことが記録されており、現在残っているものはごく僅かに留まることが知られている（富山県［立山博物館］一九九七）。神仏分離にともなう廃仏毀釈の嵐は、近世に乱立していた石塔・石仏の多くを破壊し尽くし、仏教色の薄いものだけがかろうじて現代に残されることになった。その僅かなものだけから全体を描くことは無理であり、むしろ「立山寄附券記」を読み込むことでかつての室堂平のあり方を復原する作業が今後求められることになろう。

5　賽の河原と地獄谷

雷鳥沢から地獄谷に至る途中、浄土川の河原に賽の河原があり、近世に製作された六軀の地蔵石仏がコンクリート製の龕に収められている。付近に散在していたものを集めたとみられるが、原位置は不明である。賽の河原は、死んだ子どもの霊が遊ぶ場所とされ、立山曼荼羅にも小石を積む子どもの姿が描かれているが、彼らを救うために地蔵菩薩が祀られたのであろう。地蔵菩薩は子どもを守護する仏である。地蔵石仏は、亡き子の菩提を弔うとともに、亡き子の霊を地獄から救済するために寄進されたものであろう。

地蔵石仏のうちの一軀には、「世話役」「加州金沢紙屋加兵衛」の銘文がみられ（富山県［立山博物館］一九九八ａ）、金沢の町人が寄進したことが知られる。しかも、「世話役」とあるところから、実質的には立山講や地蔵講が寄進の母体であったことがうかがえる。

このように、賽の河原は、霊魂の居所であるとともに、供養の場となっていたことが石仏の存在から知られる。

室堂から北の谷に下ればいわゆる立山地獄で、硫黄の激しい噴気によって独自の景観が形成されており、『今昔物語』にみえる説話の舞台である。地獄谷では、本来散在していた石造物が、北寄りの山腹にある房治荘跡に集められており、原位置を知ることが難しい。現在、地蔵石仏三軀・聖観音石仏一軀・如意輪観音石仏一軀・笠塔婆六基を確認することができる（富山県［立山博物館］一九九八ａ）。

このうち、一軀の地蔵石仏には「文政拾四辛卯七月吉日／奉納　越中立山地獄谷地蔵石仏／信州高遠町／世話人飛驒屋文作」の銘文がみられ、造立の事情の一端を知ることができる。文政十四年は、実際には存在せず、天保二年（一八三一）のこととみられる。信濃国高遠町（現長野県高遠町）の飛驒屋文作が、地獄谷の地蔵菩薩に奉納した石仏であることが知られるが、飛驒屋が世話人であったことを見落としてはならない。地獄谷の地蔵菩薩を信仰する講集団が結成されていたのであろう。

如意輪観音石仏には銘文があり、正面に一〇柱の院殿号の戒名、裏面に二七柱の大姉・居士・信女などの戒名、台石に三一柱の大姉・居士・釈尼・信女・信士・童子・童女らの戒名を刻む。台石には、「先祖代々浅野氏」「先祖代々山室屋」など先祖であることを明示したものがみられ、先祖供養であることを強調している。如意輪観音は、血の池地獄に堕ちた女性を救済してくれる仏であり、女性の救済と関連すると推測されるが、それと家の先祖に対する供養が結び付いた信仰をうかがうことができる。地獄に堕ちた女性の救済が、家の存続と結合し、新たな信仰世界を形成しつつあった可能性が指摘できよう。もっとも、女性は立山に登拝することができなかったので、ここで儀礼を執行したのは男性であったはずである。女性に対する救済儀礼が、女性を差違化し、差別を助長するような構造をもっていたところに、近世の山岳宗教の特質があった。

笠塔婆は、塔身部に地蔵菩薩立像を表したもので、六基が一具をなして六地蔵を構成している。うち一基に紀年銘があり、文化八年(一八一一)六月に造立されたことが知られる。また、それぞれ造立者名が一ないし二人刻まれており、「中河邑　善左門」「富山山室屋嘉兵衛」「深原邑重右門」「富山城内富田氏」「石動駅山本氏」「余川邑　八郎左門」「射水郡鞍河太郎左門」「富山近江屋　文右門」などの名を確認することができる。富山城下とその周辺の商人を主体とした町人による造立であることが知られる。六地蔵は、六道の辻に祀られる仏で、この世とあの世の境界を象徴する存在である。地蔵信仰に支えられて造立されたのであろうが、それが安置された立山地獄は、この世のなかのあの世ともいうべきマージナルな場所であったといえよう。

地獄谷に臨んで聳え立つ伽羅陀山は、標高二三九八mを測る地獄谷周辺でもっとも高い山で、山頂に小さな地蔵堂が営まれている。地蔵堂の周辺からは、祥符通寶・美濃花瓶・瓶子・銅仏・銅鏡・銅器破片・銅製金具が採集されている(富山県［立山博物館］一九九八a)が、中世のものが主体である。地獄谷にありながら、一種の山頂遺跡が形成されたものとみられ、地蔵菩薩の聖地としての性格をもっていたと考えられる。そもそも伽羅陀山という山名自体、地蔵菩薩の浄土という意味をもっており、地蔵菩薩に対する供養が山頂でおこなわれた可能性が高い。

現在、伽羅陀山には地蔵石仏八軀・天部石仏三軀・宝篋印塔二基が存在するが、保存状態の悪いものが多い（富山県［立山博物館］一九九八ａ）。宝篋印塔は中世に遡るものであるが、石仏は近世のものが多く、とりわけ地蔵石仏が数量的に傑出している。伽羅陀山の本尊である地蔵菩薩に奉納されたものとみてよかろう。その点、ここでは、石仏が、中世の懸仏のような用いられ方をしているといえよう。

血の池は、ミクリガ池の北にある窪地で、かつて真っ赤な熱湯が噴き出ていたことから、血の池地獄に見立てられた。産死した女性は、血の池地獄に堕ちるとされ、彼女らを救済するために血盆経が池中へ投げ入れられた。血の池の畔には、血の池堂の平坦面と礎石がみられるが、遺物は採集されていない（富山県［立山博物館］一九九八ａ）。付近の転石に刻線がみられるが、登山者による落書の可能性があり、宗教的なものではない可能性が高い。血の池から閻魔台に行く登山道の脇にある縦約二ｍ、横約一・八ｍ、高さ約一・一ｍの巨石に月輪に囲まれた梵字サが刻まれており、聖観音菩薩を表したものとみられる。拙いもので、報告者は江戸時代後期とするが、根拠はあきらかでない（富山県［立山博物館］一九九八ａ）。同様な磨崖碑は、雷鳥荘の南東斜面の登山道脇、地獄谷の入口に当たる場所にも存在しており、観音巡礼との関係を想定すべきかもしれない。

また、かつて地獄谷の入口にあった油〆石に地蔵石仏一軀があったが、油〆石の転落後に所在不明になった。地獄谷周辺の目立った場所に、かつては地蔵石仏が祀られていたことを暗示する例であるが、近世の石仏でさえ変転を余儀なくされるほど、火山活動が盛んな場所が地獄谷であるといえよう。しかも、室堂周辺と同様に神仏分離の影響を蒙っているわけで、現在確認できる石仏から考察するのみでは、必ずしも十分ではないことが実感される。

そうした限界はあるが、地獄谷の石仏は地蔵菩薩に偏っており、地獄からの救済をおもなテーマとした宗教活動がおこなわれたことを物語る。しかも、近世に限っていえば、先祖供養や死者供養が前面に打ち出され、家の存続を図ることが、ここでの信仰の最大の目的であったといえよう。場所は、まさに地獄と認識されながら、そこでおこなわれた宗教活動は地獄からの救済を目的とするものが中心であった。

二　参詣のための施設

1　室堂

立山信仰は、雄山山頂遺跡から発見された須恵器や剱岳山頂で発見された銅製錫杖の時期から、九世紀に始まった可能性が高い。室堂遺跡からは、それらに次ぐ時期である一〇世紀初頭の立山町上末窯産の須恵器杯破片が発見されており、開山間もない頃から行者の拠点となっていたことが知られる。その後、室堂遺跡では一二世紀に顕著な遺物がみられ、山岳登拝の拠点として整備されたと推測できる。中世の室堂遺跡は、順調な発展をみせるが、一五世紀頃に遺物量が減少する。おそらく山頂へ登拝して奉納せずに、山麓の寺社に奉納することが、一般化したためであろう。

室堂遺跡は、室堂小屋の解体修理に伴い、平成四年(一九九二)度から翌年度にかけて、富山大学考古学研究室の支援のもと、立山町教育委員会によって発掘調査がおこなわれた。その結果、室堂の実態が解明されただけでなく、立山信仰の変遷を知るための基礎的な資料が得られた(立山町教育委員会・富山大学人文学部考古学研究室一九九四)。

室堂は、一五世紀末から一六世紀初頭に二間四面の小規模な堂宇が建立されたのを嚆矢に、北室では一七世紀に桁行三間梁行二間の建物が建設され、一八世紀に桁行五間梁行四間の建物に建て替えられ、再建と前後して新たに桁行五間梁行四間の南室が建設された(第8図)。中世末期の堂宇が神仏を祀る宗教施設であったのに対し、北室・南室は

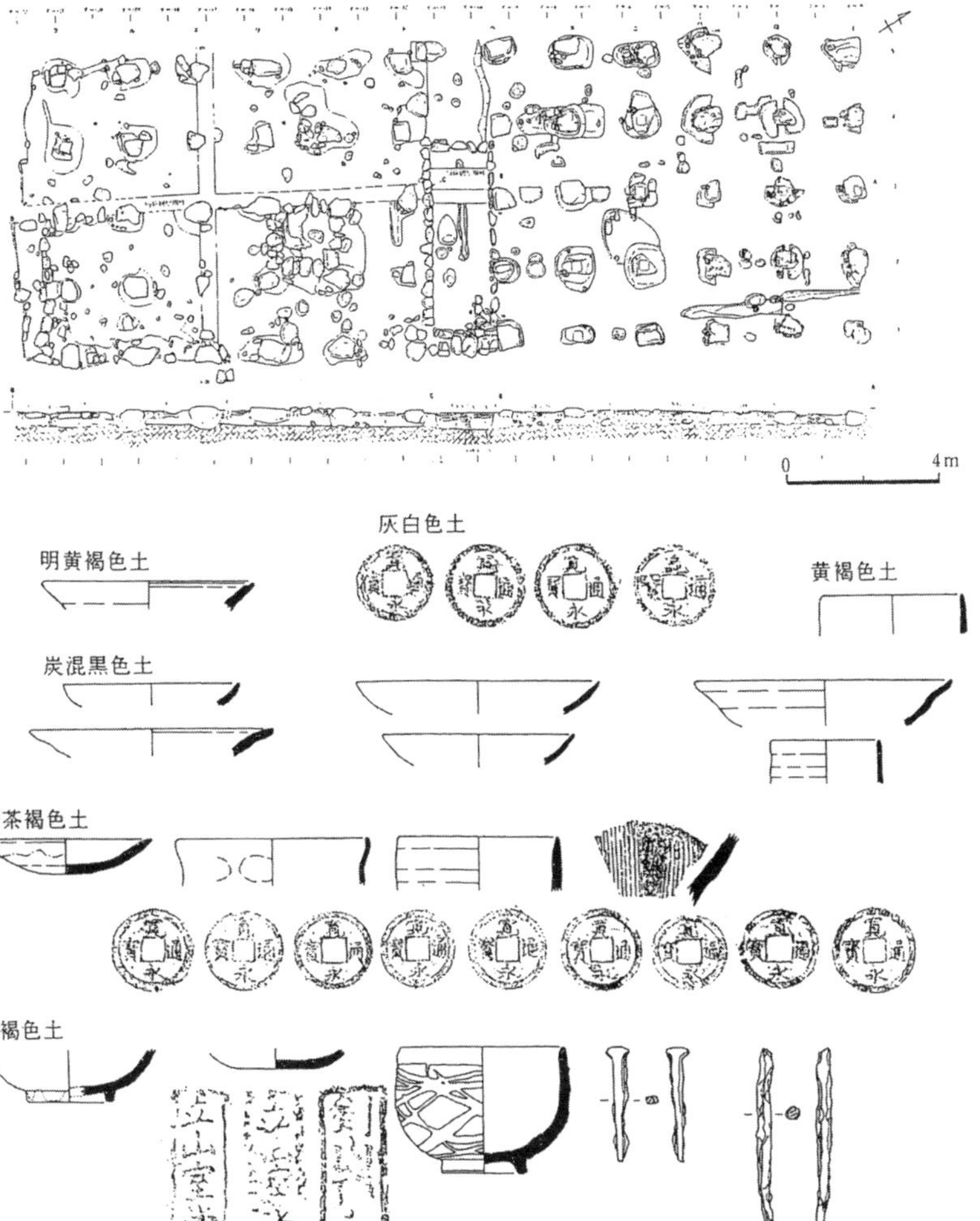

第８図　立山室堂遺跡の室堂跡と出土遺物
（立山町教育委員会・富山大学人文学部考古学研究室 1994 による）

登山者のための宿泊施設として建設されたもので、しかも近世の焼印などが出土していることから一般信者が利用した施設であると判断できる。室堂の整備と同時に、遺物の量は急増し、信者によって盛んに利用された状況をうかがうことができる。

一八世紀におこなわれた増築は、立山に登る信者が増加したためにおこなわれたものと推測され、立山信仰の隆盛と山小屋が密接な関係にあることがうかがえる。一般信者は山麓の芦峅寺や岩峅寺の修験のもとで一泊し、修験に出自をもつ中語と呼ばれるガイドに引率されて登山し、室堂に宿泊して山頂を極めたのである。その機能は、北室・南室が一九八六年に室堂山荘が新築されるまで使用され続けたことに象徴的に示されるように、今日の山小屋となんら変わるところはなかった。室堂は、中世の行者が営んだ「宿」に起源をもち、内部に神仏を祀るなど古くからの伝統を引き継いでいるが、一般信者に開放された点で、「宿」よりも現在の山小屋に近い性格をもっていたといえよう。

つまり、室堂は、宗教施設としての仏堂を初源とし、宿泊施設としての機能を付加して成立したわけであるが、祭祀と宿泊という機能はおそらく当初の仏堂にもあった可能性が高い。行者は、仏堂で祭祀や修行をおこなうと同時に、そこを風雨から身を守る施設としても利用したのに違いないのである。仏堂への参籠は、確かに修行の一環かもしれないが、現実にはそこで宿泊した可能性が高いのである。仏堂での通夜が一般的であった時代には、祭祀・修行・宿泊が一体のものとされ、それぞれが機能分化していなかったのではないか。伝承では、室堂が成立する以前には、玉殿窟・虚空蔵窟が立山禅定の拠点であったというが、風雨から身を守れればよいとすれば、その可能性もあながち否定できない部分がある。

それが多くの登山者を迎える段階になり、新たに北室・南室という宿泊に純化した施設が生み出され、山小屋として整備されたのである。それは、一八世紀のことと考えられるが、その時期こそ近世的な山岳登拝の成立時期として評価すべきであろう。それは、山岳登拝の大衆化とも深く連動した動きであり、社会の根底から大きな変革を余儀なくされた一連の動きの一つとして、山岳宗教の変化もあったということなのではなかろうか。

このように、機能的な面からみると、室堂の変化は、参詣のあり方の変化に応じてもたらされたものといえる。それは、包括的な機能をもつ段階から、個別の目的に応じた機能に分化した段階へと、一八世紀を境に変化したことによって生み出されたわけである。しかし、その過程で、仏堂としての機能が失われたかといえば、そのようなことはなく、建物の一画に組み込まれるかたちで残された。仏堂というよりは、仏間というべき状態で、礼拝空間が建物内に確保されたのである。道者は、室堂の礼拝施設に参拝し、その後宿泊空間へ移動することによって、祭祀と宿泊という二つの機能を享受できたのである。仏堂としての機能が、いわば縮小されるかたちで保存されたのに対し、宿泊空間は増加した道者数に対応して拡大された。全体が総柱建物である室堂は、いわば民家の屋根だけを地上に伏せたような建物であった（川上一九八七）が、その分構造的に強かったので、宿泊空間の拡大に対応できたのかもしれない。

宗教的には、室堂の神仏を祀る礼拝空間が聖なる領域に属するのに対して、宿泊空間は世俗的な領域として位置づけられる。室堂の空間は、内部に僅かではあるが聖なる領域を確保し、その周辺に世俗的な領域が広がるという空間構成を採用したと評価できる。全体が聖なる性格をもつのではなく、一部に聖なる空間を取り入れることで、世俗的な宿泊施設に核を与えたともいえる。立山権現を祀る宗教的な核が中心となり、その周縁部に宿泊空間を配したあり方は、山岳宗教の拠点にふさわしかったといえるかもしれない。

2　登拝道

室堂の整備は、登拝者の増加と密接な関係にあるが、実は登拝者が増加するためには登拝道の整備が不可欠である。

立山信仰の道者は、山麓の宗教集落から修験らの手引きによって登拝したが、その際辿る道はある程度固定していた。今回、そのルートの詳細な検討をおこなう余裕がないが、山頂部付近においては現在の登山道とほぼ一致しているとみられる。ところが、途中のルートは、自然的営為の影響などもあり、思いのほか流動的であったようである。現在でも、登山道の管理は、きわめて困難なものであり、細かなルートの変更は日常的に繰り返されている。近世の登拝道のルートの確定が、予想以上に困難であるのは、むしろ当然のことというべきかもしれない。

そうしたなかで注目されるのは、道標ともなる石造物の存在であり、実際三十三所観音巡礼にともなって造立された笠塔婆などが現存している。すべての笠塔婆が確認できているわけではないが、笠塔婆の位置の脇がかつての登拝道であることが容易に推測でき、登拝道の復原に際して重要な手がかりとなることはいうまでもない。

登拝道そのものが、発掘調査によって確認できればそれに優る証拠はないが、砂礫が多い山地の土壌では、実際問題として道路遺構の検出は難しいであろう。そうした厳しい条件のもとでの登拝道の推定には、こと近世に限れば、石造物の分布から復原するのが現実的な方法であることは疑いない。

そのような視点で登拝道を復原すると、尾根沿いに走るものだけでなく、谷沿いのものも存在することに気付く。しかも、それらの多くが、山麓から登ってくる道に接続していることが理解される。つまり、山麓から山上への道は本数が限られているのに対し、室堂平や地獄谷では、いくつかの道に分岐することが知られるのである。そして、そのいずれかの道を辿ると、山頂への取り付き部で再び収斂し、そこからはもっぱら尾根道となることがわかる。

復原できる登拝道のルートに沿って小祠跡や石造物が存在しており、登拝者がそれらの宗教遺跡を拝しながら登ったことが、容易に推測できるのである。登拝道そのものの整備の実態は不明であるが、周辺の小祠跡や石造物のあり方から、ルートが固定されるようななんらかの改変がなされたであろうことをわれわれは確認できるのである。おそらく、草木の伐採、路面の調整、排水路の確保などがなされたであろうことが、間接的に理解できるのである。いまだ不明な点が多いが、宗教施設を創設し、維持するうえで、登拝道の整備が重要であることを指摘しておきたい。

三　近世的宗教空間の特質

1　聖地立山の景観

近世における立山の景観上の特質を考えるうえで、小祠の存在は無視できないものがあるが、従来まったく注日されることはなかった。小祠は、おもに山頂遺跡においてその存在が確認できたが、多くは木造のものであったため、釘や金具などの僅かな手がかりから知り得るのみである。そのため、小祠がどのような形状のものであったのか知ることができないが、立山曼荼羅に描かれた小祠の姿は復原の参考になろう。

小祠が営まれた場所は、山頂以外にも中腹の巨岩など、宗教的な意味をもつさまざまな場合がみられる。巨岩や洞窟では、あえて小祠を設けなくても景観上のポイントとなり得るわけであるが、にもかかわらず小祠を設ける例が多い。この場合、すでに指摘したように、小祠が聖なる場の記号として使用されているといえる。小祠を設けることでそこが聖なる場であることが一目瞭然に可視化されるという機能を、小祠は担っているのであって、その場合聖地であることがたとえすでにあきらかであっても、そこに小祠を設けないでは置けない気になるのである。小祠という記号が、聖地をして聖地たらしめているのであって、いつの間にか聖地そのものよりも、聖地という記号が重んじられるという本末転倒を引き起こすのである。

巨岩や洞窟から小祠へという祭祀対象の変化は、自然から文化へという流れを示すが、自然が失われたわけではなく、そこに小祠という文化要素が追加されるだけであるところに、日本近世の聖地のあり方を見出すことができよう。自然を文化に変換するところに、小祠の宗教施設としての重要な役割があるわけであるが、それが神仏の所在を明示する役割を果たしていることも疑いない。神仏がどこに宿るかは、本来巨岩や大木など、自然現象によって確認されるものが多かった。それが、小祠という人工物に代わられたところに、近世の段階のあり方がある。

このような特色はあるが、近世においても、山頂遺跡の立地する山岳の景観と、地獄谷に代表される谷地の景観には大きな違いがあった。第一に、自然条件が異なり、自然景観がまったく違う。第二に、小祠がおもに山岳に立地するのに対し、平地や谷地には石造物が顕著にみられる。第三に、山岳では現世利益の信仰が中心であるのに対して、平地や谷地では先祖供養や死者供養が主流を占める。同じ異界に属しながらも、山岳と平地・谷地では、その信仰の内容に微妙な差を見出すことができるのである。

立山の場合、信仰を支える世界観を、実際の立山の状況にだぶらせながら描いた立山曼荼羅があるが、そこに描かれた世界は、まったく同じではないかもしれないが、実際の立山の山中に存在した。それを物語るのが宗教遺跡であり、多くの石造物であるわけで、今後描かれた世界と実際の遺跡のあり方を比較しつつ検討する必要があろう。

2　分節化された異界

近世立山の宗教空間は、決して均質なものではなく、いくつかの空間が複合して構成されている点に特色がある。山頂遺跡や登拝道沿いの遺跡、玉殿窟や虚空蔵窟などの聖地では、神仏を祀るための施設である小祠が顕著で、現世利益を求める道者の姿がみられる。それに対して、室堂平では納骨遺跡の影響が近世にまで残り、賽の河原や地獄谷では先祖供養や死者供養が盛んにおこなわれた。

この関係を考えるうえで、西井龍儀によって作成された第9図は、興味深い話題を提供してくれる。第9図の上半部は、室堂から大汝山までの石造物の分布を示したものであるが、大部分の石造物が室堂平に集中的に存在し、室堂よりも高所には登拝道沿いの要所に僅かな石仏が安置されているだけに過ぎないことが読み取れよう。石造物が重量物であることを考えれば、高所に行くほど数量が減少し、軽量化するであろうことは容易に推測できるところであるが、問題はそれほど単純なものではあるまい。というのは、室堂におもに分布する石造物の多くは、先祖供養や死者供養に関わるものであるのに対して、山腹のものは必ずしもそうした性格付けができるものではないからである。しかも、山腹には、小祠が営まれていたことが確認されており、むしろ石造物よりも小祠が重視されていた傾向を見て取ることができる。

ついで、下半部は剱岳と伽羅陀山の間の石造物の分布状況を示したものであるが、この図からは石造物が谷地に集中的に分布している状況を読み取ることができる。ここでも、山岳は分布濃度が薄いが、実はそこに小祠があるわけである。谷地の石造物は、賽の河原・地獄谷・伽羅陀山に集中するが、本来はもっと散在する傾向を示したはずである。それが、地獄谷でも特定の場所に石造物が集められたために、三地点に集中する分布をみせたわけである。谷地の石造物は、大部分が先祖供養や死者供養に関わるものであり、その点では室堂と同じ傾向にある。

つまり、石造物の分布は、先祖供養や死者供養をおこなう領域をおもに示しているのであって、現世利益的な信仰によって支えられていた小祠の世界は反映していないのである。石造物が濃密に分布する範囲としない範囲では、偶然かもしれないが、異なる信仰が展開していたとみられるのである。極端な分類をすれば、顕界で現世利益的な山岳、幽界で死者供養的な谷地ということになろう。しかも、それぞれのなかでも、さらに細分された空間に分類されていた可能性があるが、そこまでは考古資料からでは読み取ることができない。空間は分節化されていたのである。

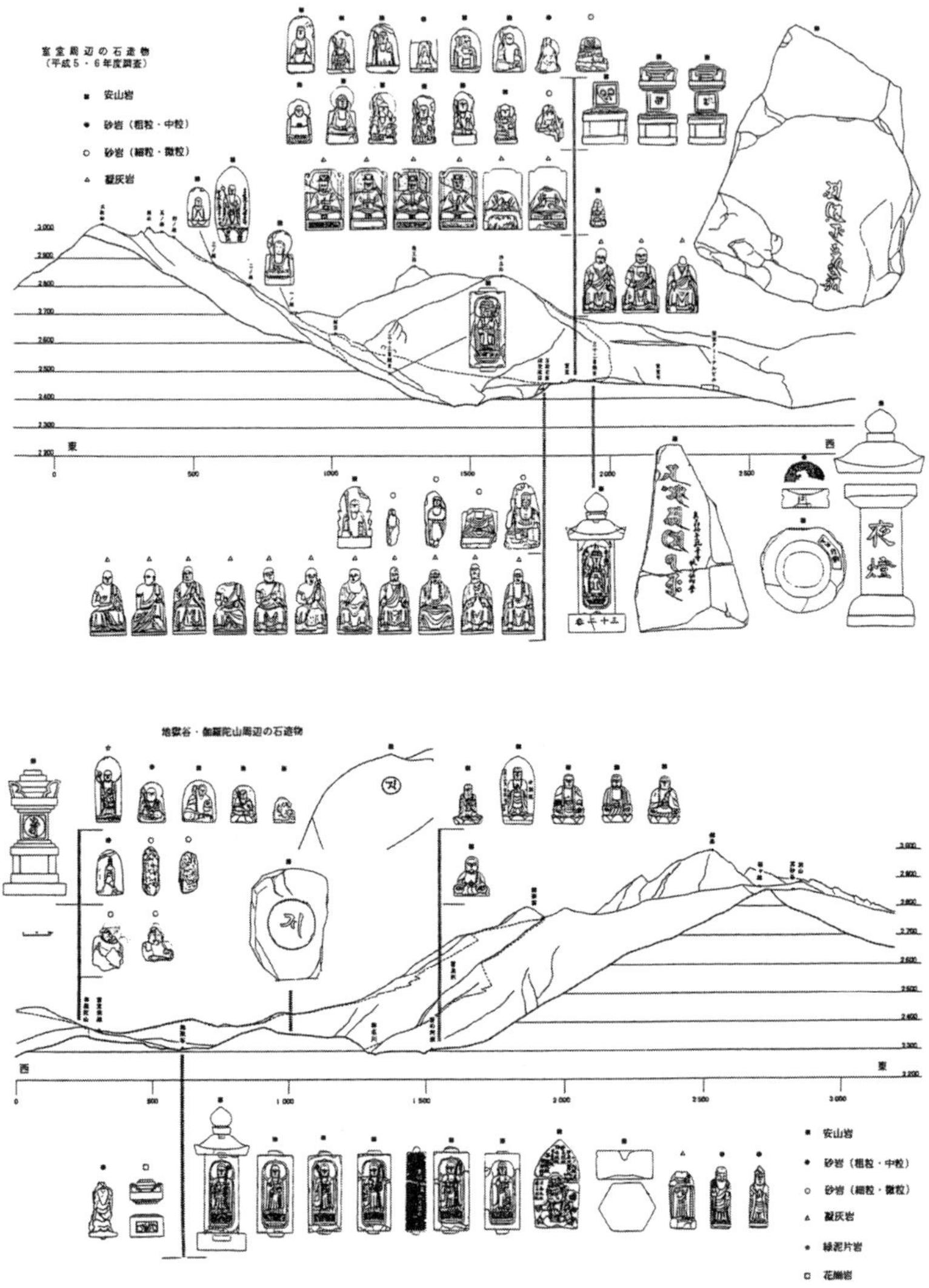

第９図　立山の石仏・石塔分布図（北陸中世考古学研究会 2000 による）

立山の場合、浄土と地獄の関係を、浄土山と地獄谷に対比して考えることがしばしばおこなわれるが、浄土山の存在感は地獄谷に比べてほとんどないといってよい。地獄が傑出し、浄土が目立たない理由は、本来地獄だけが信仰されていたのが、後に合理的な理由付けをともなって浄土が登場したからであろう。

いずれにせよ、立山のなかには、いくつもの宗教空間があり、それらが複雑に絡み合って現実の世界を作り上げていたのである。

おわりに

以上、考古学の立場から、近世の立山の宗教空間について考察してきたが、そこからさまざまな問題を発見することができた。

しかし、個々の問題は、考古学の方法のみによっては解決することができないため、今後の課題を多く残すことになった。

宗教考古学は、まだ十分に体系化されておらず、個別研究も事例蓄積に乏しい。そこで、その実践の一環として、今回は近世立山について検討を試みたのであるが、今後は他の時代や地域について個別的な検討をおこなうことが求められよう。

第二部　霊山の歴史的諸段階

第四章　筑前宝満山における山頂祭祀の成立

はじめに

日本の山岳宗教は、古墳時代には山麓で祭祀をおこなうのが通常のあり方であったが、古代になると山頂において祭祀を執行する事例が出現する。いつ頃、そのような変化が起きたのか、その原因は何なのかなど、多くの疑問が生じるが、いまだ十分な答えが出ていない。そこで、本章では、初期の山岳宗教遺跡である宝満山上宮祭祀遺跡を取り上げ、山頂祭祀の成立期の様相をあきらかにし、日本における山頂遺跡成立をめぐる諸問題を解決する糸口を探りたいと思う。

宝満山は、福岡県太宰府市と筑紫野市の境界に所在しているが、太宰府天満宮の北側に聳える山といったほうがわかりやすいかもしれない。宝満山は、円錐形の秀麗な山容をもつ標高八三〇ｍの山で、別名を御笠山・竈門山とも呼ぶ。竈門山の名は、山中にある巨岩が鼎立する竈門岩に由来し、山頂の神社が竈門神社上宮、山麓内山に鎮座する神社が竈門神社下宮と称されている。八合目にある中宮跡は、かつて山伏の拠点であったといわれ、付近に院坊跡が残る。

縁起によれば、宝満山は大宰府の鬼門除けのために祀られた山で、白鳳二年（六七三）に法相宗の心蓮が玉依姫を勧請して上宮に祀ったのに始まるという。その後、文武天皇の御宇に、役小角が「七窟」で修行し、宝満山を金剛界、彦山を胎蔵界の行場と定めたという。最澄が入唐する際に安全を祈願した竈門山寺は、下宮にある寺院跡と推測されている。竈門山寺は、大山寺・有智山寺に発展したとされ、盛時には有智山・南谷・北谷を合わせた僧坊数が三七〇坊に達したという。うち三〇〇坊が衆徒方、七〇坊が行者方であったと伝えられ、江戸時代には行者方のみが残った。行者方は、聖護院末に組み込まれ、座主楞伽院のもと宝満二五坊と称した。

宝満山については、歴史学・考古学・民俗学・宗教学などさまざまな立場から研究が進展しており、とりわけ森弘子の一連の研究は山岳宗教としての宝満山を知るうえで重要な手がかりを与えてくれる（森一九七七・八一・二〇〇二・〇五・〇八・一〇）。森は、一連の研究を総括した大著である『宝満山の環境歴史学的研究』のなかで宝満山に所在する遺跡について検討し、「これら祭祀場の一々がどういう理由で選ばれたか明らかではないが、この山の信仰の中心は頂上の巨岩と考えられ、ここでの出土物は国家的祭祀が行われていたことを証明している」とした（森二〇〇八、一〇四頁）。ここで、注目されるのは、宝満山山頂遺跡が「国家的祭祀」で残されたものであると考えられている点である。

この「国家的祭祀」という考え方を最初に表明したのは、山頂遺跡などを発掘調査した小田富士雄である。小田は、昭和三十五年（一九六〇）に宝満山文化綜合調査会の一員として上宮祭祀遺跡の岩壁中腹の岩棚の発掘調査をおこない、山頂崖下に大量の遺物が残されていることをあきらかにした（中野編一九八〇、小田編一九八二）。その後も山内で採集された遺物の集成に努め、皇朝銭・奈良三彩小壺・滑石製模造品・銅製儀鏡などを指標に宝満山の祭祀が九世紀前半を境に大きく変化したと考え、それら畿内と関係の深い遺物が豊富な八世紀後半から九世紀前半までをⅠＡ期、それらがみられなくなる九世紀後半から一〇世紀までをⅠＢ期として把握した（小田・武末編一九八三）。また、同時に宝満山の初期の祭祀の性格について踏み込んだ分析をおこない、「上宮祭祀遺跡におけるⅠＡ期の祭祀には、遣唐使派遣という中央政府の意図を受けて大宰府が直接関与したと思われる国家的祭祀が特に色濃く出ている」とし、「つづくⅠB期の祭祀には遣唐使派遣を廃止した結果、中央政府の関与が急速に退潮し、対外的には新しく生じた新羅海賊からの防衛、国内的には天災・怪異などから鎮護するという筑前国神に対する本来の意義が、当時の世相不安とともに大きく期待されていた」と述べた（小田・武末編一九八三、二二頁）。

小田の見解は、宝満山の祭祀と中央政府の関わり、とりわけ遣唐使派遣との関係を重視したものである。宝満山の祭祀の変遷を跡付けた点で貴重な見解であるが、山岳宗教としての側面についてはあまり考慮されていない憾みがあり、その点について再検討する必要性が指摘できる。

その後も、宝満山の考古学的調査は活発に進められており、蓄積された多くの資料にもとづいて小田・石松好雄・小西信二・太宰府市教育委員会・福岡県教育委員会・山村信榮・時枝務・岡寺良・森らが研究を発表している（岡寺二〇〇八、小田・石松・小西一九八四、小西一九九二、太宰府市教育委員会一九八九・九七・二〇〇一・〇五・〇六・一〇、時枝二〇〇七、福岡県教育委員会二〇〇二、森二〇一〇、山村二〇〇五a・b・〇七a・b・一〇）が、初期祭祀の理解に関する限り、小田の見解の延長線上にあるといって過言でない。つまり、祭祀遺跡としての評価はなされていても、山岳宗教史上の評価は明確でないのである。

このような研究史の現状を踏まえ、山頂遺跡の成立という問題に焦点を絞り、山岳宗教史の観点から具体的な議論を展開したいと思う。

一　辛野祭祀遺跡の出現

福岡県太宰府市大字内山字辛野に所在する辛野祭祀遺跡は、宝満山の南西斜面、標高約三九〇mの尾根に立地する（第10図3）。宝満山は、ちょうど辛野祭祀遺跡のあたりで傾斜を強め、山頂部が突出するようなかたちを呈する。辛野祭祀遺跡は、その傾斜変換線付近に位置しており、山腹に立地する遺跡として理解することができる。山麓というには高すぎ、山頂には程遠い辛野祭祀遺跡の立地は、古代における山岳宗教のあり方を考えるうえで重要な手がかりとなろう。

辛野祭祀遺跡は、尾根上の平坦面の中央部ではなく、北側の谷に向かって傾斜し始める地点で、しかも緩やかな平坦面から東側の急斜面への傾斜変換点付近に中心部がある。尾根の先端には、約三m四方の自然石による方形石組があり、祭祀に用いられた磐座である可能性が指摘されている（小西一九九二）。辛野祭祀遺跡の特異な微地形のあり方は、祭祀遺跡ゆえの条件と密接に関連しているものと予測されるが、方形石組以外にそのことを裏付ける証拠はない。今後、発掘調査を実施し、遺物がどのような出土状態であるかを確かめない限り、この特異な地形環境の意味するところを正確に把握することはできないであろう。

辛野祭祀遺跡の出土遺物には、銭貨（神功開宝・富寿神宝）、銅製金具、鉄製品（刀子・鋤）、土師器（甕・短頸壺・鉢・杯・椀・皿・高杯・托・竈）、須恵器（甕・瓶・長頸壺・鉢・鉄鉢形鉢・盤・皿・杯・杯蓋）、灰釉陶器（多嘴壺）、製塩土器（煎熬土器・焼塩土器）、墨書土器、平瓦、石製品などがある（第11図・第12図）。

銭貨は、神功開宝・富寿神宝で、いずれもいわゆる皇朝銭である。初鋳年は、神功開宝が七六五年、富寿神宝が八

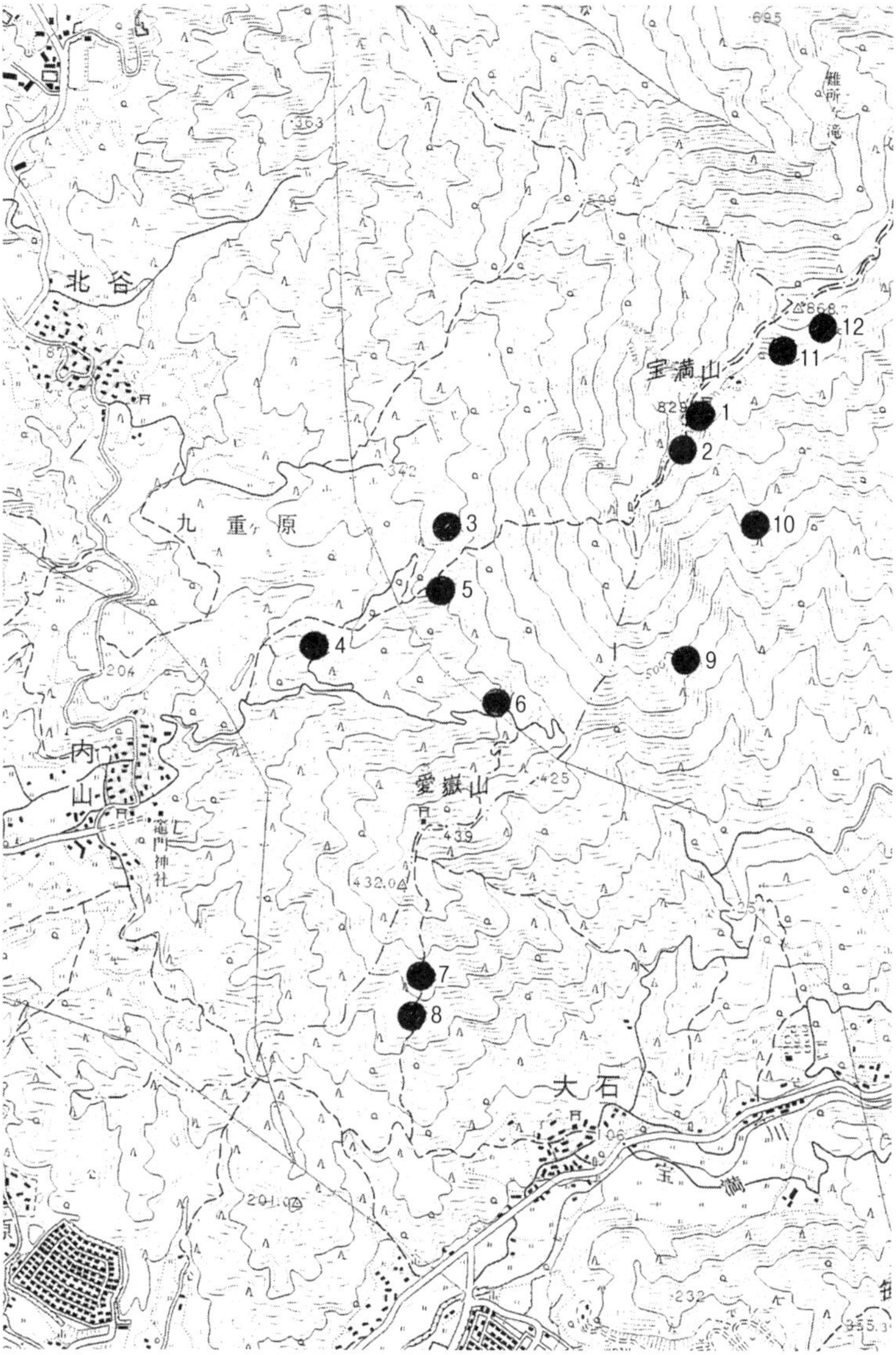

第 10 図　宝満山の祭祀遺跡

1. 上宮祭祀遺跡　2. 竈門嶽祭祀遺跡　3. 辛野祭祀遺跡　4. 妙見原遺跡　5. 一の鳥居東遺跡　6. 本谷 1 号遺跡　7. 愛嶽山南 1 号遺跡　8. 愛嶽山南 2 号遺跡　9. 大南窟祭祀遺跡　10. 水上大谷尾根遺跡　11. 後田遺跡　12. 仏頂山東遺跡
（2 万 5000 分の 1 縮尺）

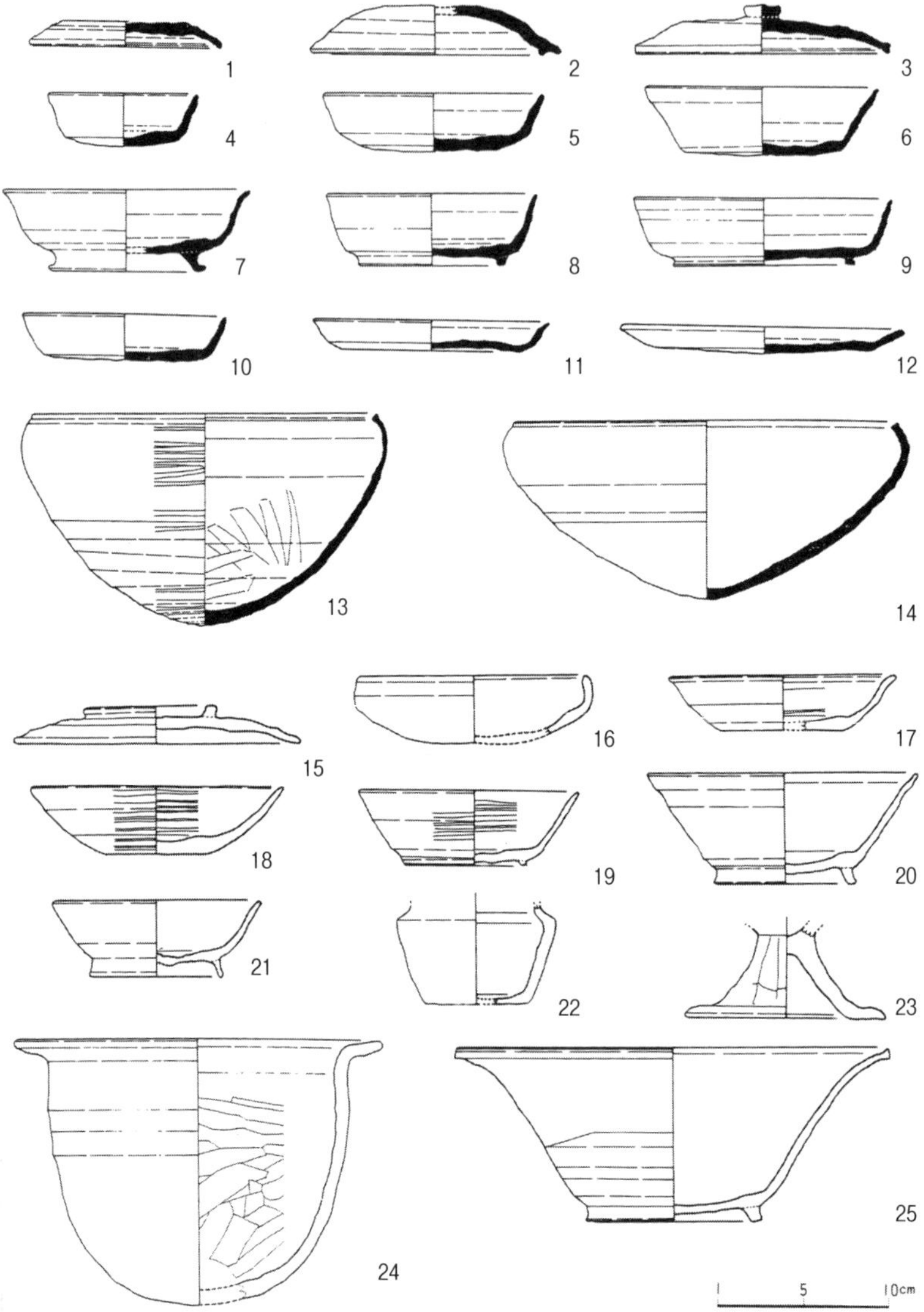

第 11 図　辛野遺跡出土遺物実測図(1)

1 ～ 14. 須恵器　15 ～ 25. 土師器（小西 1992 改編）

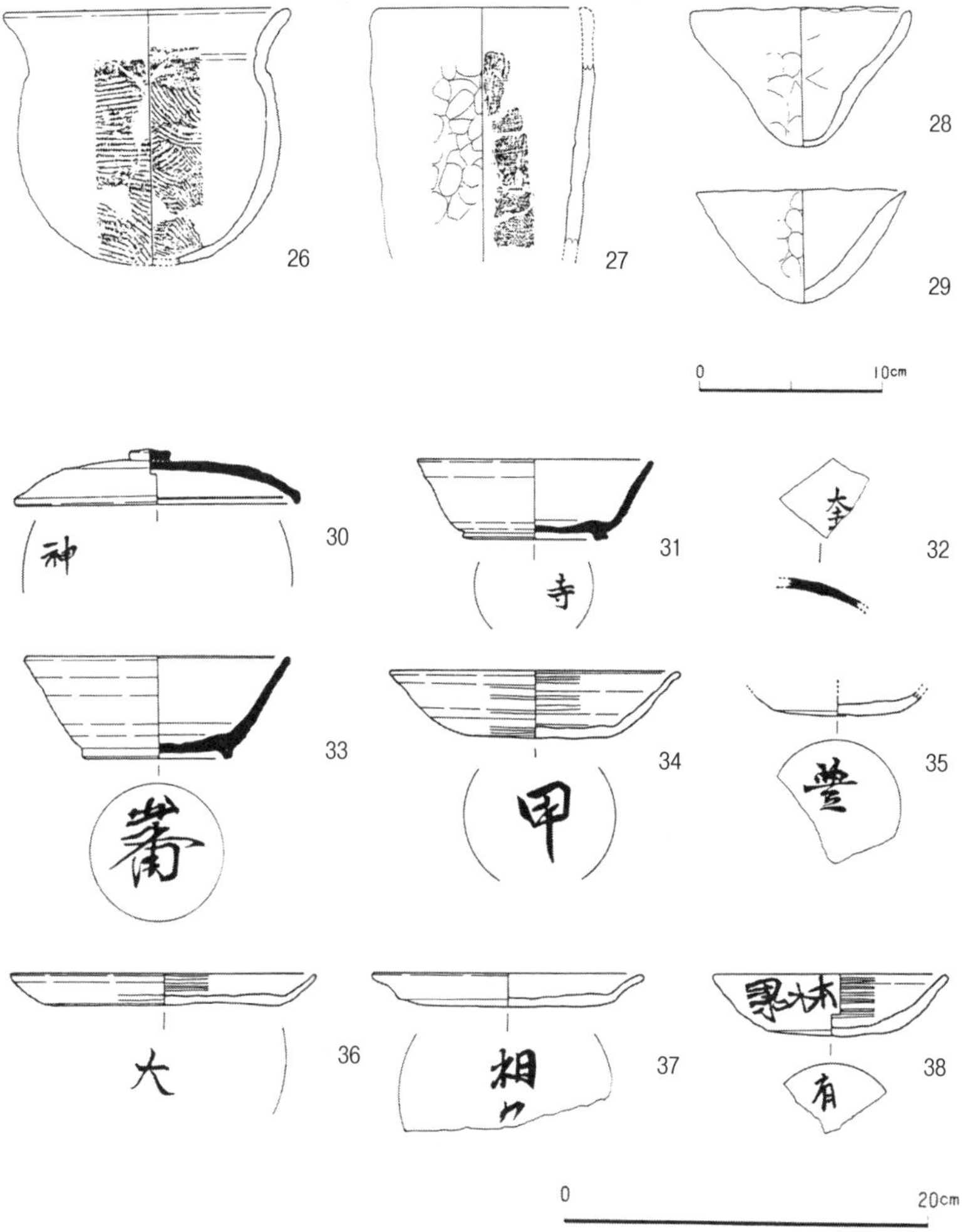

第 12 図　辛野遺跡出土遺物実測図(2)
26 ～ 29. 製塩土器　30 ～ 38. 墨書土器（小西 1992 改編）

一八年であるが、遺跡にもたらされた時期を絞り込むことは難しい。とはいえ、いずれも長年にわたって流通した銭貨とはいえず、八世紀後半から九世紀のうちに遺跡にもたらされたと考えてよかろう。富寿神宝がもたらされた九世紀は、むしろ辛野祭祀遺跡が営まれた時期の下限というべきで、九世紀のうちには祭祀を終えたとみられる。銭貨は、いずれも一枚のみの発見であり、希少性にもとづく奉賽品とみてよかろう。

銅製金具は銙帯金具の一部と報告されている（小西一九九二）ので、律令官人に関係する遺物とみられるが、栃木県日光市男体山頂遺跡でも出土している（日光二荒山神社一九六三）ところから、奉賽品としての性格をもつものとみてよかろう。しかも、官位を象徴する遺物であることから、宝満山の祭祀が公的な性格を帯びていたことを反映している可能性が指摘できる。

鉄製品は刀子と鋤で、刀子は工具か文房具、鋤は農具で、両者は性格を異にしていると考えられる。刀子は、ほかに工具類がなく、銅製金具や墨書土器が出土していることを考慮すれば、官人の文房具とみるのが無難なところであろう。鋤は、辛野祭祀遺跡における祭祀が、農耕儀礼と深い関係にあったことを示す可能性があるが、何分ほかに類品がみられないので、積極的な解釈を下すことは危険である。

土師器は、甕・短頸壺・鉢・杯・椀・皿・高杯・托・竈など多様な器種がみられるが、貯蔵具よりも食器類が多い点に特色がある。いずれも、食物や酒などを神仏に供える際の器として用いられたもので、食器類が多いのはそのためである。鉢（第11図25）は、口縁部が外反する変わった形態のもので、観世音寺や筑前国分尼寺で出土していることから、仏への供養具か、僧侶が食事に用いた僧具であったと考えられる。とすると、祭祀に僧侶が関与していたと推測できるわけで、従来語られてきた神祇色の強いイメージは再検討されなければなるまい。また、竈は移動可能な置き竈であり、煮炊きを伴う儀礼が執行されたことを物語っている。調理したばかりの暖かい供物を進ぜたのであろうか。もし、この推測が正しければ、やはり神祇的な神饌のあり方から大きく逸脱するものといわねばならない。

須恵器は、甕・瓶・長頸壺・鉢・鉄鉢形鉢・盤・皿・杯・杯蓋など土師器に劣らず豊富な器種がみられ、土師器と同様に貯蔵具よりも食器類が優越している。器種に若干の差違があるが、基本的に同じような用途にあてられたものと判断される。なかでも、鉄鉢形鉢(第11図13・14)は、須恵器製の仏具であり、僧侶の祭祀への関与を如実に物語る遺物といえよう。鉄鉢形鉢は、辛野祭祀遺跡において、現在までに五個体が確認されているという。数量的には決して多いとはいえないものの、供養具や僧具として使用される鉄鉢形鉢が、辛野祭祀遺跡において出土していることがもつ意義は大きい。

灰釉陶器は、多嘴壺が知られるのみであるが、器種の特異性が際立っている。多嘴壺の用途は不明であるが、寺院など宗教的な性格をもつ遺跡で発見されることが多いところから、宗教的な目的に使用された可能性が指摘できる。

製塩土器は、厳密には煎熬土器(第12図26)と焼塩土器(第12図27〜29)であるが、塩を生産する道具である煎熬土器が出土した理由は説明しにくい。焼塩土器は、土器に入れたまま運んできた塩が、いかにも清潔である印象を与えることから、容器に入ったままの焼塩を奉納したのであろう。苦汁を含むべた付いた塩よりも、さらさらとした真白な焼塩が、祭場の清潔さを一層引き立てたに違いない。

墨書土器は、土師器と須恵器に墨書したもので、杯・椀・皿・蓋などの器種がみられる。墨書された文字をみると、「神」「寺」「奉」「蕃」「豊」「守識」「知孝」「甲」「大」「相□」「有」「論」「十」などが解読でき、そのほか解読不能のものもみられる(第12図30〜38)。このうち、遺跡の性格を考えるうえで注目されるのは、「神」「寺」「奉」「蕃」「豊」の文字である。「神」は、祭祀対象を直接示したことばで、宝満山の神格を表現したものとみられる。「寺」は、寺院のことで、祭祀に僧侶が関与したことを示している。「奉」は、供物を奉納したことの表現で、祭祀行為そのものを表しているとみてよい。「蕃」は、山村信榮によれば、外国を意味することばで、国境祭祀がおこなわれていたことを示すものとされている（山村二〇〇五b）。「豊」は、豊饒の意味で、収穫の多さと経済的な繁栄を象徴することばであり、順調な生産を祈願したことを反映しているものとみられる。このように、墨書土器から祭祀の内容をある程度推測することができるが、文字を読み書きできる階層が祭祀に関与していたことを見落としてはならない。具体的には、官人や僧侶らが、祭祀に深く関与していたと推測できるのである。

平瓦は、寺院の甍を葺くためのものであるが、辛野祭祀遺跡に仏堂があった形跡はなく、別の用途に転用したものと考えられる。用途としては、供物を置くための台として使われた可能性などが考えられるが、特定することはできない。石製品は、情報不足のため、検討を加えることができない。

以上、辛野祭祀遺跡から出土した遺物を検討し、遺跡の性格を考察してきたが、祭祀がおこなわれた時期はいつ頃であろうか。

大部分の土器が八世紀に属するものであることから、小西信二は「祭祀の開始時期を八世紀前半、盛期が八世紀後半、終焉を九世紀代」としている（小西一九九二）が、実際には七世紀後半に遡る土器が出土している。土師器杯（第11図16）・須恵器杯（同図7）・須恵器蓋（同図2）は、いずれも大宰府政庁第Ⅰ期に編年されるもので、実年代としては七世紀後半と考えられている。供膳形態のもののみであり、古い土器が伝世していた可能性を否定することはできないが、複数の例が存在していることから、新しい段階の土器に一段階古い土器が混入したものと見做すことは難しい。数は少ないかもしれないが、七世紀後半の段階で祭祀が開始されたと考えて問題はなかろう。八世紀への連続を考慮すれば、七世紀末に祭祀が開始された可能性が高く、上宮祭祀遺跡よりも早い段階で祭祀が始まったと理解してよかろう。その後、八世紀前半に祭祀は隆盛期を迎え、八世紀を通じて豊富な遺物が残されることになったものと考えられる。

八世紀前半の隆盛ぶりをみると、この時期に祭祀が本格的におこなわれるようになったという印象を受けるが、こうした隆盛を迎える前の小規模な祭祀が七世紀末に始まったと考える。小規模な祭祀を土台に、八世紀前半の隆盛がもたらされたとみたほうが、流れとして自然であろう。終末は、灰釉陶器など九世紀に下るものが含まれているので、その頃まで継続的に祭祀がおこなわれていたものと考えられる。

それでは、辛野祭祀遺跡でおこなわれていた祭祀は、宝満山の山岳宗教の展開のなかでどのような位置を占めているのであろうか。

第一に、出土遺物から判断する限り、辛野祭祀遺跡は、宝満山において最初に出現した祭祀遺跡であることが挙げられる。宝満山の山岳宗教は、辛野祭祀遺跡を起点として展開したわけで、その後八世紀になると、山頂遺跡が形成され、新たな段階を迎える。辛野祭祀遺跡が出現した七世紀後半と、同遺跡が発展し、さらに山頂遺跡が形成される八世紀初頭の二つの画期があるとみられる。

第二に、辛野祭祀遺跡は、宝満山の中腹に所在し、磐座とみられる方形石組があることが挙げられる。中腹に所在するのは、山頂が神の領域に属し、人間が立ち入ることのできない聖地であるため、そこに可能な限り近い場所を祭祀の場としたためであると考えられる。磐座とみられる方形石組があるのは、そこに神を招いて祭祀を執行したためで、神は山頂周辺の聖地から来臨するものと考えられていた可能性が指摘できる。辛野祭祀遺跡の立地は、宝満山において神の領域と人の領域が接する地点、いわば境界に属していたと考えられよう。このような祭祀遺跡のあり方は、古墳時代に出現した祭祀遺跡の特徴であり、辛野祭祀遺跡はその伝統を引き継いでいるとみられる。

第三に、辛野祭祀遺跡における祭祀の担い手に、僧侶がいたことが出土遺物から確認できることが挙げられる。従来、宝満山の祭祀の特色は、福岡県宗像市沖ノ島祭祀遺跡との類似点から、「遣唐使派遣にかかわる国家祭祀」（山村二〇〇五b)として把握されてきた。しかし、辛野祭祀遺跡の出土遺物には仏教徒が関与した痕跡が見出され、宝満山における山林仏教の問題を抜きに、祭祀遺跡の実態を語ることができないことがあきらかになった。しかも、祭祀の開始が七世紀後半に遡るとすれば、大宝二年(七〇二)に出発した遣唐使よりも以前に祭祀がおこなわれていたことになり、少なくとも祭祀の開始を遣唐使との直接的な関係に求めることは難しくなる。むしろ、宝満山における祭祀の成立は、山林仏教の展開と深い関係にあることが予想できる。その点で、神祇色一辺倒で理解されてきた宝満山の祭祀のイメージは、仏教による神仏習合色の強い祭祀もしくは供養のイメージに改めなければなるまい。

二　山頂祭祀の性格

標高八三〇mの宝満山の山頂は、岩石が露出し、東側は岩壁となっているが、わずかに平坦面が形成されている。その一画に竈門神社上宮が鎮座しており、社殿の背後に巨石群があるが、その付近に宝満山上宮祭祀遺跡が存在する(第10図1)。遺跡は、岩壁直下にも広がり、堆積土中から遺物が多量に発見される。山頂の岩場から投げたか、もしくは風雨によって流出したものと考えられるが、人為的な投棄か自然現象かを決定することは難しい。もっとも、最初から崖下に置かれたものでないことは、昭和三十五年に発掘調査された岩壁中腹の岩棚に多くの遺物が堆積していたことからあきらかであり、上部から落下したことは疑いないところである。遺物が岩場を中心に分布していることから、遺物が祭祀終了後に岩場付近に残されたものと考えられ、祭祀対象が巨石であったことが推測できる。しかし、遺物を用いた祭祀が山頂のどの地点でおこなわれたかを絞り込むことは、山頂全体の発掘調査が実施されていないこともあって難しい。想像を逞しくすれば、現在上宮が鎮座する地点あたりで祭祀が執行され、最終的に岩場に祭祀具が遺棄、あるいは廃棄された可能性が高いように思う。宝満山の山頂祭祀は、巨岩と深い関係にあることがあきらかであり、巨岩に神が宿るとする信仰の存在がうかがえる。ただし、注意しなければいけないのは、栃木県日光男体山頂遺跡などにみられるように、巨岩の岩裂が祭祀対象になることがしばしばみられることである。宝満山の山頂でも、現在小さな岩裂を認めることができるので、岩裂が祭祀対象となった可能性もある。いずれにせよ、巨石や岩裂に神の存在を認め、その前で祭祀を執行したわけで、祭祀者は祭祀のために山頂へ登拝したと考えざるを得ない。巨石や岩裂を祭祀対象とすることは、辛野遺跡における方形石組の存在と通じるものがあるが、聖地である山頂へ祭祀者が立ち入って祭祀を執行した点で、両者の祭祀形態は大きく性格を異にするといわねばならない。

出土遺物には、銅製儀鏡・銭貨（和同開珎・萬年通宝・神功開宝・隆平永宝・富寿神宝・承和昌宝・延喜通宝・乾元大宝）・土師器（甕・杯・椀・皿・脚付盤）・須恵器（蓋・托・杯・椀・皿・瓶・長頸壺）・墨書土器・三彩小壺・二彩蓋・緑釉陶器杯・灰釉陶器・中国陶磁・石製円板・石製舟形などがある。

銅製儀鏡は、円形のもの（第13図40）と方形のもの（同図41）がみられ、祭祀用の儀鏡と考えられる。鏡の奉納は、古墳時代に遡る伝統的な祭祀の手段であり、八世紀になっても相変わらず儀鏡の奉納がおこなわれていたことが知られる。

銭貨は、和同開珎六枚・萬年通宝四枚・神功開宝一〇枚・隆平永宝一一枚・富寿神宝七枚・承和昌宝四枚・延喜通宝一枚・乾元大宝二枚で、いずれもいわゆる皇朝十二銭に属するものである。初鋳年は、和同開珎が七〇八年、萬年通宝が七六〇年、神功開宝が七六五年、隆平永宝が七九六年、富寿神宝が八一八年、承和昌宝が八三五年、延喜通宝が九〇七年、乾元大宝が九五八年で、八世紀から一〇世紀まで三世紀に及ぶ長期間にわたって銭貨が奉納されたことがわかる。総数は四五枚に達し、出土点数は、日本の山頂祭祀遺跡中もっとも多い。宝満山の祭祀が公的な性格を帯びていたことを反映しているものといえよう。

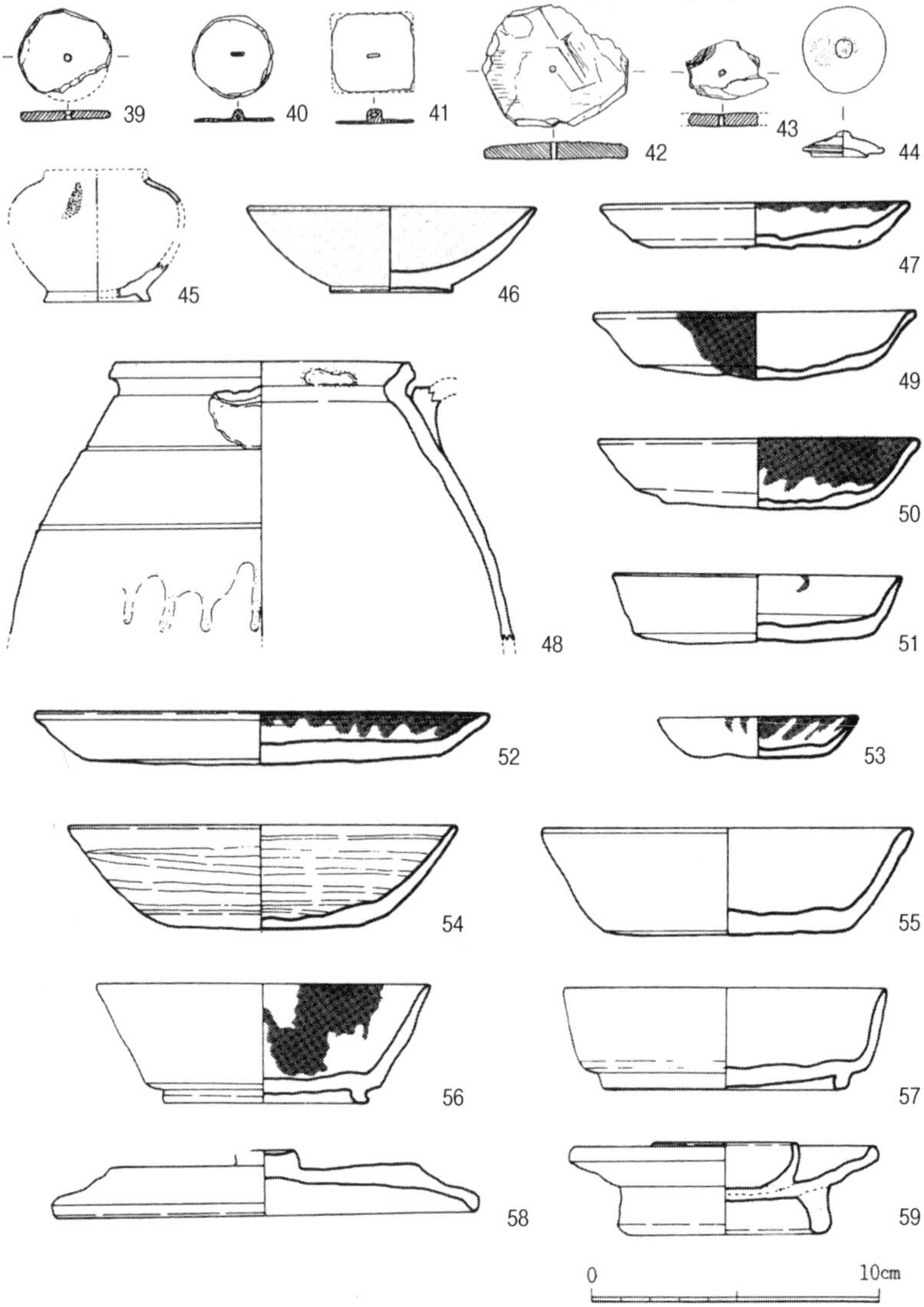

第 13 図　宝満山上宮祭祀遺跡出土遺物実測図

39·42·43. 滑石製有孔円板　40·41. 儀鏡　44. 施釉陶器蓋　45. 三彩小壺　46. 緑釉杯
47·52·53. 土師器皿　48. 中国陶磁　49〜51·54·55. 土師器杯　56·57. 須恵器椀
58. 須恵器蓋　59. 須恵器托（小田・武末編 1983 による）

土師器は、甕のような煮炊具もみられるが、杯・椀・皿・脚付盤などの食器が主体を占める。とりわけ、杯が圧倒的に多く、しかも煤が付着したものが過半数に及ぶ（第13図47・49～51）。煤の付着は、杯が本来の用途ではなく、灯火具として使用されたことを示している。大量の杯に灯火をともす儀礼としては、仏教の燃灯供養、なかでも万灯会などが著名である。宝満山の燃灯供養の具体的な姿をあきらかにすることは難しいが、山頂で灯火が焚かれたこと、仏教的な作法で執行された可能性が高いことはほぼ疑いない。

須恵器は、蓋・托・杯・椀・皿などの食器が主体で、そのほか瓶・長頸壺などの貯蔵具がみられる。杯や椀には、煤が付着したものがみられ、土師器と同様な目的に使用されたものがあることが知られるが、そうした痕跡のないものが土師器に比べて多くみられ、供物の容器としての用途もあったようである。托は、一種の器台であり、宗教的な用途に供された可能性が高いように思われる。瓶や長頸壺も、水などを供える容器として用いられた可能性があり、総じて須恵器には供献の機能が期待されていたように思う。

墨書土器は、いずれも土師器で、器種には杯と皿がみられる。墨書された文字には、「岳」「川邉」「井」「福」「東」「廿」「上□」が解読されているが、不明なものもある（小田編一九八二）。「岳」は、宝満山そのものを表したことばのように思えるが、中国的な思惟が背後にあるかもしれない。「川邉」「井」は、水を連想させるが、「川邉」は地名や氏族名、「井」は呪術的な記号である可能性がある。「福」は、典型的な吉祥句で、現世利益的な欲求に支えられたことばであろう。「東」は方位、「廿」は数を指すことばであるが、その意味するところは明晰でない。「上□」は、二字目をなんと読むかで意味が変わるが、宮ではなさそうである。墨書土器から信仰の内容を読み取ることは困難であるが、「岳」からは山岳宗教としての性格を、「福」からは現世利益的な信仰を推測することができる。

三彩小壺は、奈良三彩の小さな壺で、沖ノ島祭祀遺跡など各地の祭祀遺跡や官衙遺跡で出土している（第13図45）。

二彩蓋は、二彩と呼んでいるが、実際には奈良三彩の様式のなかで理解できるものであり、蓋は小壺に使用されていたものであろう（第13図44）。いずれも、畿内の窯で焼かれたものと考えられ、中央政府との関係のなかで入手されたとみるのが、考古学の常識である。

緑釉陶器杯は、長門など国内で生産された陶器で、九世紀のものである（第13図46）。灰釉陶器は、やはり国産の焼物であるが、おもに東海地方で生産されたもので、九州まで遥々と運搬されてきたのであろうか。

中国陶磁は、把手付の水注とみられるもので、黄緑色の釉薬がかけられている（第13図48）。窯は不明であるが、小田富士雄・武末純一は、一二世紀後半から一三世紀前半のものとみている（小田・武末編一九八三）。宝満山の初期の祭祀を考える材料からは、はずしてよさそうである。

石製円板は、滑石製の円板の中央に孔を穿ったもので、丁寧に円形に形作っているもの（第13図39）と作りが粗雑なもの（同図42・43）の二者がある。石製円板は、滑石製模造品の典型であり、古墳時代からの伝統を引くものでもあるが、律令祭祀のなかでも沖ノ島祭祀遺跡や埼玉県熊谷市西別府祭祀遺跡などでしばしば用いられた。石製舟形は、むしろ七世紀以降に広く用いられるようになった祭祀具で、石製円板と共伴するものとみられる。舟は航海など海に纏わることを連想させるが、祭祀具としての舟は神や厄神の乗り物として用いられた例が多いようであり、遣唐使派遣と結び付けるような解釈をおこなうことは疑問である。

これらの遺物の時期は、八世紀から九世紀にかけてであり、山頂祭祀がおこなわれた時期を知ることができる。宝満山上宮祭祀遺跡は、八世紀前期に出現し、以後隆盛し、九世紀まで連綿と祭祀が繰り広げられる。その祭祀の内容は、不明な点が多いが、灯火をともすために用いられた大量の土師器杯に暗示されるように、僧侶による燃灯供養が実修されたことが推測できる。出土遺物は土器が主体を占め、銅製儀鏡や石製円板・石製舟形のような古墳時代の伝統を引く祭祀遺物がみられ、仏具が一切ないところから、神祇信仰に根ざした祭祀であったと従来は考えられてきたが、燃灯供養がおこなわれたことに再度注目する必要があろう。「岳」の神は、仏教的な作法とともに伝統的な祭祀をもって祀ることが、当時の感覚であったのかもしれない。

三　新たな祭祀遺跡の出現

八世紀前半には、宝満山の祭祀遺跡は、辛野祭祀遺跡と上宮祭祀遺跡の二箇所のみであった。それが、八世紀後半を迎えると、一気に新たな祭祀遺跡が登場するのである。

竈門嶽祭祀遺跡は、山頂から南へ約一五〇ｍの地点（標高七九〇ｍ）で、「仙竈石碑」が建っている二つの巨岩がある場所である（第10図２）。この巨岩の周囲から土師器（甕・杯・皿）、須恵器（杯）、製塩土器（煎熬土器）、黒色土器（椀）などが出土している（第14図１・２、小西一九九二、小田編一九八三）。これらの遺物の時期は、八世紀後半から一〇世紀に及んでおり、祭祀が開始されたのは八世紀後半と考えられる。製塩土器は煎熬土器であり、辛野祭祀遺跡からも出土しているが、なぜ塩の生産用具である煎熬土器が祭祀に使用されたのか不明である。あるいは、製塩集団が、祭祀になんらかのかたちで関与したのであろうか。説明の難しい遺物である。祭祀対象は、中心部にある巨岩と考えるのが自然であり、巨岩に供物を供えるような祭祀がおこなわれたと考えられる。

妙見原遺跡は、宝満山の南西麓にある南谷池の東北の原野と南西の土手、標高二七五ｍの地点に所在し（第10図４）、土師器（杯）・須恵器・平瓦・丸瓦・製塩土器が採集されている（第14図３～６、小西一九九二）。瓦以外の遺物は、八世紀後半のものとみられ、その頃祭祀がおこなわれたものと考えられる。ここでも、製塩土器が検出されており、製塩土

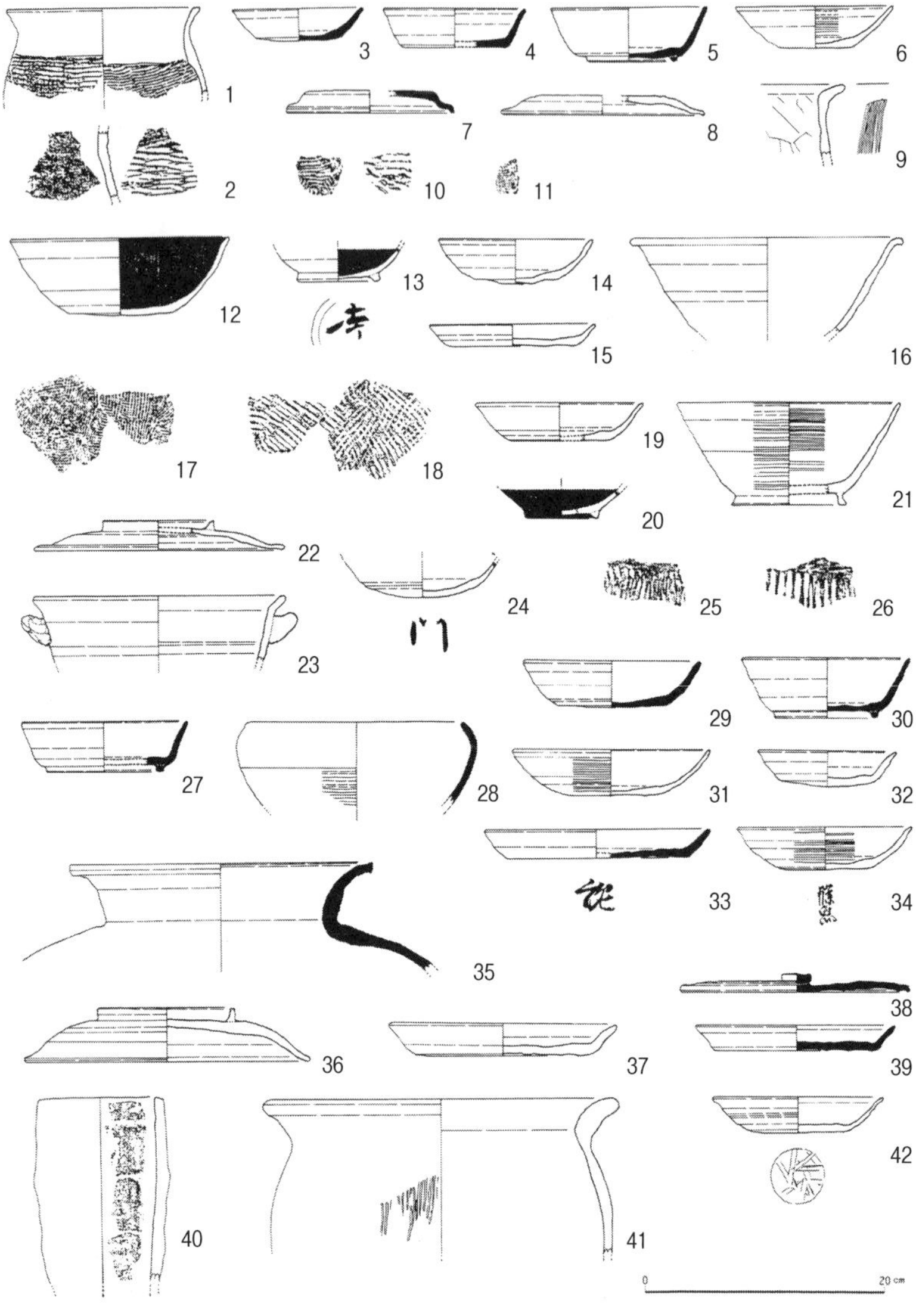

第 14 図　宝満山の祭祀遺跡出土の土器

1･2. 竈門嶽　3〜6. 妙見原　7〜11. 本谷 1 号　12〜18. 愛嶽山南 1 号　19〜26. 愛嶽山南 2 号　27･28. 大南窟　29〜40. 後田　41･42. 水上大谷尾根

断面白抜：土師器　断面塗潰：須恵器　40 拓本：製塩土器

（小西 1992 による）

器の祭祀に占める役割の大きさが感じられる。遺跡は、なんの変哲もない傾斜面で、祭祀対象を見出すことができないことから、祭具を廃棄した場所である可能性が指摘できる。なお、南側の山林中に三間四面の礎石建物が確認されており、出土した軒丸瓦・文字瓦・土師器から、九世紀後半から一〇世紀の遺構と推測されている。八世紀後半に祭祀が開始され、祭祀が中断した後、九世紀後半になって仏堂が建立されたとみてよかろう。とすれば、祭祀の担い手は、僧侶であった可能性が高いことになる。

一の鳥居東遺跡は、宝満山の南西麓の標高三六〇ｍの地点にある石造鳥居の東側にある平坦面に存在し（第10図５）、土師器（甕・皿）、須恵器（長頸壺・杯・皿）、製塩土器（煎熬土器・焼塩土器）が採集されているが、いずれも細片である（小西一九九二）。特色が観察できる破片から、八世紀後半の土器が主体を占めていることが判明し、八世紀後半に祭祀がおこなわれたことが知られる。食器のほか、調理具である甕や液体の容器である長頸壺がみられ、祭場でおこなわれた儀礼の一端がうかがえる。また、ここでも製塩土器が検出されており、塩を供えた焼塩土器のほか、製塩作業に用いる煎熬土器がみられ、製塩と関連する特殊な祭祀がおこなわれていた可能性がある。遺跡は、登山道の区切りとなる地点である以外、祭場となった理由を見出すことができないが、尾根上に立地することは偶然ではなかろう。

本谷１号遺跡は、宝満山の南側にある鳥越峠から大宰府側へ約三〇〇ｍ下った標高三五〇ｍの地点に所在し（第10図６）、土師器（甕・盤・蓋）、須恵器、製塩土器（煎熬土器・焼塩土器）、墨書土器が採集されている（第14図７～11、小西一九九二）。器形が判明する資料から、八世紀後半のものが多いことが知られ、その頃祭祀遺跡として使用されていたとみられる。墨書土器の存在が注目されるが、残念ながら小破片であるため、文字を解読することができない。ここでも、焼塩土器のみならず、煎熬土器が検出されている。遺跡は、尾根上に立地しているが、範囲は狭く、付近に顕著な祭祀対象を見出すことができない。

愛嶽山南1号遺跡は、標高四三二・〇三mの愛嶽山の南側斜面中腹標高三四五mの地点の狭い尾根上に所在し（第10図7）、土師器（鉢・椀・杯・皿）、須恵器、黒色土器、灰釉陶器、平瓦、丸瓦、製塩土器（煎熬土器）、墨書土器が採集されている（第14図12～18、小西一九九二）。遺物は八世紀後半から九世紀後半までのものがみられ、祭祀は八世紀後半に開始され、九世紀後半まで継続されたと考えられる。墨書土器に書かれた文字は「寺」であり、仏教との関連を臭わせるが、遺跡に寺院関連施設があったわけではなかろう。寺院の人間が来訪したなどのケースによってもたらされたものと考えられる。ここでも煎熬土器がみられる。遺跡は、尾根上に立地しているが、範囲は狭く、付近に顕著な祭祀対象は見当たらない。

愛嶽山南2号遺跡は、愛嶽山南1号遺跡から南へ約二〇〇mの標高二八五mの地点にある平坦面の東側に所在し（第10図8）、土師器（甕・鉢・杯・皿・蓋）、須恵器（甕・長頸壺・壺・鉄鉢形鉢・杯・皿・蓋）、黒色土器、白磁、製塩土器（煎熬土器・焼塩土器）、墨書土器、鉄器が採集されている（第14図19～26、小西一九九二）。土器は、食器のみでなく、煮炊き用の甕や貯蔵用の長頸壺・壺がみられる点が注目される。須恵器鉄鉢形鉢は、僧具の鉄鉢を模したもので、鉄鉢と同様な用途に供されたものと考えられる。僧侶が使用したものとみてよかろう。白磁は、口縁部の小破片のため詳細不明であるが、中国製の初期貿易陶磁であり、稀少なものである。一種の奉納品であろう。製塩土器は、ここでも出土しており、八世紀後半の宝満山を特色付ける遺物となっている。墨書土器は、土師器の丸底杯の底部に、「門」の文字が記されている。これらの遺物は、八世紀後半から九世紀後半にかけてのもので、祭祀が八世紀後半に開始され、九世紀後半まで継続されたことを物語っている。遺跡には花崗岩の巨岩があり、それを磐座として祭祀がおこなわれたとみられるが、遺跡は平坦面よりも東側の傾斜面を中心に広がっていることから、祭祀に使用した道具を廃棄した痕跡である可能性が指摘できる。その場合、祭場は平坦面で、遺跡はその隣接地ということになろう。

大南窟祭祀遺跡は、宝満山南側の標高五一五mの中腹斜面に露出する巨岩群で、巨岩が重なって岩陰を形成している（第10図9）。岩陰の内部は、約一〇㎡の広さで、大南窟と呼ばれている。岩陰の出入口のすぐ外側の下方斜面から、銭貨（神功開宝）、土師器（甕・短頸壺・杯・皿）、須恵器（甕・壺・鉢・鉄鉢形鉢・杯・皿）、黒色土器（椀）、瓦器（椀・皿）、中国陶磁、製塩土器（煎熬土器・焼塩土器）、石製品（滑石片）が採集されている（第14図27・28、小西一九九二）。土器は、調理具の甕や貯蔵具の短頸壺・壺がみられるが、主体は食器である。須恵器鉄鉢形鉢は、僧具として僧侶が用いたものとみられ、祭祀に僧侶が関与していたことを裏付けている。ここでも製塩土器がみられることが注意されよう。銭貨は、辛野祭祀遺跡と上宮祭祀遺跡で出土しているが、それ以外ではこの大南窟祭祀遺跡のみで、この遺跡の重要性を示すものといえよう。遺物は、八世紀後半のものが主体を占めるが、九世紀以降一二世紀までのものが含まれている。瓦器（椀・皿）や中国陶磁など、中世初期の遺物がみられるのは、祭祀が変質しながらも継続していたことに起因するとみられる。遺跡には、聳え立つ巨岩とその下の岩陰が存在し、巨岩の基部には自然石を組み合わせた祭壇が設けられているが、古代に遡るものとは思えない。遺物の出土地点は、あきらかに岩陰の出入口付近に集中しており、祭祀が岩陰と深い関係にあったことを暗示している。なお、近世には、大南窟は修験道の行場と認識されていた。

水上大谷尾根遺跡は、宝満山の山頂から南方向に延びる尾根上、大谷尾根道が蛇行して走る標高六一五mの地点にある平坦面に所在し（第10図10）、土師器（甕・鉢・杯）、須恵器（鉢）、瓦器、製塩土器（焼塩土器）が採集されている（第14図41・42、小西一九九二）。遺物の時期は、八世紀後半が主体で、瓦器のみ中世初期に下る。焼塩土器は塩を供献するための容器として用いられたものであろう。遺跡は、巨岩の一端が露出しており、巨岩を対象として祭祀がおこなわれた可能性が高い。

後田遺跡は、上宮祭祀遺跡から東北へ約二〇〇m、仏頂山の山頂から南方向に約一〇〇mの地点にある標高八二二

mの狭小な平坦面に所在し（第10図11）、土師器（甕・杯・皿・蓋・竈）、須恵器（甕・壺・杯・皿・蓋）、黒色土器（甕・杯）、製塩土器（焼塩土器）、墨書土器が採集されている（第14図29〜40、小西一九九二）。土師器竈は、移動可能な置き竈で、祭祀に際して調理がおこなわれたことを暗示する。土器に煮炊き用の甕や貯蔵用の壺がみられるのも、竈の存在に対応する現象と考えてよかろう。焼塩土器は、宝満山において顕著な遺物であり、祭祀のあり方を知る手がかりとなろう。墨書土器は、土師器・須恵器にみられ、「論」「篠原」などの文字がみられる。「論」は、仏教的な表現と考えられ、祭祀の担い手を示している。「篠原」は地名であろうか。遺物は八世紀後半のものが主体を占めており、八世紀後半に祭祀が執行されたことが知られるが、その後継続しなかった可能性が高い。八世紀後半の限られた期間に、集中的に祭祀がおこなわれたことが考えられ、長く祭祀が継続された遺跡とは性格を異にすることが推測される。遺跡は、東南部に巨岩の一端が露出しており、遺物がその周囲から発見されるところから、磐座を中心として営まれたものと考えられる。

仏頂山東遺跡は、標高八六八・七mの仏頂山の東側斜面で、山頂から約五〇m下った標高八六〇mの地点に所在し（第10図12）、土師器（甕・皿）、須恵器、製塩土器（煎熬土器）が採集されている（小西一九九二）。発見された遺物も少ないので、祭祀の実態は不明な点が多いが、製塩土器の出土など宝満山のほかの遺跡と共通点が多くみられることは注目される。ここが本来の祭場なのか、山頂に近い場所に祭場があり、ここは祭具を廃棄した場所なのか、発掘調査が実施されていないため明確でない。

四　新たな祭祀遺跡の性格

それでは、以上紹介してきたような八世紀後半に新たに出現した遺跡は、どのような性格をもっているのであろうか。

遺跡が立地する標高を高い順に並べると、仏頂山東遺跡（標高八六〇ｍ）、後田遺跡（標高八二二ｍ）、竈門嶽祭祀遺跡（標高七九〇ｍ）、水上大谷尾根遺跡（標高六一五ｍ）、大南窟祭祀遺跡（標高五一五ｍ）、一の鳥居東遺跡（標高三六〇ｍ）、本谷1号遺跡（標高三五〇ｍ）、愛嶽山南1号遺跡（標高三四五ｍ）、愛嶽山南2号遺跡（標高二八五ｍ）、妙見原遺跡（標高二七五ｍ）となる。標高八〇〇ｍ以上が二箇所、標高七〇〇ｍ以上が一箇所、標高六〇〇ｍ以上が一箇所、標高五〇〇ｍ以上が一箇所、標高四〇〇ｍ以上が〇箇所、標高三〇〇ｍ以上が三箇所、標高二〇〇ｍ以上が二箇所で、標高八〇〇ｍ以上・標高三〇〇ｍ以上・標高二〇〇ｍ以上が比較的多いことが知られる。

これらの遺跡を、標高八三〇ｍの上宮祭祀遺跡と標高三九〇ｍの辛野祭祀遺跡と比較すると、上宮祭祀遺跡よりも高所にある仏頂山東遺跡、上宮祭祀遺跡と辛野祭祀遺跡の中間にある後田遺跡・竈門嶽祭祀遺跡・水上大谷尾根遺跡・大南窟祭祀遺跡、辛野祭祀遺跡よりも低所にある一の鳥居東遺跡・本谷1号遺跡・愛嶽山南1号遺跡・愛嶽山南2号遺跡・妙見原遺跡の三群に分けて考えることができる。上宮祭祀遺跡よりも高所にある遺跡が一箇所、上宮祭祀遺跡と辛野祭祀遺跡の中間にある遺跡が四箇所、辛野祭祀遺跡よりも低所にある遺跡が五箇所で、辛野祭祀遺跡よりも低い位置の遺跡がもっとも多く、上宮祭祀遺跡と辛野祭祀遺跡の中間にある遺跡がそれに次ぐ。一例だけ高所に進出した遺跡があるが、大部分は従来の範囲を踏襲したもので、むしろ従来よりも低い場所に進出したといってよい。

これらの遺跡のうち、辛野祭祀遺跡と上宮祭祀遺跡を結ぶルートにあるのは妙見原遺跡・一の鳥居東遺跡・竈門嶽祭祀遺跡の三遺跡のみで、愛嶽山南2号遺跡・愛嶽山南1号遺跡・本谷1号遺跡は南麓から尾根沿いに愛嶽山を通過して登拝するルート、大南窟祭祀遺跡・水上大谷尾根遺跡は南麓から谷沿いに遡上するルート、後田遺跡・仏頂山東遺跡は山頂から東北方向に尾根沿いに延びるルートに位置している。大南窟祭祀遺跡・水上大谷尾根遺跡へは、愛嶽山を通過して登拝するルートを通過して至ることも可能であるので、両者を南麓からの登拝ルートとして一括しても、あきらかに三筋のルートが存在する。さらに、東北方向に尾根沿いに延びるルートは、山麓からの登拝ルートとは性格を異にする可能性があり、辛野祭祀遺跡と上宮祭祀遺跡を結ぶルートの延長線と見做すこともできるのではずしても、最低でも二筋のルートがあったことは否定しようがない。つまり、遺跡数が増加した背景には、新たな登拝路の開拓があったと考えられるのである。旧来の登拝路を使用せずに登拝することが、どのような状況のなかから出現してきたのか不明であるが、新たな祭祀集団が成長してきたことを物語っている可能性がある。

また、遺跡の自然的な特徴をみると、顕著な巨石の存在が、竈門嶽祭祀遺跡・愛嶽山南2号遺跡・大南窟祭祀遺跡・水上大谷尾根遺跡・後田遺跡の五遺跡で確認できることが注目される。巨石の存在は、辛野祭祀遺跡の石組や上宮祭祀遺跡の巨岩を連想させるもので、一般的には磐座と考えられている。上宮祭祀遺跡や竈門嶽祭祀遺跡のような山頂付近の遺跡の場合、神をそこに招いて祀ったという考え方が適用できるかどうか疑わしいが、巨石の周辺が祭場として利用されたことは疑いない。山頂付近では、巨石が神の鎮座する聖地と考えられることが多かったとみられるが、石神と意識された場合もあったであろう。宝満山では、七遺跡が巨石を意識した祭祀をおこなっていたわけで、共通した祭式の存在を予想することができる。そのことは、新たに出現した遺跡においても、辛野祭祀遺跡と上宮祭祀遺跡でおこなわれていた祭式を踏襲した可能性が高いことを示しているのではなかろうか。新たな祭祀集団が成長していたとしても、もともと辛野祭祀遺跡と上宮祭祀遺跡で祭祀を司っていた集団と近い関係にあったと考えられ、同質の祭祀遺跡が増加した状況を想定することができよう。

そこで、各遺跡でおこなわれた祭祀の特徴を把握するために、祭祀遺物の特色を整理しておこう。

第一に、すべての遺跡から土師器・須恵器が出土しており、遺跡によって量は異なるが、主体となった祭祀具であると判断できることである。たとえば、後田遺跡では、土師器として甕・杯・皿・蓋・竈、須恵器として甕・壺・杯・皿・蓋が確認されており、調理具と考えられる甕や竈、貯蔵具である壺もみられるが、大部分が杯・皿・蓋といった食器である点に特色がある。この傾向は、どの遺跡でも認められ、祭祀に際して供物が用意されたことが推測できる。もっとも、杯・皿は、灯明皿として用いられた可能性があり、食器としての用途に限定できるかどうかは検討する必要がある。仮に灯明皿が多数含まれていたとしても、灯火が神仏に献じられたものであることを考えれば、基本的に供物と同様な性格のものといえよう。

第二に、愛嶽山南2号遺跡と大南窟祭祀遺跡で、須恵器鉄鉢形鉢が確認されていることである。鉄鉢は、仏への供養具であるとともに、僧侶が托鉢や食事に際して用いた僧具であるが、鉄鉢形鉢はそれを模して焼き物で製作したものであり、用途はほぼ同じとみられる。その担い手は、僧侶であり、おそらく山林仏教の徒であったに違いない。とすれば、祭祀に僧侶が関与していたことになり、祭祀は仏教的な作法にもとづいてなされた可能性がある。従来、宝満山の祭祀は神祇的な色彩が濃いとされてきたが、鉄鉢形鉢の存在はそれを否定する証拠となろう。

第三に、すべての遺跡から製塩土器が出土しており、製塩との関連が指摘できることである。製塩土器には煎熬土器と焼塩土器がみられるが、とりわけ煎熬土器の出土は、ただ塩を供えただけではなく、祭祀が塩の生産となんらかの関係があったことを示している。海水を煮詰めるための煎熬土器が、祭祀においてどのような役割を果たしたのか不明であるが、塩生産の象徴的な存在であったことは容易に推測できよう。焼塩土器は、焼塩の容器とでもいうべきもので、容器ごと供えることで、未使用の清らかな状態で焼塩を献じたことを強調したのであろう。苦汁を含んだ塩ではなく、焼塩を供えたのは、純白でさらさらした焼塩に清潔感を抱いたからに違いない。また、海のものを山で供えたことに、神話的な世界を読み込むことも不可能ではなかろう。製塩土器の存在は、初期の山岳宗教のあり方を考える際に、さまざまな問題を提起するはずである。

第四に、本谷1号遺跡・愛嶽山南1号遺跡・愛嶽山南2号遺跡・後田遺跡の四遺跡で、墨書土器が発見されていることである。なかでも、愛嶽山南1号遺跡では、「寺」の文字をもつ例が確認されており、寺院となんらかの関係を持った人物が祭祀に関与していたことが推測できる。付近に寺院があったわけではなく、山麓の寺院からもたらされたもので、僧侶が運んだ可能性が高い。

ところで、辛野祭祀遺跡からは、銭貨（神功開宝・富寿神宝）、銅製金具、鉄製品（刀子・鋤）、土師器（甕・短頸壺・鉢・杯・椀・皿・高杯・托・竈）、須恵器（甕・瓶・長頸壺・鉢・鉄鉢形鉢・盤・皿・杯・杯蓋）、灰釉陶器（多嘴壺）、製塩土器（煎熬土器・焼塩土器）、墨書土器、平瓦、石製品などが出土している（小西一九九二）。このうち、銅製金具・鉄製品などは、八世紀後半に新たに出現した遺跡ではみられないが、総じて遺物の内容はよく似ているといってよい。第一から第四までの特色のすべてを、辛野祭祀遺跡は満たしており、八世紀後半に新たに出現した遺跡における祭祀が、七世紀後半に出現した辛野祭祀遺跡の祭祀を原型としていると考えてよい。つまり、八世紀後半に新たに出現した遺跡における祭祀は、辛野祭祀遺跡においておこなわれていた祭祀の量的拡大なのである。辛野祭祀遺跡で確立された祭式が、宝満山の各所でおこなわれた結果、多数の遺跡が残されることになったのである。

五　祭祀遺跡の終焉

八世紀後半に出現した祭祀遺跡の存続期間をみると、八世紀末で終わる断絶型、それ以後も祭祀が続く継続型、一度断絶しながら後世に新たなかたちで再度祭祀が再開される断続型の三類型に区別することができる。もっとも、発掘調査がおこなわれればより新しい時期の遺物が発見されないとも限らないので、ここで示した区別はあくまでも現時点での目安に過ぎない。

断絶型は、仏頂山東遺跡・後田遺跡・一の鳥居東遺跡・本谷1号遺跡の四遺跡で、八世紀後半に始まった祭祀が短期間で終わったと考えられる遺跡である。後田遺跡以外の遺跡は、比較的規模が小さく、単発的な祭祀の痕跡である可能性が指摘できる。

継続型は、愛嶽山南1号遺跡・愛嶽山南2号遺跡・竈門嶽祭祀遺跡の三遺跡で、愛嶽山南1号遺跡と愛嶽山南2号遺跡が九世紀後半、竈門嶽祭祀遺跡が一〇世紀に終焉を迎える。九世紀後半と一〇世紀では時期差は小さいが、終焉の要因を異にする可能性があり、細分して考えたほうがよいかもしれない。しかし、何分表面採集資料なので、一括して扱っておく。

断続型は、妙見原遺跡・水上大谷尾根遺跡・大南窟祭祀遺跡の三遺跡であるが、それぞれ様相を異にしている。妙見原遺跡は、祭祀は八世紀末で終わってしまうが、九世紀後半から一〇世紀に瓦葺礎石建物が出現する。祭祀遺跡の終焉時期を重視すれば断絶型として把握できるが、祭祀遺跡の伝統のうえに一世紀ほど経って瓦葺礎石建物が出現したとみれば、断続型ということになろう。水上大谷尾根遺跡は、基本的に八世紀末で祭祀を終えたとみられるが、瓦器が出土している点に注目すれば平安時代後期になんらかの祭祀がおこなわれたと考えられ、断続型に分類できる。大南窟祭祀遺跡は、一〇世紀に一度祭祀が途絶えるが、一二世紀に陶磁器などを使用した祭祀がおこなわれるようになったことが知られ、断続型と考えられる。もっとも、途中の空白を埋める資料が発見されれば継続型に分類できることになり、将来の調査によって結果が修正される可能性がある。

このように、八世紀後半に出現した祭祀遺跡は、断絶型・継続型・断続型に一応区分できるが、継続型でも九世紀後半か一〇世紀には断絶してしまうことが知られ、基本的に古代のなかで祭祀が終わったとみることができる。断続型とした妙見原遺跡は、祭祀遺跡だけでいえば断絶型であり、水上大谷尾根遺跡も一度は断絶しており、大南窟祭祀遺跡以外は古代から中世へと繋がっている例はない。

八世紀前期に祭祀がおこなわれていた辛野祭祀遺跡は、九世紀後半で祭祀を終えており、愛嶽山南1号遺跡・愛嶽山南2号遺跡と同様な動きをみせる。そうしたなかで、上宮祭祀遺跡のみ現代まで祭祀が継続されており、他の祭祀遺跡と全く異なる経過を辿っている。八世紀後半に出現した祭祀遺跡は、辛野祭祀遺跡と共通する面が顕著であり、性格を同じくするゆえに同様な経過を辿り、結果的に古代末に廃絶したと考えられる。大南窟祭祀遺跡は独自な経過を辿るが、基本的に山腹の祭祀は徐々におこなわれなくなり、祭祀はもっぱら上宮祭祀遺跡でおこなわれるようになったのである。この流れを、山腹祭祀から山頂祭祀へと理解することができるが、その意義については再度議論する機会を得たいと思う。

おわりに

以上、細々と検討してきたように、宝満山においては、七世紀後半に山腹に辛野祭祀遺跡が出現し、その後八世紀になって山頂に上宮祭祀遺跡が形成された。

辛野祭祀遺跡と上宮祭祀遺跡を比較すると、類似点が多々あることに気付く。辛野祭祀遺跡の中心には方形石組、上宮祭祀遺跡には巨石群があり、ともに石を祭場の中心部に置く点で共通する。出土遺物でも、銭貨（神功開宝・富寿神宝）、土師器（甕・杯・椀・皿）、須恵器（瓶・長頸壺・杯・皿）、墨書土器が両遺跡で共通しており、祭祀内容の類似性を指摘することができる。もっとも、出土遺物に関していえば、須恵器鉄鉢形鉢・製塩土器など辛野祭祀遺跡のみにみられるものがある一方、銅製儀鏡・三彩小壺・二彩蓋・石製円板・石製舟形など上宮祭祀遺跡にのみみられるものもあり、祭祀内容に相違点があったことも事実である。辛野祭祀遺跡から上宮祭祀遺跡へと継続する特徴と、それぞれの個性がともに認められるということになるが、上宮祭祀遺跡における三彩などの存在からは祭祀が公的な性格を強めつつ継承されていった状況を想定することができる。

このようなあり方からすれば、辛野祭祀遺跡が上宮祭祀遺跡と密接な関係にあることは確実であり、宝満山の祭祀の中心は、辛野祭祀遺跡から上宮祭祀遺跡へと展開したと考えてよい。第一の画期は辛野祭祀遺跡の出現で、山腹において山霊の祭祀がおこなわれた段階であり、第二の画期は上宮祭祀遺跡の出現で、山頂祭祀が本格的におこなわれるようになった時点である。もっとも、八世紀に入ると、両遺跡は並行して形成されつつあったわけで、山岳登拝者は最終的には山頂に到達することから、山頂がそれまでになく重視されるようになった可能性が高い。

山頂祭祀という形式に拘れば、辛野祭祀遺跡は山腹とはいえ、広義の山麓祭祀遺跡の一種であり、上宮祭祀遺跡こそ山頂祭祀遺跡であるということができる。山頂を中心とする聖地の禁忌を破り、辛野祭祀遺跡から山頂に到達するという冒険を犯した人物が登場したことの意義こそ、高く評価されなければなるまい。しかし、山頂遺跡が成立する前提には、辛野祭祀遺跡において祭祀内容が整備されるなどの動きがあり、そのことによって山頂への登拝とそこでの祭祀が可能になったことを忘れてはならない。

七世紀後半に出現した辛野祭祀遺跡でおこなわれていた祭祀と同様な祭祀が、八世紀後半になって山内の各所でおこなわれるようになったが、比較的短期間で衰退し、上宮祭祀遺跡に祭祀が収斂していく姿を読み取ることができた。

祭祀の担い手は、従来考えられてきた国家から派遣された神祇官僚ではなく、山麓の竈門山寺などに属する僧侶であろうと考える。

現在、宝満山以外の山岳において、八世紀初頭に遡る山頂祭祀遺跡は確認されておらず、現時点での限られた資料によれば宝満山において日本列島で最初の山頂祭祀がおこなわれたことになる。なぜ、宝満山において、最初の山頂祭祀が営まれたのか、その歴史的背景に迫る必要があるが、今回はここで筆を擱くことにしたい。

第五章　白山禅定と男体山禅定

―白山山頂遺跡の特質をめぐって―

はじめに

白山信仰の研究は、おもに歴史学や民俗学の立場から進められてきたが、近年になって考古学からのアプローチが活発化してきた。

白山を対象とした考古学的研究は、一九八六年に國學院大學考古学資料館を中心に結成された白山山頂学術調査団が、御前峰山頂遺跡をはじめとする白山山頂遺跡の考古学的調査を実施したことによって本格的に開始された（國學院大學考古学資料館一九八八）。その後、調査の中心となった椙山林継は、調査成果を総括したうえで、文献史料と考古資料を対比させつつ白山信仰史に言及した（椙山二〇〇三）。

また、戸澗幹夫は、白山の山中に残されている遺跡を踏査し、採集された遺物を検討する作業をおこない、考古資料によるはじめての白山信仰史を叙述した（戸澗一九九二）。戸澗の研究はおもに加賀禅定道を中心とするものであったが、松村英之は越前禅定道の実態を報告し、越前側からみた白山信仰史の必要性を指摘した（松村二〇〇三）。

かつて、筆者は、これらの研究を批判的に検討し、白山信仰が山岳登拝行から山岳練行へと発展したと考え、修験道の全国的な動向と一致するものとみた（時枝二〇〇五ｂ）。

白山山頂遺跡は、白山山頂学術調査団による調査の後も、石川県埋蔵文化財センターや石川県教育委員会によって数度にわたって立会調査が実施され、二〇〇六年に報告書が公刊されたが、その報告書のまとめとして垣内光次郎による戸澗の研究をふまえた白山信仰史に関する研究が発表された(垣内二〇〇六)。そのほか、二〇〇七年には、石川県立歴史博物館によって特別展「白山　聖地へのまなざし」が開催され、多くの資料が一堂のもとに集められたことは特記されてよかろう。その概要を収めたカタログは、考古学的な知見が豊富に盛り込まれており、白山信仰史の最良の入門書となっている(石川県立歴史博物館二〇〇七)。

このように、白山信仰史の考古学的研究は近年急速に進み、その成果は垣内の論文に集約されている(垣内二〇〇六)が、問題がないわけではない。そこで、本章では、垣内論文を検討することによって問題の所在を明確にするとともに、山頂遺跡の代表的な存在である日光男体山頂遺跡と比較することによって、白山山頂遺跡の全国的な位置づけを試みたいと思う。

一　白山信仰の画期

1　第一の画期：山頂祭祀の開始

垣内は、加賀側の白山信仰の変遷に三つの画期があったとみているので、それぞれの画期ごとに検討を加えておこう。

垣内は「白山の山頂部で古代の土器を使用した祭祀が始まるのは、御前峰や大汝峰で採集された9～12世紀の遺物報告から、9世紀後半と考えられている。これは同時期の須恵器の壺蓋と瓶に灰釉瓶も確認された事によるが、採集遺物がいずれも使用が長期となる袋物の容器類で占められ、消費期間が比較的短い碗皿類の出現が、10世紀前半代と遅れる様相からすると、御前峰へ宗教者が登拝し、山頂祭祀を開始した時期については、少し下る可能性がある。ただし10世紀中頃から11世紀にかけて、須恵器や黒色土器の碗、灰釉の碗皿と土師器類などの遺物量が増加することから、この時期には御前峰への登拝者が増加することで、白山の山頂祭祀が本格化したと理解できる」（垣内二〇〇六、二五頁）とする。

つまり、垣内によれば、山頂祭祀は一〇世紀前半に開始され、一〇世紀中頃から一一世紀になって本格化したことになるが、一般的には九世紀後半に遡ると理解されている（國學院大學考古学資料館一九八八）。両者の相違点は、九世紀に製作された須恵器・灰釉陶器が、製作後まもなく山頂にもたらされたとみるか、ある程度の期間伝世されてから山頂にもたらされたと考えるかによって生じたもので、根拠となる資料は同じものである。

ところが、垣内は同論文の別の箇所では「この御前峰における祭祀は、土器の椀皿を使用するような山頂祭祀が9世紀後半頃には開始され」と述べており（垣内二〇〇六、一八頁）、記述に齟齬をきたしている。また、「使用が長期となる袋物の容器類」は伝世した後に山頂祭祀に使用されたことになるが、はたして祭祀に使い古しの土器を使用するだろうかという疑問がある。祭祀遺跡の場合は、一般の消費地遺跡と同一視できない点があり、その点に留意して考察を進める必要がある。さらに、垣内は碗・皿が祭祀に使用されたものと考え、山頂祭祀成立のメルクマールとみているが、袋物で供献しても構わないわけで、実際に日光男体山頂遺跡では瓶などが山頂祭祀に用いられている（日光二荒山神社一九六三）。袋物をはずして、碗・皿などの食膳具によって、山頂祭祀の成立時期を確定する方法には問題があろう。山頂祭祀の成立を九世紀とみるのか、それとも一〇世紀とみるのか、今後一層の調査が進むとともに、研究方法をめぐる議論が活発化することを期待したい。

ところで、垣内は、この時期の山頂祭祀の担い手について、「山頂祭祀が開始される背景として、加賀や越前地方では古代の山間寺院や仏具類が埋納された祭祀遺跡など、9世紀後半に新たな展開を見せる仏教遺跡の推移に関連付ける見解が主張されているが、現段階の資料からすると慎重な判断が必要である」と述べている（垣内二〇〇六、二五頁）。これは、山頂祭祀の成立に山林仏教の徒が大きな影響を与えたとみる戸澗の説（戸澗一九九二）に対する反論であるが、その根拠は山頂祭祀に用いられた須恵器や灰釉陶器が北陸の製品ではなく、美濃側から搬入された可能性が高いことにある。この事実は、白山山頂遺跡の報告に際して、白山山頂遺跡から出土する土器が、灰釉陶器主体で、緑釉陶器主体の加賀や越前とは異なることが、田嶋明人によって指摘されている（國學院大學考古学資料館一九八八）。垣内の言説は、一見山頂祭祀と山林仏教との関係を否定しているかのようにみえるが、実は加賀側から登拝したのか、それとも美濃側から登拝したのかを問うているのみで、山林仏教との関連を議論しているわけではないことに注意する必要がある。

しかし、美濃側の実態究明の作業は進んでおらず、今後の研究の進展を待って判断する以外に方法はない。

2　第二の画期：山岳登拝行の成立

垣内は、白山禅定の成立時期について、「12世紀代には壺、甕、経筒外容器もみられ、加賀や越前の土器と共通する特徴が認められることから、各馬場から禅定道と呼ばれる尾根道を登り、御前峰への登拝が本格化したと考えられる」と述べている（垣内二〇〇六、二五頁）。この垣内の記述から白山禅定が経塚の造営を伴う修行であったことが知られるが、それは山の清浄な水で溶いた石墨を木筆に含ませて法華経を写経し、納経するものであった。経塚に使用された「壺、甕、経筒外容器」には「加賀や越前の土器と共通する特徴が認められる」といい、以前の美濃側からの登拝が推測される時期とは異なり、北陸地方から白山に登拝したことが考古資料によって確認できるという。つまり、白山の登拝者は、それまで美濃側が主体であったのが、この時期に加賀や越前などへ拡大したことになろう。また、かつて筆者は、独鈷杵など密教法具が出土していることから写経とともに密教修法がおこなわれたと推測したが、具体的な内容をあきらかにするには至らなかった(時枝二〇〇五b)。

こうして、一二世紀に白山禅定が本格化すると、やや遅れて行者のための宿泊施設が整備されることになったと考えられる。垣内は「13世紀代になると御前峰遺跡で懸仏の奉納がみられることから、本地仏である十一面観音を安置した奥宮が建立され、稜線の山岳修行が展開する中で、笈ヶ岳遺跡のような山頂遺跡も置かれたと推定されているが、これは白山禅定の世界における修行の環境が大きく変化したもので、その要因の一つに、禅定へ参籠する時の拠点であった室堂の開設があると考えられる。かつて馬場を単位に維持されたことから、加賀室、越前室、美濃室と呼ばれた室は、禅定と行場の境目に設営された宿泊施設で、室内に祭壇も設けられたことから「室堂」と通称された建築物である。これまで白山室堂遺跡が越前室の跡地であり、広場や建物の敷地から採集された中世から近世の土器・陶磁器は、越前室に参籠した修験者や登拝者の消費物と報告されてきたが、平成15年に検出した火処は、13世紀後半の越前室の遺構として重要で、焼土と灰層の遺構は、灰層中から出土した越前焼擂鉢と土師器皿の年代により、鎌倉時代の13世紀後半代に越前室の内部で機能した火処と推測されている。この結果、越前室の開設時期は、これより以前の13世紀中頃である可能性が高まり、13世紀代に奥宮の建立と一体的に設営されたと考えるのが自然である」と述べている(垣内二〇〇六、二五〜二六頁)。越前室の整備が一三世紀中頃に遡るとすると、加賀室と美濃室も相前後して整備されたとみるのが自然であり、白山禅定が一三世紀中頃に定着したと考えてよかろう。

垣内が説くように、一二世紀における白山禅定の成立から一三世紀における室堂の整備は一連の動きとして捉えられるが、一三世紀を小さな画期とみて、前後に時期区分することもできる。垣内は御前峰の奥宮が一三世紀に建立されたとするが、もしそれが奥宮の最初の社殿であったとすれば、神を祀る恒久的な建物が最初に出現した一三世紀は、登拝者の神観念が大きく変化した時期であった可能性が指摘できる。禅定道の整備は、さまざまな施設・設備をも含みこんでおこなわれた可能性が高く、その点については今後の考古学的な調査によって解明する必要がある。

なお、室堂整備以前の山中の宿泊施設については不明であるが、かつて五来重は室堂が修行窟と類似した機能をもつことに注目し、修行窟から室堂への展開を予測した（五来二〇〇八）。山中での参籠行の拠点が、修行窟から室堂へと変化したとすれば、白山でも転法輪窟等の窟の存在が知られており、魅力的な学説ではあるが、いまだ実証されていない。さらに、別山山頂遺跡や御前峰山頂遺跡で出土した銅製や陶製の経筒が、どこで生産され、どこから搬入されたものか、十分に解明されておらず、垣内説を実証するためにはまだ検証しなければならないことが残されている。それは、なぜこの時期に仏教遺物が増加するのかという疑問を、修行内容と担い手を考慮しつつ考えることでもある。

3　第三の画期：山岳練行の成立

垣内によれば、「加賀禅定道の七倉山から両白山地の北端の奈良岳方向へ延びた稜線の峰々では、経塚が営まれた妙法山、修行の岩屋が開設された三方岩岳、山頂遺跡や経塚が営まれた笈ヶ岳などが連なり、中世にはこの稜線を山岳修行で巡る道場が開かれたとみられる」（垣内二〇〇六、二〇頁）という。妙法山頂遺跡からは一三世紀より下る中世段階の銅製の経箱と鉄製の火打鎌、三方岩岳山頂遺跡からは一五世紀末～一六世紀前半の青磁水注、笈ヶ岳山頂遺跡からは一六世紀の経筒二、一三～一四世紀の銅鏡二、仏像四（懸仏二・丸彫り二）、獅噛鐶座一、刀剣類（鏃一・剣四・小柄五・刀子および短刀三九）、やりがんな一が出土しており、それぞれ山頂遺跡の存在が確認されている。これら稜線の峰々の山頂遺跡が相互になんの脈絡もなく出現したとは考えられず、峰を結ぶ入峰道が開拓され、神仏を祭祀するにふさわしい場所と判断された聖地に山頂遺跡が形成されたと考えるのが自然であろう。

入峰道を利用しての山岳練行の開始時期について、垣内は稜線の峰々での山頂遺跡や経塚の形成は一三世紀後半に始まるとしながらも、一五世紀における画期の存在を指摘し、「戦国時代の白山禅定は、東西各地の熊野系修験者が来訪し、百ヶ日の錬行や廻国納経をおこなう山岳修行の道場として盛行したことが知られる」（垣内二〇〇六、二一七頁）と主張する。その根拠は、第一に笥笠中宮に造立された白山行人札であり、第二に聖護院道興准后の廻国の事実である。

第一の白山行人札について垣内は次のように述べている（垣内二〇〇六、二一六頁）。

かつて中宮の社家を勤めた民家から発見された文明16年銘と文明17年銘の2枚の白山行人札は、戦国時代の白山修験を伝える造形資料として貴重である。2枚には形状の違いはあるが、大日如来の密号である「遍照金剛」を冠する行人を先達として、11名の行人が越前禅定道の要所で、不動明王を主尊とする虫尾社から禅定へ登り、百余日の参籠を遂行したことを加賀禅定の山岳寺院であった笥笠中宮の社頭へ掲示したものである。さらに行人札を造立した行人達は、密教系の修験者11名という人員構成、越前禅定道の虫尾社から登り加賀禅定道の笥笠中宮へ下りる経路、百日余の修行が同一であることから、加賀・越前に拠点を置かない修験教団に属していた可能性が高い。また6月下旬と5月中旬の造立時期は、戦国時代には6月18日で定着していた禅定朝戸開（開山祭）の前後となり、期日を虫尾社への参籠開始にあてると、百日間の修行は夏行であったと考えられる。

垣内は修行の主体を「加賀・越前に拠点を置かない修験教団に属していた」行者とし、きわめて曖昧な表現を用いているが、それが「東西各地の熊野系修験者」を指すであろうことは文脈からあきらかである。問題は「熊野系修験者」とは何者なのかということであるが、本山派修験を指しているとすれば、「遍照金剛」を称して大日如来を本尊としていたらしいことと違和感がある。当山派修験、あるいは真言系修験を指すとすれば、「熊野系修験者」という表現は適切ではない。また、白山行人札が本山派や当山派が入峰修行を成就した証拠に造立する碑伝とは形態を異にしており、在地性の強い独自な形態のものであることからすれば、造立者がはたして外来の修験者であったかどうか疑問である。

第二の道興准后の廻国について垣内は次のように述べている（垣内二〇〇六、二七頁）。

続く文明18（1486）年6月には、修験道本山派の京都聖護院門跡の道興が、白山・石動山・立山の三山を廻っている。その旅の記である『廻国雑記』によれば、道興は越前から加賀路へ入り、本折から仏原を経て、白山禅定の登拝をはたし「三の室」へ至っている。白山で「三の室」の呼称が確認できる施設は、別山の南側に所在する別山室（別名三ノ室）で、道興は加賀禅定道から白山三所権現が祀られていた大汝峰・御前峰・別山と登拝したとみられる。そしてすでに熊野の修験者を統轄していた聖護院門跡が、北陸の山岳霊場を巡り、関東から東北の各地を約一年間にわたって歴訪した目的は、各地の霊山を拠点とした熊野系修験者を通して、本山派と呼ばれる天台系修験教団の組織にあったと考えられることから、文明16・17年の行人達も熊野の修験者であった可能性が高く、道興の廻国後に武蔵国の實栄が笈ヶ岳へ登拝するなど、戦国時代の白山禅定は、東西各地の熊野系修験者が来訪し、百ヶ日の錬行や廻国納経をおこなう山岳修行の道場として盛行したことが知られる。

道興の白山禅定については、どの程度おこなったのかについて史料解釈上の疑問があるが、「三の室」を別山室と解したことは一つの見識であろう。しかし、ここでも強調される熊野系修験者の存在については、かならずしも自明のことではない。道興が関東の修験者の組織化に一定程度の役割を果したことは否定できず、彼の行動に政治的な意図をみることも間違いではないであろうが、はたして武蔵国の實栄の笈ヶ岳登拝まで間接的にせよ道興の影響とみることができるか疑問が残る。道興の来訪によって、入峰修行の方法などに変化があった可能性はあるが、その影響がどこまで及んだか判断することは難しい。

ところで、笈ヶ岳山頂遺跡出土の経筒にみえる光福寺が武蔵国に所在し、大聖寺が尾張国の寺院であることが解明された（小西二〇〇八）ことを踏まえれば、遠隔地の宗教家が笈ヶ岳に登拝したことは疑いない。しかし、それが本山派修験の組織化と関わる現象かどうかは見極めにくいし、廻国納経と修験道が直接関連するわけではないことに注意する必要がある。

また、三方岩岳山頂遺跡出土の青磁水注が一五世紀の製品であるという垣内説に注目すれば、一五世紀の東海地方や関東地方が中国陶磁の空白期であるのに対し、日本海側では豊富な中国陶磁が出土することから、青磁水注は日本海側から三方岩岳にもたらされた可能性が高い。一見目立つ他地方からの宗教家の流入は、実は北陸地方における在地の宗教家の活発な活動に支えられていた可能性があり、他地方からの動向にのみ注目するわけにはいかない。

ところで、垣内の指摘には含まれていないが、この時期の白山における山岳宗教のあり方を考えるうえで重要なのは、白山行人札にみられるような集団での行者の行動が確認できることであり、登山回数を重視する姿勢に示されるように苦行性を尊ぶ修験道思想の具体的な表出がみられることである。そのことは白山において専門的な修験者の養成が本格的に開始されていたことを意味する。白山行人札を残した集団の修行方法については、さらに検討を進める必要があるが、山岳練行を主軸にすえた大峰山などとは異なる修行形態が主体であったとしても、羽黒修験で顕著な参籠行などを含めて、修験道の範疇に属する修行であった可能性が高いことはいうまでもない。

二　日光男体山信仰の画期

1　第一の画期：山頂祭祀の開始

ついで、栃木県日光市の日光男体山頂遺跡における変遷の画期を、簡単に整理しておこう。

日光男体山頂遺跡では八世紀後半に山頂祭祀が開始される。出土遺物には、三鈷鐃・憤怒形三鈷杵・錫杖・鐘鈴・塔鋺・柄香炉などの仏具、銅鏡、鉄鐸・銅鈴・鉄鈴など音の出るもの、火打鎌、鉄鉾・鉄二股鉾・鉄鏃などの武器、勾玉・管玉などの玉類、銅印、鉄製馬形模造品、石帯、須恵器、土師器など八世紀末から九世紀前期に遡るものがみられる（日光二荒山神社一九六三）。

空海が著した『遍照発揮性霊集』に引くところの「沙門勝道歴山水瑩玄珠碑幷序」によれば、天応二年（七八二）に日光男体山の登拝に成功した勝道が、大同二年（八〇七）の旱魃に際して国司の依頼で祈禱したところ、豊かな雨に恵まれたというが、山頂遺跡の成立時期はまさにその時期に合致する。

出土遺物のなかには、三鈷鐃や憤怒形三鈷杵のように古密教あるいは雑部密教（雑密）で使用されたものがみられるところから、山頂祭祀の担い手が古密教の僧侶であったことが推測できる。山頂祭祀は、聖地への立ち入りを禁じ、周辺部分で祭祀をおこなう山麓祭祀と異なり、宗教家自身が聖地内部に踏み込んで、その中心部分で祭祀をおこなった点で、画期的なものであった。「沙門勝道歴山水瑩玄珠碑幷序」には、度重なる失敗にもくじけずに、山頂への登拝に何度も挑戦した勝道の強靭な精神が描かれている。聖地の禁忌を省みずに、登拝を決行することは大きな勇気を必要としたはずで、神の祟りを恐れない仏教者としての新たな世界観に支えられた行動であったと考えられる。

ところで、出土遺物にみられる三鈷鐃は、東大寺二月堂の修二会で堂司が振り鳴らす仏具で、石川県羽咋市福水ヤシキダ遺跡の井戸状遺構から錫杖や銅鋺などとともに出土したことなどを考え合わせると、雨乞いに用いられた可能性が指摘できる。また、鉄製馬形模造品は、『続日本紀』天平宝字七年(七六三)五月二十八日条などに祈雨のために黒毛馬を丹生川上神社に献じたとみえることを参考にすれば、雨乞いと密接な関係をもつ祭祀具であると考えてよかろう。さらに、日光男体山頂遺跡からは銅印と石帯という律令官人と関係の深い遺物が出土しており、山頂で行われた祭祀が公的な色彩の強いものであったことが推測できる。

こうした考古学的な事実は、勝道が大同二年の旱魃に際して国司から要請され、雨乞いをおこなったとする「沙門勝道歴山水瑩玄珠碑幷序」の記事と符合するものといえよう。山頂祭祀自体は現世利益的な色彩が濃厚なもので、古密教の僧侶によってなされたとみられるが、その執行に際しては国衙からの要請と支援があった可能性が高い。

2　第二の画期：山岳登拝行の成立

日光男体山頂遺跡出土品のうち一二世紀のものには独鈷杵・三鈷杵・花瓶などの仏具、経軸端、和鏡、火打鎌、大刀・鉄鏃・刀装具などの武器など、一三世紀のものには独鈷杵・三鈷杵・三鈷柄剣などの仏具、経筒、種子札、禅定札、大刀・短刀・刀子・鉄鏃などの武器、兜鉢などの武具などがみられる。それらの遺物には仏具・経軸端・経筒・種子札・禅定札など仏教的な遺物が多く、この時期の山頂祭祀の担い手が僧侶であったことが推測できるが、山頂祭祀のための山岳登拝はやがてそれ自体が目的化し、山岳登拝行に発展したと考えられる。

日光男体山では、山頂に登拝し、修法や納経をおこない、山頂の小祠に奉納品を納める修行が、一二世紀前期に成立したようである。当初は山頂祭祀を最終的な目的とするものであったが、長期間の精進のうえ登拝する行為が苦しいものであったため、一三世紀には登拝自体を目的視する風潮が生まれた。

山頂に登拝した行者は、納経と修法など所定の儀礼を終えたのち、山頂の小祠に登拝の証拠として禅定札を納めたが、それには登拝回数を記す慣わしになっていた。やや時期的に遅れる事例であるが、得志良(現在の栃木県宇都宮市徳次郎)の近津宮に仕えた伴家守は、貞治五年(一三六六)に一四回目の登拝を達成したことが禅定札から知られる。禅定札に記された一四回という回数が示すように、繰り返し登拝することを重視する風潮があったが、それは山頂への登拝を重ねることで験力の増進を図ったためと考えられる。山岳登拝行も修験道の修行形態の一つとみてよい。

日光男体山への登拝は、中世には「男体山禅定」といい、専門的な宗教家にのみ修行が許されていたが、近世になると山頂を極めることから「男体山禅頂」と呼ばれるようになり、広く一般庶民に解放された。日光男体山での登拝行も、白山と同様に、「禅定」と呼ばれていたことに注目したい。

ところで、承元四年(一二一〇)に日光山二四世座主になった弁覚は、かつて大峰山で修行した経験を活かして、大峰山の入峰修行の方法を日光連山に導入した可能性が高いという。しかし、中川光熹は、弁覚の導入後すぐに日光修験の修行方法が確立したわけではなく、独自な修行方法が定着するのは一四世紀に入ってからであると推測している(中川一九七九)。

3　第三の画期：山岳練行の成立

日光連山における山岳練行は一四世紀に本格化した。一二世紀には女峰山や太郎山など男体山以外の山でも山頂遺跡が出現し、一三世紀にはそれぞれの本地仏を表した懸仏が男体山頂で祀られるようになる。男体山・女峰山・太郎山の三山の神々は、日光三所権現として合わせ祀られるようになり、それらを一面の懸仏として造形した遺物も一三世紀に登場する。この三山が一体の山岳であるという思想が山岳練行成立の基盤をなしたと考えられる。一四世紀になると、山々をつなぐ登山道の要所に宿が設けられ、そこに日光三所権現・勝道上人・役行者などを描いた板絵が掲げられた。板絵には紀年銘をもつものがあり、瑠璃宿（唐沢宿）では正和二年（一三一三）、寒沢宿では正和五年、両林宿では正中二年（一三二五）、大真名子山では嘉暦元年（一三二六）、深山宿では嘉暦二年が初出であることが確認できる。宿は文字通り宿泊機能を備えた山小屋であるとともに、本尊を祀る祭祀施設でもあり、日光連山で修行する行者が用いた。一四世紀に宿が整備されたのは、そこを拠点に日光連山をめぐる回峰行が、その頃成立したことを反映している。

回峰行は、特定の山岳に登拝する山岳登拝行と異なり、複数の山岳をめぐりながらさまざまな修行をおこなう山岳練行であり、集団で実施した点に特色がある。輪王寺に伝来する入峰斧は、猪目透かしをもつ儀礼用品で、集団で入峰修行をおこなう際に用いたと推測できる。入峰の行列の先頭を行く斧役が、入峰斧を高々と掲げることで入峰修行を視覚的に象徴し、修験道教団の自己主張がなされたのであろう。

この頃から山頂遺跡の出土遺物が減少し、日光二荒山神社や輪王寺への奉納品が増加するため、考古資料による研究が困難になる。日光山の入峰修行を研究した柴田立史によれば、冬峰・華供峰・補陀洛夏峰・惣禅頂の四つを総称して三峰五禅頂といい、もっぱら専門的な修験者によっておこなわれたという（柴田一九七九）。それ以外に男体禅頂・白根禅頂・黒檜岳禅頂・浜禅頂があり、こちらはおもに在俗者のおこなった修行であるという。補陀洛夏峰は天正年中（一五七三～九二）に廃絶したとされ、近世まで伝わらなかったため不明な点が多いが、典型的な山岳練行であったことは確かである。それぞれコースや作法の違う冬峰・華供峰・惣禅頂と合せて四季の峰として機能していたものとみられる。それに対して、男体禅頂・白根禅頂・黒檜岳禅頂は山岳登拝行であり、縦走することはない。浜禅頂は船で中禅寺湖を回遊するもので、補陀洛信仰にもとづく修行であったとされるが、山岳修行とは異なるものである。

三　画期のずれの意味

以上の整理にもとづいて、白山と日光男体山における画期を比較し、両者がずれている場合にはなぜ違うのかを考察しよう。そのうえで、若干の問題点を指摘し、今後の研究の参考としたい。

1　第一の画期：山頂祭祀の開始

まず、第一の画期である山頂祭祀の開始時期から作業を始めよう。

白山は、垣内説によれば、一〇世紀前半に山頂祭祀が始まり、一〇世紀中頃から一一世紀に本格化したとされる。しかし、一般的な理解では、九世紀後半に山頂祭祀が開始されたと考えられている。一方、日光男体山は、八世紀末に山頂祭祀が開始されたことが、史料と考古資料の両面から確認できる。

両者を比較すると、日光男体山が、垣内説だと約一五〇年、一般的な理解だと約一〇〇年先行することになる。

このずれがなぜ生じたのかを考えるうえで、注目される両山頂遺跡の特色は、日光男体山頂遺跡では古密教(雑密)色が濃厚にみられるのに対し、白山山頂遺跡では古密教(雑密)色が希薄であるということである。それは、山頂祭祀の担い手が日光男体山では古密教(雑密)の僧侶であったのに対し、白山では彼らの活躍が顕著でなかったことを意味する。越前や加賀では古密教(雑密)と関わると見られる山林寺院が多数発見されており、古密教(雑密)の僧侶が活躍していたことが知られるにもかかわらず、その痕跡が明瞭でないということは、越前や加賀の古密教(雑密)の僧侶がまだ白山へ登拝していなかった可能性が高いことを示しているのではなかろうか。

この問題を解決するためには、白山の初期登拝者の実像を明確にするとともに、一〇世紀から一一世紀の日光男体山の山頂祭祀のあり方を検討する必要があろう。白山の初期登拝者をあきらかにするためには、山麓における宗教的な動向を含めて、美濃側の実態を解明する必要がある。また、一〇～一一世紀の日光男体山は、八稜鏡の奉納が盛んにおこなわれた時代であり、古密教（雑密）色が濃厚な八～九世紀のあり方と若干異なっており、その宗教的な性格を解明する必要があろう。

要するに、山頂祭祀の開始時期のずれを正当に評価するための条件整備がいまだ不十分であり、現時点で結論を出すことはできない。いわばポスト古密教（雑密）の時代における山頂祭祀の担い手が誰であったのかを、白山と日光男体山のそれぞれの場合について、詳細な研究をおこなうことが求められているのである。

2　第二の画期：山岳登拝行の成立

つぎに、第二の画期である山岳登拝行の成立時期を比較してみよう。

白山では、白山禅定が一二世紀に成立し、一三世紀には修行の拠点である室堂が整備されたことが発掘調査の結果からあきらかにされた。一方日光男体山では、男体山禅定が白山と同時期の一二世紀に成立したが、宿の整備は一四世紀まで下ることが板絵の紀年銘から推定できる。

このように、両者の山岳登拝行の成立時期はほぼ一致するが、宿である室堂の整備は白山が先行している。山頂での修法と納経を基本とする山岳登拝行である「禅定」の成立時期が、両者ともに一二世紀であることは、その時期に「禅定」の作法が広範に伝播した可能性を示している。宿の整備が白山で先行している要因は、白山は山上で宿泊しないと登拝できず、しかも降雪時期が比較的早いため、山上における宿泊施設が必要であったことに求められよう。それに対して、日光男体山は中禅寺を拠点に日帰りで登拝が可能な位置にあり、山岳練行としての縦走をおこなわない段階では宿泊施設を山中に設ける必要性がなかったため、宿の整備は山岳練行が本格化するまで遅れることになったのであろう。つまり、両山の置かれた自然的条件が、宿の整備の時期差として現れたと考えるのである。

しかし、山岳登拝行は、大峰山では一一世紀に御嶽詣として成立しており、一二世紀成立の白山や日光男体山は大峰山よりも約一世紀遅れることになる。しかも、大峰山では修験者独自の崇拝対象である蔵王権現が生み出され、いち早く集団入峰も開始されたようである。とすると、白山や日光男体山の山岳登拝行は、大峰山の影響のもとに成立した可能性がある。ただ、それにしては崇拝対象である蔵王権現を祀った形跡がなく、集団入峰がおこなわれた証拠も見出せない。単純に大峰山からの伝播と考えることは慎まねばならないが、大峰山と白山や日光男体山の間に広範な宗教的ネットワークが形成されていた可能性は否定できず、実際日光山では一三世紀に弁覚によって大峰修験の入峰作法が導入されている。このあたりの問題を解決するためには、在地の修験者と大峰山の修験者がどの程度交流をもったのか、という点について解明する作業が不可欠である。

また、「禅定」が納経を伴っていることは、一二世紀における経塚造営の風潮と無関係であるとは考えられず、経塚造営を推し進めた勧進聖らと修験者がどのように関わったのかも問題となろう。白山では一二世紀に御前峰や別山などの山頂に経塚を造営したとみられるが、日光男体山ではむしろ経塚造営が衰退する一三世紀になって、経塚造営を伴わないかたちで経典を経筒に収めて納経することが盛んになる。修験者にとっての経塚、あるいは納経は、勧進聖たちとは異なった意味をもっていた可能性が指摘できよう。この点についても一層の研究が必要であることはいうまでもない。

3 第三の画期：山岳練行の成立

最後に、第三の画期である山岳練行の成立について比較しておこう。

白山では、垣内によれば一五世紀に成立した(垣内二〇〇六)と考えられるが、由谷のように少なくとも白山行人札は山岳練行と無関係であるとみる見解もある(由谷二〇〇八)。しかし、白山行人札が参籠行に伴うものであったとしても、集団で修行したことが確認できる点を重視しなければならない。また、両白山地の山頂遺跡は、山岳練行を前提としないと理解できないあり方を示しており、山岳練行の存在自体を疑うことは難しい。羽黒山秋の峰が、参籠行を主体としながらも、三鈷沢などでの入峰修行を伴っていることに留意する必要があろう。一方日光男体山をはじめとする日光連山では、一四世紀に成立したことが、板絵などによって確認できる。一三世紀に弁覚によって山岳練行が導入されたとされるが、すぐには定着せず、三峰五禅頂と呼ばれるような四季の峰入りが本格的に開始されるのは一四世紀に下るとみられる。

両者を比較すると、山岳練行の成立は日光男体山が先行するとみられるが、内容的な差違が大きい。白山では、山岳練行の発達が不完全で、山岳登拝行である白山禅定が最後まで重視されていた。そのため、山岳練行は一般的な修行方法として定着せず、一部の行者のみがおこなった可能性がある。もっとも、文明十八年(一四八六)には道興准后が白山禅定をおこない、大永五年(一五二五)には日光修験の系譜を引く阿吸房即伝が白山山麓の那谷寺に滞在したことなどから、京都や日光などの遠隔地ともさまざまな交流があった事実が確認できる(由谷二〇〇八)。垣内はそうした状況を踏まえて、白山における山岳練行の成立に「熊野の修験者」の影響があったとし、山岳練行の参加者も他地方からの修験者が多数いたと考えた(垣内二〇〇六)が、はたして山岳練行が畿内から一元的に伝播したものと想定してよいかどうかは疑問である。この時期の入峰修行は、英彦山や羽黒山などでみられるように地域ごとの独自性が顕著になっており、在地の自然条件や伝統のなかに位置づける作業をおこなったうえでないと、「熊野の修験者」の影響を実証することはできないはずである。山岳修行の担い手としての宗教者集団を絞り込み、それを支えた一山組織のあり方を踏まえて、彼らに固有な行事としての意味をあきらかにする必要があろう。

ところで、日光男体山では、第三の画期の後、一六世紀から一七世紀にかけて第四の画期があり、それまで専門的な修験者が山岳修行の主体であったのが、新たに在俗者が山岳登拝行の担い手として登場してくる。在俗者は、行屋に籠もって潔斎した後、白衣に身を包んで日光男体山へ登拝した。地元の里修験が率いて登拝する場合もあったが、多くは在俗者たちが民俗的な慣行として独自におこなったもので、成人儀礼としての機能をもつ場合もあった。白山でも、近世には在俗者による白山禅定が活発におこなわれており、中世から近世への過渡期に同様な画期が設定できる可能性があろう。

この時期の実態解明のためには、白山・日光連山ともに考古資料が少なく、文献史学による研究が必要とされることはいうまでもない。今後の基礎的な研究の蓄積を待って再度考察を加えてみたいと思う。

4　画期と時期区分の問題

以上、白山信仰と日光男体山信仰における画期を、おもに山頂遺跡出土の考古資料の年代観に依拠して設定したうえで、両者の年代の比較を試みた。

その結果、全体的には同じ傾向にあることが確認できたが、重要な相違点も明白になった。

第一に、山頂祭祀の開始時期は、日光男体山が八世紀末と先行し、白山は九世紀後半もしくは一〇世紀に下ることである。このずれは、古密教（雑密）の影響の強弱と関連するとみられるが、現状では白山における動向が十分にあきらかになっていないため、要因を特定できない。ちなみに、大峰山では、日光男体山と同じ八世紀末に山頂祭祀が開始されており、やはり古密教の影響が濃厚にみられる。しかし、それよりも古く七世紀に山頂祭祀が開始された福岡県の宝満山では、古密教の影響を見出すことができない。そのことから、古密教の僧による山頂祭祀は、八世紀末の時代的状況を反映している可能性が考えられる。古密教は一〇世紀まで山岳において盛んにおこなわれていたことが、三鈷鐃などの独自な仏具の存在から知られるが、一一世紀以降急激に下火になっていったとみられる。白山における山頂祭祀の開始時期と担い手の問題は古密教の歴史を考えるうえでも微妙な位置にあるといえよう。

第二に、山岳練行の成立時期は、日光男体山が一四世紀と先行し、白山は一五世紀に下ることである。このずれは、大峰修験道の影響の強弱と捉えることもできるが、すでにそれぞれの山岳が強い独自性を発揮する段階に達しており、どう評価するか難しいところである。日光連山における大峰修験道の影響は疑う余地がないが、それでも独自な編成替えをおこなっており、大峰山と同一視できるわけではない。まして、白山においてどうであったかは明確でなく、基礎的な事実関係を確定する作業から始めなければならない段階にある。英彦山や羽黒山においても、大峰修験道の影響は確実であるが、独自な読み替えや別個の要素の導入が図られていることも疑いないところである。ここでも、大峰修験道の普遍性と在地修験道の個別性をどのように評価するかという、きわめて困難な問題と遭遇することになる。

このように、白山信仰と男体山信仰の画期の比較から導かれた問題は、修験道史研究にとって避けて通ることのできない重要な課題に通じる。しかし、その前に一度考えてみなければならないのは、山岳修行のような儀礼的行為の変化は、通常の歴史的時間とは比較にならないくらい緩やかなものであった可能性についてである。福田アジオは「長期波動としての歴史」という概念を提出している（福田一九九四）が、儀礼も生活や民俗と同様に、「長期波動」といわれるような長い時間を変化の単位としている可能性は大きい。そうした事象に、ここで用いたような画期を問題とする歴史学的な視点が、どれくらい有効性を発揮できるのかという根源的な問題が横たわっていることから目を背けてはなるまい。

四　山岳登拝行としての白山禅定・男体山禅定

1　白山禅定と男体山禅定の共通点

白山禅定と男体山禅定には多くの共通点がみられる。

第一に、いずれも特定の山岳の山頂部を目指して登り、山頂で儀礼を執行し、基本的には登ってきた道を下り、複数の山々を縦走しないことがあげられる。山岳登拝行は山麓と山頂の間の往復行動であり、山岳練行が一方向への縦走、もしくは山々を巡る円環運動をおこなうのと対照的であることが知られる。山岳登拝行がそのような形態を採るのは、日光男体山や白山の場合から、山頂祭祀のための登拝が山岳登拝行成立の前提であったからであると考えられる。

第二に、山頂での儀礼が、いずれも修法と納経を主体とすることが指摘できる。密教法具は、日光男体山頂遺跡からは多量に出土しているのに対し、白山山頂遺跡からは独鈷杵や三鈷柄剣などがわずかに出土しているだけで、量的には大きな差があるが、修法をおこなった点で共通するといえよう。経筒は、白山では別山から銅鋳製のもの、御前峰から陶製のものが出土しており、いずれも一二世紀に遡る製品である。また、御前峰からは金銅製水滴が出土しており、山上で水を採取して写経した可能性が推測できる。山頂付近に低いマウンドをもった経塚が築造されたことも十分に考えられる。一方、日光男体山頂遺跡では銅鋳製と銅鍛製の経筒が確認されているが、いずれも一三世紀のものである。しかも、経筒を岩裂内に投入するなど、塚を築かない納経がおこなわれたことが推測できる。このように、両山における経典の取り扱い方は異なるが、本尊に経典を奉納する姿勢は共通する。このように、作法の細部は異なっていたが、いずれも納経という点では共通していた。

第三に、いずれも決まった登拝ルートを往復し、決まった場所で儀礼をおこなったことである。白山では禅定道といって加賀・越前・美濃の三ルートが設けられていたが、途中には多くの拝所が設けられ、そこを通過することが修行としての意味をもつように工夫され、いわば一種の入峰道として整備されていた。禅定道は、単なる登山道ではなく、修行のための施設・設備を伴うものであった。日光男体山では、白山ほど顕著な登拝修行路は形成されなかったが、山岳練行のための入峰道には宿などが整備された。男体山禅定は、一般に南側の中禅寺からの登拝ルートを使用し、北側の志津からのルートはむしろ山岳練行において多用された。登拝ルートの固定は、同じ場所で同じ儀礼を繰り返し、山岳登拝行の内容を同質なものに保つことを可能にした。

これらの共通点は、白山と日光男体山に留まらず、各地の山岳登拝行において確認できるものであり、「禅定」行としての特質を示すものと考えられる。そこで、最後に、三つの特徴が各地の霊山の「禅定」行においてどのように現れているかについて簡単に触れ、本章を閉じたい。

2　各地の「禅定」行における三要素

まず、第一の共通点について検討してみよう。山形県の月山禅定では、月山への登拝路が近世には八方七口と称されたように多数あり、往路と帰路が同じとは限らなかったようである。しかし、中世の登拝口は手向と岩根沢のみで、ほかの登拝口は近世に開かれたものである（岩鼻一九九二）から、登拝口は本来二箇所であったことになろう。富山県の立山禅定は、近世には常願寺川沿いの岩峅寺・芦峅寺からの登拝が一般的で、往路と帰路はほぼ一致していた。中世には、上市川沿いの黒川を拠点とするルートが主流であったとみられる（上市町教委二〇〇五）が、登拝路の実態は十分に解明されていない。静岡県と山梨県にまたがる富士禅定は、村山口・須山口・須走口・吉田口・河口口など複数のルートがあり、中世には静岡県富士宮市村山口からの登拝が主流であったが、いずれのルートからの登拝も往路と帰路が同じ場合が多かったようである。鳥取県の伯耆大山でおこなわれた弥山禅定では、山麓の常行堂で写経した経巻を経筒に収めて弥山に登拝し、山上の池の畔に埋経し、その後閼伽桶に水を汲み、薬草を採取して下山したことが知られており（宮家一九七九）、往路と帰路は基本的に同じであったとみられる。愛媛県の石鎚山では鎖禅定と水禅定がおこなわれていたが、鎖禅定では鎖場を登り、帰路は脇の道を下山する場合が多いようであるが、ほぼ同じルートとみてよい。このように、山麓と山頂の往復運動としての特質は、各地の「禅定」行に共通するといえよう。

次に、第二の共通点についてみておこう。月山・立山・石鎚山では修法と納経を確認できないが、富士山と伯耆大山では、とりわけ納経が重要な儀礼として位置づけられている。富士山では、五合目の経ヶ岳から一二世紀の経筒と経巻、山頂近くの三島ヶ岳から一二～一三世紀の経筒と経巻が発見されており、経塚の存在が確認できる。しかも、三島ケ岳では数次にわたる埋経がおこなわれており、経典の奉納が盛んであったことが知られる。伯耆大山では、すでに紹介したように、山上の池畔に埋経する風習が近代まで残されていた。このように、すべての「禅定」行に共通するとはいえないが、約半数の事例に納経をおこなっていたことが確認できた。未確認の事例についても修法と納経の有無について詳細な調査をおこなう必要がありそうである。

最後に、第三の共通点である。月山では、峰中堂などが存在するものの、「禅定」行と直接関係するものか不明である。立山では、白山同様に室堂が存在し、中世後期には禅定道の整備がおこなわれていた。富士山では、禅定道の所々に室が設けられ、懸仏が本尊として祀られていた。一四世紀には禅定道が整備され，その結果、一五〜一六世紀に富士禅定が盛行したと考えられる。伯耆大山では、山麓の施設は具体的に知ることができるが、登山道沿いに宿などが設けられていたかどうか不明である。石鎚山では、山麓と山頂の施設はあきらかであるが、途中の施設の実態は不明な点が多い。このように、調査不十分な点があり、現時点で明確にすることは難しいが、立山や富士山のように、白山や日光男体山と類似した様相をみせるところがあることは注目されよう。

以上、比較を試みた結果、「禅定」行には類似した特徴がみられる場合が多いことがあきらかになった。白山禅定や男体山禅定は、列島に広く分布する「禅定」行の一つであり、それらとの関係性のなかに位置づけて理解すべきものであると考えられる。しかし、現状では、調査不十分な点があり、今後引き続き検討を加える必要がある。

おわりに

本章では、白山信仰と日光男体山信仰の画期について考古学の立場から整理し、両者の画期のずれの意味を考え、さらに列島各地に残る「禅定」行との関連性について検討した。

その結果、さまざまな問題点や課題の所在があきらかになったが、実証的な検証はすべて今後に残された。竜頭蛇尾の結果に終ったが、やがて来る白山学術大会へ向けての問題提起ということで、研究の叩き台としてご利用いただければ幸甚である。

なお、本章は、二〇〇八年（平成二十）九月二十七日の石川県立歴史博物館での口頭発表を土台に、細部の検討を経て執筆したものである。発表の機会を与えていただいた吉岡康暢先生、脇田晴子石川県立歴史博物館館長（当時）、当日の担当者である石川県立歴史博物館学芸員（当時）の戸澗幹夫氏と小西洋子氏に御礼申し上げる次第である。

第六章　近世富士信仰の諸段階

はじめに

近世は、それまで専門的宗教家によって担われていた山岳宗教が、広く民衆に浸透した時代である。御師や修験者による積極的な布教活動がなされ、村や町で山岳宗教の講集団が結成され、盛んに山岳登拝が試みられた。中世には山岳登拝に際して重潔斎が課せられるのが普通であったが、近世には軽精進でよいとする思潮が生まれ、民衆が容易に山岳登拝できる条件が整った。霊山は、民衆がふだん生活している地域社会の外側にあり、そこへの旅は民衆にとって世間を知るまたとない機会であった。

しかし、山岳宗教のあり方が、どのような段階を経て変化していったのか、十分に解明されているわけではない。山岳宗教のような生活と密着した現象は、変化が緩やかなためもあり、その変遷の画期を示すことは至難の技である。しかも、地域や階層などさまざまな要因によって、画期にずれがある可能性も予測され、問題は複雑である。山岳宗教のような習俗性をもつ現象は、文献史料に現れることも決して多くなく、現れても断片的な場合がほとんどである。まして、民俗資料からでは年代を絞り込むことが難しく、仮に知り得てもその年代が変化の画期を示すものとは限らない。

そこで、ここでは、近世における山岳宗教について、考古学的方法で接近し、石造物を使用して画期に迫ることを試みたい。ところが、山岳宗教に関する考古資料は少なく、研究が難しい場合がほとんどであるが、幸い富士信仰については、考古資料が比較的多く残されており、考古学的方法での研究が可能である。石造物のほか、富士塚や護摩壇、人穴や御胎内、仏堂跡や登山道など、さまざまな考古資料が存在することが知られている。なかには、富士山の世界遺産登録と絡んで発掘調査がおこなわれた遺跡もあり、近世の富士信仰について、考古資料から知り得ることが少なくない。

近世の富士信仰の考古学的研究は、すでに植松章八の一連の研究（植松一九九八・二〇〇四・〇六）があり、静岡県富士宮市人穴の石造物などの調査（富士市立博物館一九九八、富士宮市教委一九九八・二〇〇一）を踏まえて、富士講の発展と関連させた議論がなされている。植松は、人穴に典型的にみられる石造物を「碑塔」と呼び、形式分類と編年をおこない、紀年銘を手がかりに実年代を付与したうえで、おもに銘文によって富士講の展開を跡付けている。

また、近世の登山道については、吉田口を取り上げた富士吉田市教育委員会（富士吉田市教委二〇〇一・二〇〇三）・富士吉田市史編さん委員会（富士吉田市史編さん委員会一九九八）・富士吉田市史編さん室（富士吉田市史編さん室一九九一）・富士吉田市歴史民俗博物館（富士吉田市歴史民俗博物館二〇〇二・〇六）・久野俊彦（久野一九九八）・布施光敏（布施一九九八）、須山口を取り上げた井上輝夫（井上二〇〇六）の研究がある。

本章では、それらの先行研究の成果を踏まえ、人穴と吉田口の石造物から近世における富士信仰の画期を見極め、富士信仰がどのような段階を経て展開したのかをあきらかにしたいと思う。

一　聖地人穴の成立と変容

まず、注目したいのは、植松章八が分析した人穴の動向である。

周知のように、人穴は、永禄三年（一五六〇）に富士行者の藤原角行が、千日垢離、千日間参籠、四寸五分の角材の上につま先で立つ立行などをおこなった行場である。人穴は、溶岩流でできた自然洞窟で、内部には籠堂や「須弥の御柱」があり，最奥部に大日如来石仏と浅間大神碑が祀られている。富士講では、人穴を母胎になぞらえて「御胎内」と呼び、潜れば富士浅間菩薩の加護のもとに再生すると伝える。角行は、人穴で参籠行をおこなったわけであるが、それは、いわゆる擬死再生の儀礼であり、修験者の伝統的な修行法を取り入れ、独自に整備したものであった。角行は、人穴での修行をもとに、独自な富士信仰を生み出し、後の富士講の発展の基礎を築いた。それゆえに、人穴は富士講の聖地とされ、多くの石造物が造立されたのである。

ここで、角行の富士信仰について、簡単に触れておこう（岩科一九八三）。

角行は、人穴で参籠行をおこなうとともに、富士山への登拝行を試みたことが知られている。富士山の登拝行を富士禅定と呼ぶが、当時多くの道者によって盛んにおこなわれ、一六世紀の富士曼荼羅には、列をなして登山する道者の姿が描かれている。角行は、元亀三年（一五七二）に吉田口から登拝し、頂上を極めた後、五合目で「中道巡り」をおこなったと伝える。さらに、天正元年（一五七三）には、富士五湖などの内八海と中禅寺湖（栃木県日光市）などの外八海を巡錫する内外八海巡りを実践したという。角行は、富士禅定を自身の修行に取り入れ、その上に巡礼などを加え、参籠行・山岳登拝行・頭陀行を結合させた独自な修行方法を編み出した。富士講では、角行の修行方法を重視して継承する姿勢をもっていたが、実際におこなう修行はもっぱら富士禅定であった。

このように、角行の富士信仰は、独自な修行体系として結実したが、それが流行の兆しをみせたのは江戸における疫病治癒の効験によるものであった。元和六年(一六二〇)、江戸で「突き倒し」という病気が流行した際、角行が「御風先侎(おふせぎ)」という御札を病人に授けたところ、多くの人が治癒した。その結果、角行は、江戸町人の信仰を集めるようになり、活動拠点を江戸に移した。角行は、富士信仰の伝播に努め、多くの弟子ができ、彼らが積極的に宗教活動を展開した結果、角行の修行方法や思想が江戸を中心に広まった。こうして、角行は富士講の講祖とされ、彼が修行した人穴は富士講の聖地とされるに至ったのである。多くの石造物が造立されたのは、人穴という聖地に造立することで、角行との繋がりを確認する意味があった。つまり、人穴に石造物を造立する行為は、角行との系譜関係を確かめ、講の由緒を主張するものであった。

さて、植松は、人穴の石造物のうち紀年銘と没年銘を有するものの数を、一〇年ごとに集計して提示した(植松二〇〇四)。植松が紀年銘としたものは、「建之」「建」「再建之」「建立」銘があるもの、「吉日」「吉祥日」銘があるもの、銘文の内容を検討した結果で判断したものであるという。「吉日」「吉祥日」銘は、没年では使用しない用語であることを基準に、紀年銘と判断したのであろう。それに対して、没年銘としたものは、「戒名と命日」の記載があるものであり、必ずしも供養の意趣をもつものではない。実は、命日とされるものは、死亡時、年忌などの供養が催された時などのどれを指すかを、厳密に示すことができない性質のものである。その点、植松が、紀年銘と没年銘を有するものの数を区別して、慎重に扱ったことは方法論的に正しい。

しかし、紀年銘では八九基、没年銘では一一〇基と母数が少ないため、一〇年ごとの集計では、平坦な変動曲線を示すのみであった。統計的な処理をおこなうために必要な母数が確保できていないため、集計しても、変動の実態が

第15図　人穴の石造物群

十分に示せなかったものとみられる。特に、母数が十分でないにも拘わらず、一〇年ごとに区切ったことには、方法的な無理があったと考える。

そこで、変動を明確に捉えられるようにするために、五〇年ごとに集計し、棒グラフで示したのが第1表と第2表である。第1表は紀年銘を有するもの、第2表は没年銘を有するものを集計した結果で、いずれも植松のデータをもとに作成したものである。

第1表をみると、富士信仰関係の石造物は、一七世紀後半に登場し、一八世紀前半までは横這い状態が続く。一八世紀後半に増加し、一九世紀前半に爆発的に増大するが、一九世紀後半には再び一八世紀後半のレベルに戻ってしまう。二〇世紀前半に再度増加するが、二〇世紀後半には急激に減少する。この動向を整理すると、登場したが増加しない一七世紀後半から一八世紀前半の第一期、増加する一八世紀後半から一九世紀前半の第二期、減少する一九世紀後半の第三期、再び増加する二〇世紀前半の第四期、再び減少する二〇世紀後半の第五期に分けることができる。

次に、第2表をみると、第1表から知られる動向とはやや異なる動向をうかがうことができる。増加する一七世紀前半から一九世紀前半の第一期、減少する一九世紀後半から二〇世紀前半の第二期に区分することが可能で、第1表から得られる動向よりも単純な動きを把握することができる。

第1表と第2表の動向の相違点は、第一に出現期が第2表の方が早いこと、第二に第1表の第一期・第三期・第四期が第2表ではみられないこと、第三に終焉期が第1表の方が遅いことである。

第一の点は、第1表では一六五〇年代であるのに対して、第2表では一六〇〇年代であることであるが、これは第1表が実際の建立時期を示しているのに対して、第2表は実際の建立よりも早く死亡した人物の情報を記載しているためと考えられる。しかも、該当するのは一基のみであり、例外的なものとして処理することが可能である。つまり、第2表の一基は、記載された年代以後に造立されたことが知られるのみで、それを造立年と同一視してはならないのである。

第二の点は、第1表の第一期の問題と、同表の第三期・第四期の問題の二つに分けて考える必要がある。

第1表の第一期は、一八世紀前半が一七世紀後半よりも少ないため設けたものであるが、その差は一基のみの僅差であり、第2表から第一期は実際には存在せずに、第1表の第一期と第二期は一連の動向を示していた可能性が高いと考えることができる。とすれば、第1表の第一期と第二期を統合すると実態に近い状態を示せるということになり、一七世紀後半から一九世紀前半が一つの時期となり、基本的に第2表の第一期と重なることになる。

第1表の第三期は、第2表の第二期と同様な動きをみせるが、第1表ではその後増加に転じ、第2表とは異なる動きを示す。つまり、第1表の第四期は、第2表の二〇世紀前半とは対照的なあり方をみせ、一転して増加するのである。要するに、二〇世紀前半の動向が、第1表と第2表の相違点であるといえる。注意しなければならないのは、一

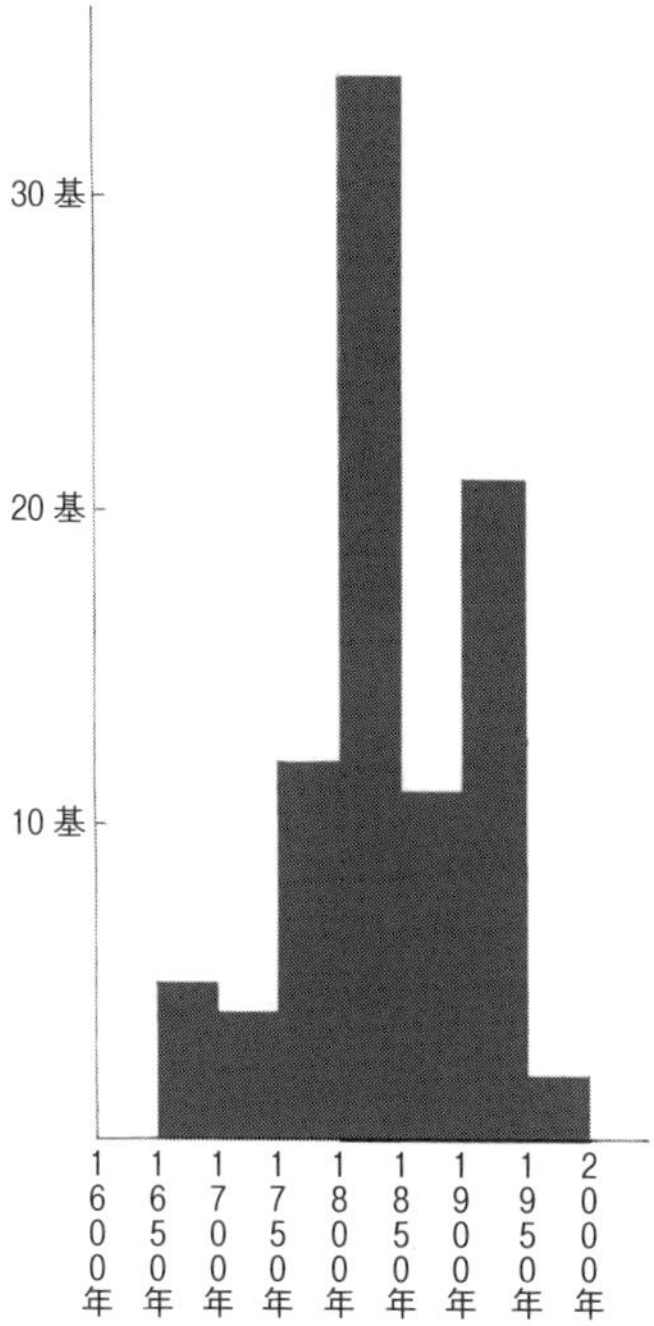

第1表　人穴の石造物の年代別集計
（紀年銘）

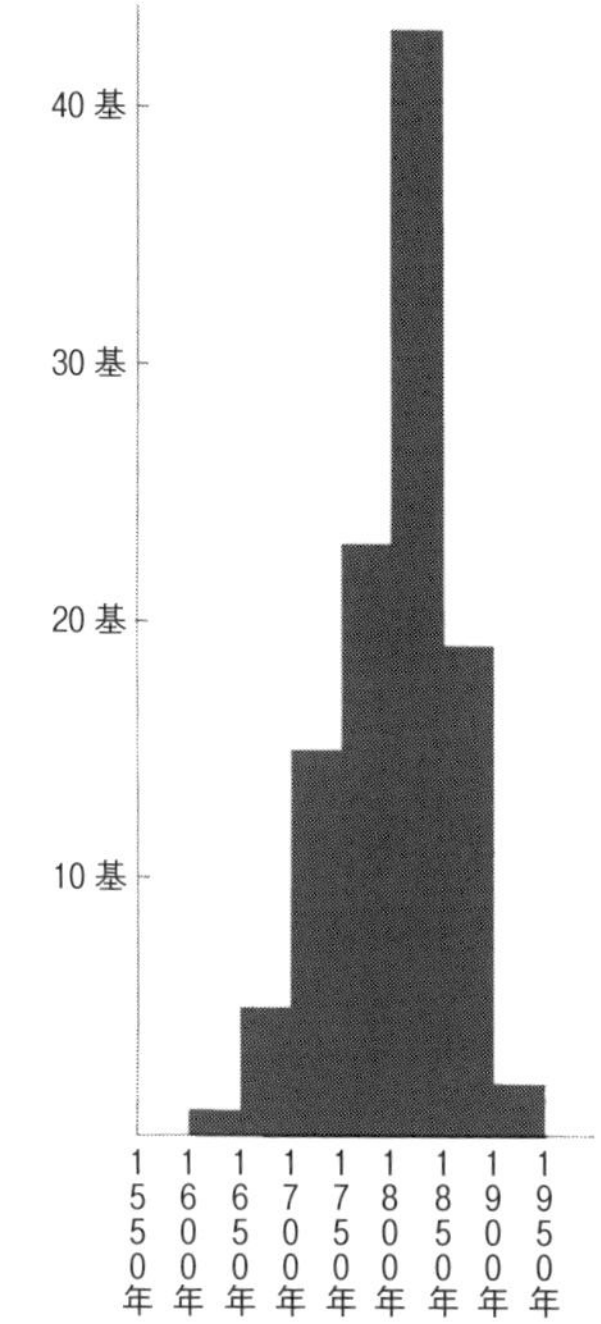

第2表　人穴の石造物の年代別集計
（没年銘）

九世紀後半は、第1表でも第2表でも減少しており、明治時代の近代化に伴って大きな変化があったと考えられることである。そして、第1表の第四期で造立基数が増加したことが確認できるにもかかわらず、第2表でそれが確認できないのは、石造物が死者供養と無縁になりつつあったことを反映しているのではないかと筆者は考える。第2表は、石造物の性格の変化を、ストレートに反映しているのではなかろうか。

　第三の点は、石造物の造立が、第2表では二〇世紀前半までで終焉を迎えるのに対して、第1表では二〇世紀後半まで命脈を保っているという大きな違いである。すでに、第二の点について述べたなかであきらかにしたように、一九世紀後半以後、石造物を、死者供養を目的として造立することは、急速になくなりつつあった。そのため、死者供養関係の石造物の動向を示す第2表では、二〇世紀前半に石造物の造立が終了するのである。しかし、死者供養の意趣をもたない石造物の造立は、相変わらず継続したため、第1表では二〇世紀後半まで継続することになったのである。つまり、第2表は、石造物の性格の変化を示すもので、必ずしも造立基数を示すものではなかったのである。

以上、三つの問題点を整理してきたが、第1表と第2表を通じた時期区分をおこなえば、次のようになろう。

まず、第1表の第一期と第二期は、第2表の第一期に対応することから、人穴の第一期として位置づけることができる。

次に、第1表の第三期は、第2表の第二期のうち、一九世紀後半の部分に対応する。石造物の実数は、第1表の第三期が示しているように減少しており、第2表も同様な動向をみせているので、第1表の第三期を人穴の第二期として位置づけたい。

さらに、第1表の第四期は、一転して増加しているので、二〇世紀前半のこの時期を独立した時期として位置づけることにしよう。第1表の第四期を人穴の第三期としよう。

最後に、第1表の第五期は、第2表に対応する時期がないが、人穴の第四期としておく。

結局、人穴の第一期が一七世紀後半から一九世紀前半、第二期が一九世紀後半、第三期が二〇世紀前半、第四期が二〇世紀後半ということになる。とすれば、画期は、一六五〇年頃・一八五〇年頃・一九〇〇年頃・一九五〇年頃ということになろう。そのうち、近世に該当するのは、一六五〇年頃と一八五〇年頃である。

ところで、人穴の建物跡の変遷を整理した植松章八によれば、第一期が元禄三年(一六九〇)頃、第二期が文政六年(一八二三)頃、第三期が明治時代前期頃を画期とするといい、石造物の変化の画期に近い年代が提示されている(富士宮市教育委員会二〇〇一、植松二〇〇四・〇六)。石造物の増減の画期は、一六五〇年頃・一八五〇年頃・一九〇〇年頃・

一九五〇年頃なので、元禄三年に対応するのが一六五〇年頃、文政六年に対応するのが一八五〇年頃、明治時代前期頃が一九〇〇年頃ということになろう。若干のずれは認められるものの、ほぼ一致しており、石造物からみた画期が有意味なものであることを傍証できる。それらの画期のうち、近世に該当するのは、一六五〇年頃と一八五〇年頃である。

一六五〇年頃は、角行が没した正保三年（一六四六）とほぼ同時期で、彼の死を契機に人穴を富士講の聖地とする動きが本格化したものとみられる。当時、角行が人穴で修行を始めた永禄三年（一五六〇）から九〇年、江戸で流行病を治して富士信仰が興隆した元和六年（一六二〇）から三〇年を経ており、富士信仰における人穴の位相はかなり安定したものであったと推測される。おそらく、人穴の聖性は、聖者である角行の存在と不可分に結び付いており、彼の死は聖地人穴そのものの価値に動揺を来たすほど大きなものであったはずである。彼の死後も人穴を聖地として維持するためには、彼を顕彰する由緒を主張するとともに、聖地としての施設を整備する必要があったに違いない。そのことから、一六五〇年頃の画期は、角行の死去に伴うものであったと考えて大過なかろう。

次に、一八五〇年頃は、幕府による富士講への弾圧が本格化した時期である点が、富士宮市教育委員会によってすでに指摘されている（富士宮市教育委員会二〇〇二）。嘉永元年（一八四八）に寺社奉行による富士講関係者の吟味がおこなわれ、嘉永二年に結審となるが、請書のなかで「石碑類は早々取払」うことを、誓約させられている（富士宮市教育委員会二〇〇二）。しかし、石碑は現存しており、取り払われることはなかったようである。その点、禁令は限定的なものであったと判断せざるを得ないが、空文であったとも考えにくい。ある程度の影響があったとみるべきであろう。おそらく、取り払うことこそなかったものの、新規の造立を遠慮する状況が生じたのではなかろうか。とすれば、一八五〇年頃の画期は、幕府による禁令の施行を背景として生じたもので、ネガティブな変化であった可能性が高いことになろう。しかし、後述するように、この解釈には、なお問題点が残されている。

二　吉田口の動向

富士山の登拝口は、村山口・大宮口・須山口・須走口・吉田口・河口口など複数のルートがあり、一六世紀頃に各登拝口に宗教集落が形成されたとみられていることは、周知の通りである。宗教集落には、御師が定住し、道者の依頼に応えて祈禱を執行し、宿泊の便宜を図った。近世になると、御師は諸国に檀家を擁するようになり、毎年遠方の檀家に守札などを配るための廻檀活動をおこなうようになった。なかでも、吉田口は、北麓から登拝するルートで、甲州往還を利用する江戸からの道者に好んで用いられ、繁昌を極めた。

富士講にはいくつか流派があるが、身禄派をなした食行身禄は、享保十八年(一七三三)、世直しの理想を実現するために、富士山七合五勺の烏帽子岩の岩陰で入定したが、その際、身禄派は吉田口からの登拝を正式な作法と定めた。そのため、身禄派は、もっぱら吉田口から登拝するようになり、以後吉田口が栄える一因となった。また、光清派をなした村上光清は、豊かな財力に物をいわせて、享保十九年から元文四年(一七三九)までに、吉田口の富士浅間神社の修復をおこなった(岩科一九八三)。こうした江戸の富士講の努力によって、吉田口から登拝する道者が増加し、吉田の御師集落は繁栄した。

ところで、吉田口の富士浅間神社周辺には多数の石造物が残されており、富士吉田市史編さん室によって悉皆調査が実施されている(富士吉田市史編さん室一九九一)。その成果によれば、八八七基の石造物が確認され、うち六三六基が富士信仰に関係するものであった。それらを分析すれば、富士講の動向の一端を把握することができるはずであり、富士講の考古学的研究にとって有益な結果をもたらすはずである。

報告者は、石造物の増減を一〇年単位でグラフ化し(第3表)、元禄十四年(一七〇一)から安永九年(一七八〇)までのⅠ期、天明元年(一七八一)から明治三年(一八七〇)までのⅡ期、明治四年(一八七一)から昭和二十五年(一九五〇)までのⅢ期、昭和二十六年(一九五一)から平成元年(一九八九)のⅣ期に区分した。つまり、元禄十四年・天明元年・明治四年・昭和二十六年を画期とみたわけである。そのうえで、Ⅰ期は「富士講以前の富士信仰の時代」、Ⅱ期は「「江戸期(近世)の富士講」の消長を示す時期」、Ⅲ期は「明治から終戦まで(近代)の富士講」の時代、Ⅳ期は「終戦から現在まで(現代)の富士講」の時代と位置づけた。そして、この時期区分は「富士信仰の消長を示すとともに、その質の変遷を示す」として、次のような総括がなされた(富士吉田市史編さん室一九九一)。

第16図　吉田口の石造物

　富士信仰石造物の造立は一七二〇年代より活発化し、当初(Ⅰ期)は浅間神社への奉納物としての「燈籠」がほとん

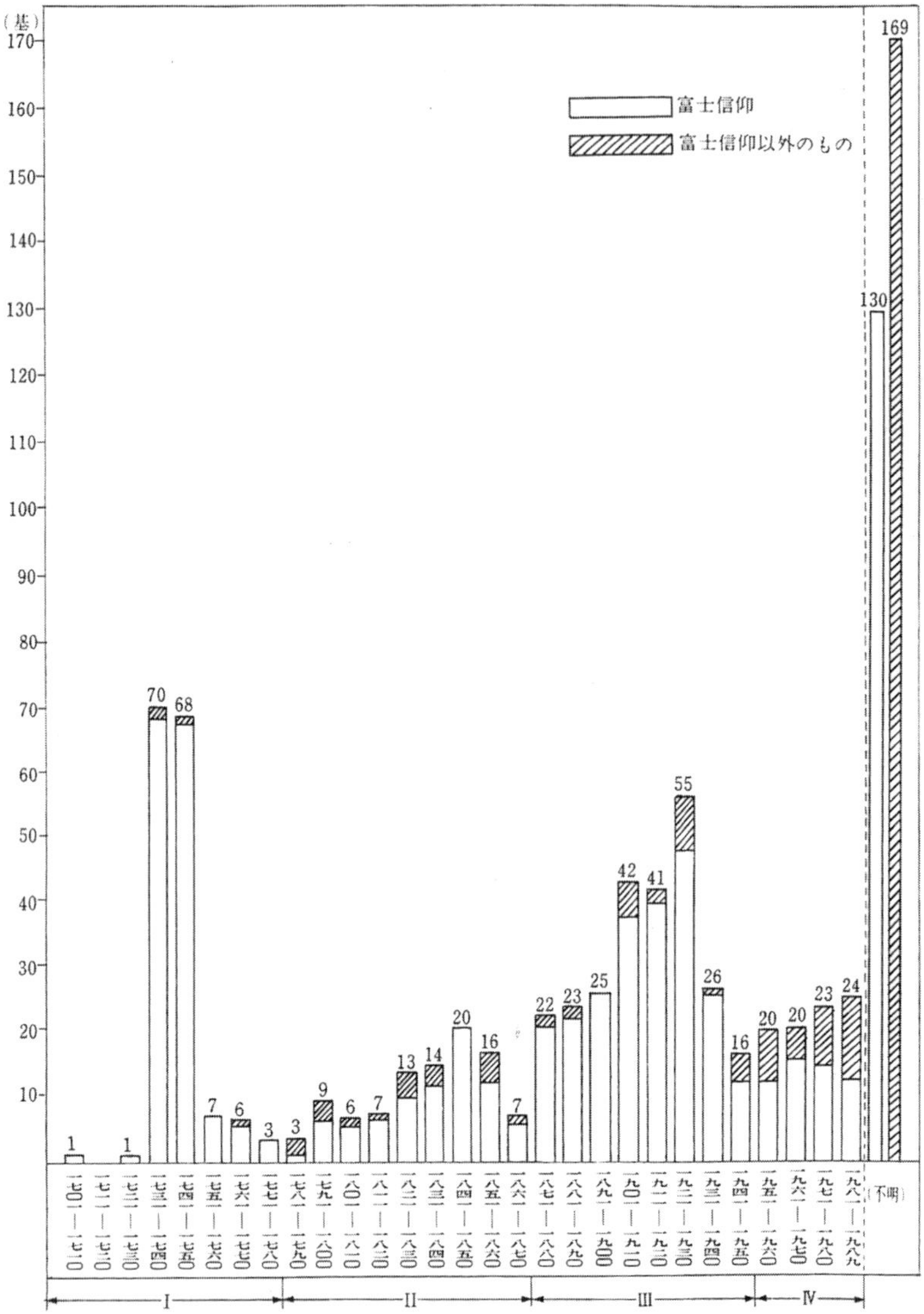

第 3 表　吉田口の石造物年代別集計(富士吉田市史編さん室 1991 による)

どを占めていた。Ⅱ期は江戸期富士講の時代であるが、この時代の富士信仰石造物は「柱状型」に代表される。Ⅲ期は近代富士講の時代で「自然石(平)」と「自然石」、Ⅳ期は現代富士講の時代で、「自然石(平)」と「平石」に代表される。このように、時代により石造物の形状に変遷があることが確認できた。

ここでいう「自然石(平)」は「自然石の表面を平面加工したもの」、「平石」は扁平な自然石、「自然石」は扁平でない自然石のことであるが、それらの境界には曖昧な点が残る。いずれにせよ、富士信仰に関係する石造物は、形状だけでなく、性質まで時代とともに変化したことが確認できる点は重要である。

しかし、このままの時期区分では、人穴と比較することができないので、あえて人穴と同じ区分で集計し直したのが第4表である。数字は、富士吉田市史編さん室の調査によるが、五〇年単位の区分に変えたことで、増減を示すグラフの形状が違った相貌をみせるようになった。石造物は一八世紀前半に出現し、当初から一三七基の多さを数えるが、一八世紀後半に一気に二二基まで減少する。一九世紀前半にやや増加し、一九世紀後半になっても増加現象が続き、二〇世紀前半に一八五基とピークを迎える。しかし、二〇世紀後半には五三基まで減少し、一八世紀後半から継続してきた増加現象に終止符が打たれる。

第4表をもとに時期区分すれば、第一期が石造物の出現する一八世紀前半、第二期が一気に減少した一八世紀後半から徐々に増加し続け、

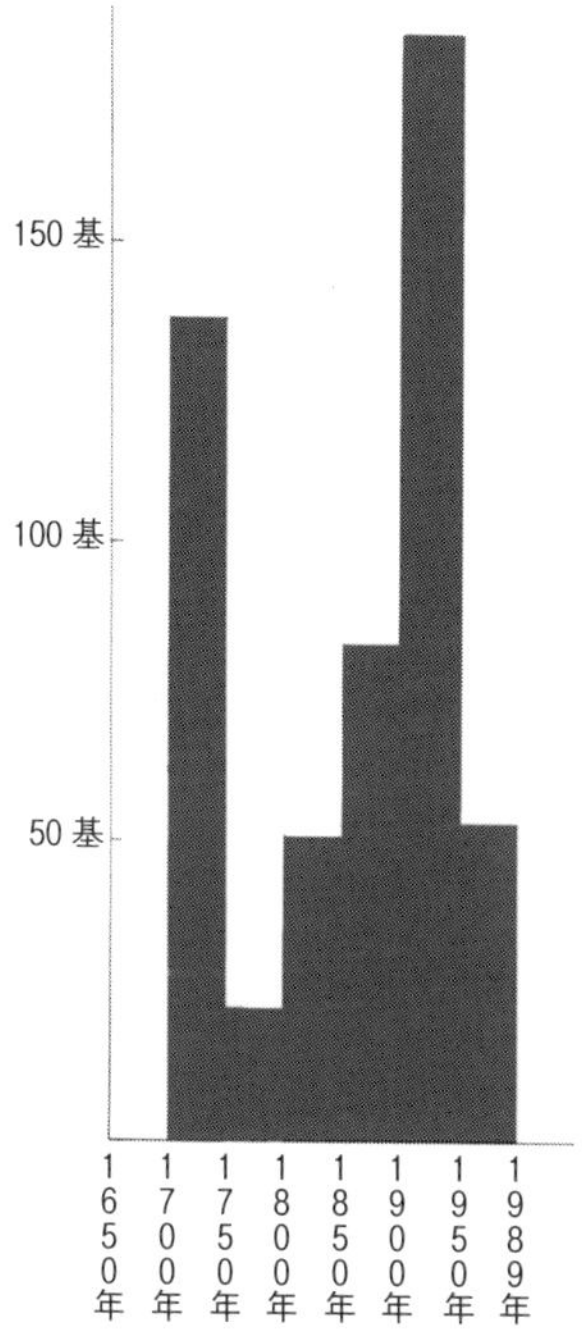

第4表　吉田口の石造物年代別集計

ピークに達する二〇世紀前半まで、第三期が増加現象に終止符が打たれた二〇世紀後半ということになろう。

これを、富士吉田市史編さん室によって示された一〇年単位の集計にもとづく時期区分と比較すると、二つの相違点が指摘できる（富士吉田市史編さん室一九九二）。まず、第一期は一八世紀前半で終えるが、Ⅰ期は安永九年まで継続し、当然Ⅱ期の開始も遅れることである。つぎに、第二期は二〇世紀前半まで継続するが、Ⅱ期は明治三年までで終わり、以後昭和二十五年まではⅢ期に区分されることである。なお、第三期は、奇しくもⅣ期と一致する。

第一に、安永九年を画期とみる点であるが、第3表をみると、一七四一年から一七五〇年までの造立基数は、富士信仰以外のものを含む数が六八基であるのに対して、一七五一年から一七六〇年までの数は七基と少なく、安永九年まで引き伸ばす理由が見つからない。その後、一七六一年から一七七〇年までが六基、一七七一年から一七八〇年までが三基で、一七五〇年以降は減少している。造立基数だけに拘れば、一七五〇年が画期であることは一目瞭然であり、安永九年、すなわち一七八〇年を画期とする見方は、造立基数以外の情報に依拠するものとみられる。したがって、造立基数をもとに、時代区分を検討しようとする本章の立場からは、第一期の終焉を一七五〇年とするのが妥当であると判断する。つまり、第一期を安永九年まで引き伸ばす必要はなく、第一期は一八世紀前半で終わったとみてよいのである。

第二に、以上のように考えてよいとすれば、第二期の始期も一七五一年ということになり、Ⅱ期の始期よりも遡ることにならざるを得ない。

第三に、明治三年を画期とみる点であるが、第3表によれば、一八五一年から一八六〇年が一六基を数えるのに対し、一八六一年から一八七〇年は七基と少なく、一八七一年から一八八〇年は二二基と回復し、以後も一八八一年から一八九〇年が二三基、一八九一年から一九〇〇年が二五基と安定した数字がみられることから、一八六一年もしくは一八七〇年を画期とみることは可能であろう。明治三年、すなわち一八七〇年が画期であるか、文久元年、すなわち一八六一年が画期であるかは議論の余地があるが、今は報告者の見解である明治三年とする説に従っておこう。もっとも、五〇年単位の増減表である第4表には、こうした微細な変化は直接反映できないので、一九〇〇年を画期として、次の時期に移行したと理解することになる。いずれにせよ、第二期は、明治三年、あるいは一九〇〇年で、前後に区分する方が妥当であることになり、報告者の見解である四期区分が実態にあった時期区分であるといえる。

第4表による時期区分を、第3表から読み取れる情報を加味して修正すれば、第一期が一八世紀前半、第二期が一八世紀後半から一九世紀後半、第三期が二〇世紀前半、第四期が二〇世紀後半というように整理できることになろう。とすれば、画期は一七〇〇年頃・一七五〇年頃・一九〇〇年頃・一九五〇年頃で、うち近世に関わるのは一七〇〇年頃と一七五〇年頃である。

まず、一七〇〇年頃の画期は、吉田口に石造物が造立されるようになった時期で、吉田口が多くの参詣者を集めるようになり、社頭の整備が進んだことが背景にあると予測される。富士講は、月心と月行が活躍した時期で、村上光清と食行身禄が登場する前夜にあたる。もっとも、石造物が一七二〇年頃から増加してくることを考慮すれば、村上光清と食行身禄が力を付けつつあった時期とみたほうがよいかもしれない。いずれにせよ、角行の時代の富士信仰が発展し、新たな時代にふさわしい形になりつつあった動向に対応して、吉田口が注目されてきたことが、吉田口への石造物造立につながったとみてよかろう。とりわけ、江戸で富士講が盛んに結成され、吉田口からの登拝が広まったことが、石造物が造立されるようになった背景にあると考えられる。

次に、一七五〇年頃の画期は、享保十八年に食行身禄が入定し、享保十九年から元文四年にかけて村上光清が富士浅間神社の修復をおこなった直後の時期であり、彼らの影響を考慮する必要があろう。ところが、彼らの活躍にも拘わらず、一七五〇年以後石造物は減少しており、むしろ富士講の活動の活発化と相反する動きをみせている。そこで、注目されるのが、幕府による富士講の弾圧の動向である。幕府は、寛保三年(一七四三)に富士講を禁止する法令、安永四年(一七七五)に富士講の呪文・奉加・焚き上げを禁止する法令を出している。幕府は、食行身禄の入定を契機に活発化した富士講の活動を、秩序を乱しかねない民衆の動きとして警戒したのである。そうした幕府による弾圧が、石造物の造立を自粛させた可能性があるが、さらなる検討が必要である。また、宝暦九年(一七五九)には村上光清も没しており、食行身禄と村上光清というカリスマ的な指導者を失った富士講が、一時的にせよ混迷したことも十分に考えられよう。外在的な幕府による弾圧と、内在的な組織の混迷が、一八世紀後半の停滞を招いたのであろう。

三　人穴と吉田口の比較

人穴における石造物の変遷は、一七世紀後半から一九世紀前半の第一期、一九世紀後半の第二期、二〇世紀前半の第三期、二〇世紀後半の第四期の四時期に区分できる。近世の画期は、一六五〇年頃と一八五〇年頃で、第一期の始期と終期に当たる。

一方、吉田口における石造物の変遷は、一八世紀前半の第一期、一八世紀後半から一九世紀後半の第二期、二〇世紀前半の第三期、二〇世紀後半の第四期の四時期に区分できる。近世の画期は、一七〇〇年頃と一七五〇年頃で、第一期の始期と終期に当たる。

両者の共通点は、第三期が二〇世紀前半、第四期が二〇世紀後半である点である。そのことから、近代以降は人穴と吉田口が同一歩調を採ったことが知られるが、近世においては異なった様相をみせていることが確認できる。

両者の相違点を検討してみよう。

第一に、第一期の始期が人穴では一六五〇年頃であるのに対して吉田口では一七〇〇年頃で、人穴よりも吉田口が約五〇年遅れて石造物の造立を開始したことが確認できる点である。しかも、第一期の吉田口では一三七基の石造物が造立されているのに対し、同時期の人穴では紀年銘と没年銘をもつものを合計しても一九基のみで、吉田口が量的に人穴を凌駕していることはあきらかである。それ以前の吉田口で石造物が造立されていなかったことを考えれば、富士講の石造物の造立拠点が、人穴から吉田口へ移動した可能性が指摘できる。

もっとも、そう断定するためには、人穴と吉田口以外の拠点・登拝口における石造物の動向を知る必要があるが、現在のところ十分なデータがなく、今後の課題とせざるを得ない。ただし、人穴での石造物造立は吉田口で石造物が造立されるようになってからも継続しており、この現象を引き起こした要因は吉田口における石造物造立の活発化以外にあり得ないことは確実である。

人穴で石造物が造立されるようになる一六五〇年頃は、角行の死を契機に、人穴を富士講の聖地とする動きが本格化した時期であり、富士講を継続していくための努力が積極的におこなわれた時期であった。角行が富士講を開いた場所である人穴は、富士講にとって由緒の地であり、そこを聖地として維持することで、富士講の発展の基礎が据えられると考えた結果、多くの石造物が造立されたのである。富士講が、由緒の地に石造物を造立したのは、角行との宗教的な繋がりを確認し、富士講の系譜を明確化するためであった。富士講のような新興の宗教にとって、創唱者である角行との系譜関係こそが、富士講徒としてのアイデンティティーの原点であったことは、容易に推察できるところである。

とすれば、吉田口への石造物の造立は、どのような意味をもっていたのであろうか。少なくとも、角行との関係でいえば、人穴ほどの由緒をもっていたとはいえない。しかし、富士山への登拝という現実的な目的からすれば、吉田口は人穴よりも遥かに便利な立地にあった。

一六世紀からの富士吉田の集落の整備は、富士山への登拝の拠点としての条件を充実させ、御師の宗教活動を活発化させた。御師は、道者の宗教活動を指導するとともに、自らの屋敷を道者の宿泊施設として整備した。毎年繰り返される檀那場への配札活動では、富士講の結成を促すとともに、例年通りの富士山への登拝を勧めた。また、御師を中心とする人々は、登拝道沿いの山小屋などの整備をおこない、強力などによるサポートの充実が図られた。富士講の先達は、御師と連携し、富士山登拝の旅をより安全で快適なものとすることに努めた。その結果、御師と先達の密接な関係が生まれ、御師の屋敷や浅間神社の周辺に、富士山登拝の修行記念碑としての石造物が造立されるようになった。

その典型は、登山三十三回や百回を記念して建てられた石碑であるが、根底には山岳修行の記念に造立される碑伝の伝統が横たわっている可能性が高い。もっとも、造立者は、先達と講員が主体であり、純粋な行者というわけではない。個人の傑出した修行の記念に建てられることもあるが、彼の属する講の記念でもある場合がほとんどで、むしろ講の歴史を記憶する装置としての役割を果たしている。

つまり、吉田口の石造物には、人穴の石造物とは異なった意味が付与されている可能性がある。

第二に、人穴の第一期は一九世紀前半まで続くのに対して、吉田口の第一期は一七五〇年頃で区切られることである。

その背景に、幕府による富士講の弾圧があり、石造物の造立が自粛されるような雰囲気が広まるような動きがあったと考えられる。とりわけ、食行身禄の入定以後、幕府は富士講の動向を警戒していたが、身禄派の登拝拠点は吉田口であった。吉田口の石造物にのみ、この時期の変化が顕著なのは、吉田口が身禄派の拠点であったことと関連する可能性がある。

それに対して、人穴は、富士講の人々にとっては聖地かもしれないが、幕府の役人にとって多くの富士講徒が集まる吉田口ほどの関心を惹起する要素はなかったはずである。

一七五〇年頃の吉田口の石造物の増減は、幕府の政策と関連した動きを反映しているとみられ、いわば短期的な変化を読み取ることができる例であるように思う。それに対して、人穴の石造物の動向は、富士講の順調な発展を投影したものであり、いわば長期的な変化を示している例と考えられる。一見異なる人穴と吉田口の石造物の動向は、富士講にとって一連の歴史を示すものであるが、それぞれ別の側面を映し出しているといえるのではなかろうか。

第三に、人穴では第二期の始期である一八五〇年頃に画期が認められるのに対し、吉田口では第二期が一九世紀後半まで継続することである。

一八五〇年頃の石造物の動向をみると、人穴では減少するのに対し、吉田口では増加傾向にある。すでに、人穴における減少の要因を幕府による富士講弾圧とみる見解を紹介したが、吉田口でそうした動向がみられない以上、その解釈には問題があるといわざるを得ない。

とはいえ、一八五〇年頃の富士講に対する幕府の禁令をみると、嘉永二年（一八四九）に富士講・不二道の布教を全面的に禁止しているのが注目されるが、万延元年（一八六〇）の庚申縁年に「女人解禁」の高札が立ち、多くの登拝者で賑わったことはあまりにも有名であり、どれだけの効果があったのか疑わしい。しかも、明治元年（一八六八）には、伊藤六郎兵衛ら丸山講の努力の結果、明治政府が平年の富士登拝を解禁したことで、富士講の禁止は実質的に終わっている。ところが、人穴における減少はその後もしばらく続いており、人穴固有の要因があった可能性がある。

その要因を特定できないが、ここでは、吉田口の動向がむしろ一般的なものであった可能性が高いことを指摘しておきたい。富士講の石造物は、富士講の隆盛にともなって、徐々に増加する傾向にあったと考えてよかろう。つまり、幕府による富士講の禁止がおこなわれたことは事実であるが、その効力には疑問があり、人穴の石造物の動向を解釈する枠組みとしては不十分なものであるといわざるを得ないのである。

幕府の禁令の影響について、吉田口における一七五〇年頃の画期ではその影響を重視し、人穴における一八五〇年頃の画期ではその影響を疑問視するという一見矛盾した見解を示したが、その理由は一七五〇年頃の画期は吉田口で顕著に現れる固有の理由があるのに対し、一八五〇年頃の画期における人穴にはその要件が欠けているからである。幕府の禁令による影響は、人穴よりも多くの登拝者が訪れる吉田口においてこそ顕著であるはずであり、人穴のみに顕在化する理由は今のところ見当たらないのである。

以上、人穴と吉田口における石造物の動向について、造立基数をめぐる大雑把な検討をおこなってきたが、その程度の検討でも興味深い事実をあきらかにすることができた。

まず、人穴では一六五〇年頃に石造物が出現するのに対して、吉田口では一七〇〇年頃と約五〇年遅れることである。角行ゆかりの地である人穴が先行するのは、富士講の歴史を振り返れば、当然のことといえるかもしれないが、吉田口の石造物の造立が一八世紀以降のことであったのは意外である。今日の社頭の景観から、近世初頭から同様な景観が維持されてきたかのような錯覚を覚えることがあるが、それが誤りであることが今回の検討からあきらかになった。

また、人穴では、富士講が角行との系譜関係を確認するために石造物を造立するという意義があったのに対して、吉田口では記念物として造立される傾向があった点にも注意したい。富士講の草創期である一七世紀後半に造立が開始された人穴と、富士講が発展期に入る直前の一八世紀初頭に造立が始まる吉田口では、造立される石造物の基本的な性格が異なっていたとみてよかろう。同じ富士講が造立した石造物でありながら、それぞれを貫く基調は、必ずしも一致していなかったといえる。

それにしても、石造物の拠点が、一七世紀後半には人穴であったのが、一八世紀前半には吉田口に移行した現象は、興味深いものがある。人穴は、富士講の根源地であり、いわば由緒の地であった。対する吉田口は、富士山の北側からの登拝口であり、いわば実質的な拠点であった。本来、大宮口や村山口などの登拝口と等価である拠点であったが、食行身禄が身禄派の正式な登拝口であるとしたことで、それまでとは異なる状況が生まれた。一八世紀前半は、食行身禄が活躍した晩年であり、その影響が広範に広まった時期であった。その時期に、吉田口に石造物が出現するのは、決して偶然ではあるまい。村上光清の影響も無視できないが、この時期に吉田口が注目されるようになったことが、石造物出現の要因であることは疑いない。

ところで、角行は、江戸で活動したかもしれないが、長年人穴に滞在して修行した人物である。角行は、人穴での修行を基礎に、富士講を創出した人物である。人穴と角行は密接な関係にあり、富士講にとっての人穴は、角行を抜きにして考えられない場所である。それに対して、食行身禄や村上光清は、江戸に居住して活動した宗教家であり、吉田口はあくまでも富士山への登拝の拠点に過ぎない。聖地は富士山であり、吉田口ではなく、吉田口は江戸から富士山への通過点である。石造物が重量物でなければ、富士山の山中に造立されたかもしれないが、実際におこなうことは難しかったに違いない。石造物の造立場所として、現実的な判断が働いた結果、登拝の拠点である吉田口が選ばれた場合が多かったのではないかと推測する。

人穴の石造物は、聖地である人穴以外に造立することは考えられず、そもそれは意味のないことであった。人穴の石造物は、人穴にあってこそ意味がある存在で、聖地を荘厳するための装置でさえあった。対して、吉田口の石造物は、聖地である富士山の山麓ではあるが、あくまでも登拝拠点に過ぎない場所に造立されたものである。このように考えると、人穴の石造物と、吉田口の石造物は、基本的な性格が、最初から異なっていた可能性があることに気付く。

さて、最後に、人穴と吉田口の動向を踏まえ、全体としてどう捉えるべきか議論しておこう。

まず、人穴の第一期の始期である一六五〇年頃と、吉田口の第一期の始期である一七〇〇年頃は、ともに画期と評価してよかろう。ついで、吉田口の第一期の終期であり、第二期の始期でもある一七五〇年頃も、ネガティブな評価ではあるが、画期とみてよかろう。さらに、人穴の第一期の終期である一八五〇年頃は、人穴の特殊な事情に起因する可能性が高く、全体の動向を把握するためには無視した方がよかろう。むしろ、吉田口の第二期の終期である一九〇〇年頃を画期とすべきであるが、すでに近代に入っているので、今回はこれ以上論じない。

つまり、一七世紀後半の第一期、一八世紀前半の第二期、一八世紀後半から一九世紀後半までの第三期という時期区分が、近世富士信仰の諸段階を示していると考えられる。第一期は、角行によって創始された富士講を継承するため、人穴を聖地として整備し、その一環として富士講の由緒を確認するために石造物を造立した段階である。第二期は、食行身禄や村上光清の活動によって吉田口が注目され、富士講が大きく発展し、その記念碑が造立された段階である。第三期は、幕府による富士講の弾圧にも拘わらず、富士講がさらなる発展を遂げ、講の記念碑が盛んに造立された段階ということになろう。

このように、富士信仰の石造物は、富士講の成立と展開の歴史をみごとに示しているのである。

おわりに

本章は、近世の富士信仰の諸段階を、石造物の動向からみようとしたものであるが、造立基数の変化というもっとも基礎的な現象のみから論じたものに過ぎない。

本来ならば、銘文の内容に踏み込んだ分析が求められるのであるが、今回はそれ以前の基礎的な考察に終始した。結論は、すでに示したが、人穴と吉田口だけを論じた結果に過ぎず、今後ほかの登拝口などの石造物の動向があきらかにされる中で、修正すべき点が多々出てくるに違いない。その点で、本稿は、あくまでも予察であり、今後の研究のための叩き台に過ぎない。

しかも、こうした考古学的な方法のみで、近世の山岳宗教を扱うことにも、多くの問題があろう。たとえば、人穴の復興に大きな役割をはたした空胎の業績が、造立基数だけの分析ではまったく欠落してしまっていることは、大きな問題である。この方法では、数量に物をいわせることができる大勢の歴史は拾えても、わずかな石造物しか残さなかった場合には、その歴史が零れ落ちてしまうのである。

そこで、空胎の事蹟を簡単に紹介し、欠落した部分を少しでも補っておこう。

角行ゆかりの聖地である人穴は、多くの宗教家が訪れたが、文政六年（一八二三）五月十日の訪問以来、数年間にわたり、人穴を拠点に活動したのが空胎である。前年に人穴村の名主赤池家では当主氏実が死去し、残された妻子が不安な日々を送っていたが、同家を訪ねた空胎は、教養を買われ、母誉曽子の懇願によって子息醒促の教育に当たることになり、同家を拠点に宗教活動を展開した。

ところで、空胎は天明五年（一七八五）五月二日に、武蔵国男衾郡千代村（埼玉県熊谷市千代）の旧家に生まれた。幼名富治郎、元服して長治郎直庸を名乗った。享和二年（一八〇二）十二月に結婚し、子宝に恵まれ、五人の子女を育てた。彼は、俳諧や和歌などの文芸を愛好し、甲信一刀流という農民剣術の修行をした。彼は上層農民として何不自由ない前半生を過ごしたのである。

ところが、文化十一年（一八一四）に相次いで子どもを失い、翌年正月には門人が神道無念流と喧嘩し、死者三人、負傷者八人を出すという惨事に見舞われた。その直後、出奔した彼は相模国一之沢（神奈川県伊勢原市日向）の天台宗弾誓派浄発願寺に入寺し、出家した。その後、諸国で修行を積み、相模国愛甲郡下荻野村（神奈川県厚木市下荻野）智恩寺の住職に就任した。彼は順調に天台宗僧侶としての道を歩んだのであるが、智恩寺で揉め事に遭遇して住職を辞し、以後富士山麓を遍歴することになった。文政六年（一八二三）五月十日に人穴へ修行に訪れ、翌年三月には三ッ峠山（山梨県西桂町）へ登山を試み、以後人穴や三ッ峠山で宗教活動をおこなった。弘化四年（一八四七）五月に甲斐国犬目宿（山梨県上野原町）滝石寺の住職となり、翌年八月に浄発願寺へ移り、さらにその翌年三月には同寺の住職に補され、上人号を授与された。安政四年（一八五七）十月、彼は住職を辞任して、三ッ峠山に隠居し、文久二年（一八六二）八月十八日に下暮地村（山梨県西桂町）で七十七歳の生涯を閉じた。

空胎は、人穴で積極的な宗教活動をおこない、光侎寺の中心施設である大日堂を再興するため、江戸や郡内地方の富士講徒を対象に勧化活動を展開した。富士講のネットワークを利用して、光侎寺の施設を整備し、さらには講員を人穴に集めようとしたのである。また、富士講の行者や赤池家の先祖を載せた過去帳を作成し、光侎寺で供養した。さらに、『明藤開山光侎寺富士山人穴略縁起』・掛図・『富士山人穴双紙』・『富士山人穴物語』などを刊行し、出版物によって富士信仰を広めようとしたのである。

人穴には、空胎に関連する石造物として、天保六年（一八三五）の「人穴浄土門」碑が残されているが、この一基だけである。そこから、文献史料によって知られるような事実をうかがうことは不可能であり、石造物研究の限界はあきらかである。しかし、石造物からわかることと文献からわかること、あるいは民俗資料からわかることなど、さまざまな史資料を総合して、歴史を解明することこそ必要なのではなかろうか。

第三部　霊山をめぐる宗教文化

第七章　平安時代前期における山岳宗教の動向

―三鈷鐃を手がかりに―

はじめに

古代における山岳宗教の研究は、残された文献史料が少ないためもあって、いまだ不明な点が多い。従来活用されることの少なかった記録や文書、あるいは経典の奥書や仏像の体内銘など、さまざまな史料が発掘されて、文献史学による研究も確実に進展しつつあるが、やはり断片的な史料から復原できることは限られているといわざるをえない。当然、こうした文献史料の不足を補う非文字資料の活用が求められるわけであるが、古代では民俗資料の利用が困難である代わりに、考古資料を活用することが可能である。もっとも、古代の山岳宗教に関わる考古資料はきわめて稀であるが、幸い日光では男体山頂遺跡から多数の遺物が発掘されており、考古学の方法を活用することによって古代の山岳宗教の実態に迫ることが可能である。しかし、研究方法は練磨されておらず、具体的な研究成果は乏しく、今後の研究の進展に待つところが大きいのが現状である。

栃木県日光市の日光男体山頂遺跡については、すでに丸山瓦全（丸山一九二四）、古谷清・丸山瓦全（古谷・丸山一九二四・同一九二七）、大場磐雄（大場一九三六）、岡田譲（岡田一九六一）、亀井正道（亀井一九六七）、佐野大和（佐野一九七二）、大和久震平（大和久一九八〇a・b・九〇）、橋本澄朗（橋本一九九八）ほか多くの先学によって論じ尽くされている観があり、詳細な発掘調査報告書（日光二荒山神社一九六三）も公刊されている。また、自治体史において既出資料の集成が試みられており（日光市史編さん委員会一九七九・八六）、基礎的な資料は十分に整っているといってよい。

しかし、大部分の研究は遺跡の性格に関するもので、個別の遺物についての型式学的検討は大和久による錫杖を対象としたものが知られるのみで（大和久一九九〇）、きわめて不十分な状況にある。出土した遺物の種類は豊富であるにも拘わらず、それに対応した研究が十分になされておらず、まして山岳宗教の実態の復原にまで及ぶ研究は稀である。

そこで、本章では、日光男体山頂遺跡出土品の中でも、特色ある遺物の一つである三鈷鐃を取り上げ、考古学の立場から検討を加え、その結果を手がかりに、平安時代前期における山岳宗教の動向の一端をあきらかにしたいと思う。まず、日光男体山頂遺跡出土の三鈷鐃の型式学的な検討をおこない、ついで類例を他遺跡に求めて比較し、最後に三鈷鐃から推測できる宗教史に少しでも迫りたい。

一　日光男体山頂遺跡出土の三鈷鐃

鐃は鈴部と把部からなり、鈴部を上にして、把部を持って振り鳴らして用いた梵音具である。現在でも東大寺二月堂の修二会で鐃が「堂司鈴」として用いられていることはあまりにも有名である。そのうち、把部を三鈷形に作ったものを三鈷鐃と呼んでいる。三鈷鐃には製作時期が平安時代前期に遡る古い遺品が多くみられ、純密伝来以前に伝播したいわゆる雑密の法具と考えられ、純密の金剛鈴に先行して用いられた梵音具と推測されている。

ここでは、日光男体山頂遺跡から出土した三鈷鐃を取り上げ、その型式学的な特色について整理しておきたい。

三鈷鐃の具体例の検討に入る前に、著名な遺跡であり、周知のこととは思うが、念のために、日光男体山頂遺跡の概要を簡単に紹介しておこう。

日光連山を代表する男体山（標高二四八四m）は、女峰山・太郎山とともに日光三所権現の鎮座する山として崇められてきたが、遺物が採集されることが広く知られていた。大正十三年（一九二四）と昭和三十四年（一九五九）に発掘調査が実施され、太郎山神社付近の岩場から多数の遺物が発見され、山頂祭祀遺跡の存在があきらかになった。

遺跡は、岩裂を中心に広がり、時期を異にするさまざまな遺物が折り重なるようにして発見された。遺物の一部は、巨岩下に転落し、投供された可能性も考えられるが、本来の位置を留めていないだけのことかもしれない。一三世紀には小祠が営まれ、飾金具・釘などの建築部材が多数みられるようになるが、それ以前のものが見当たらないことから、本来は自然のままの祭場であったことがうかがえる。

出土遺物は豊富で、優品が多く、重要文化財に指定されている。種類は銅鏡・銅印・銭貨・鉄鐸・銅鈴・鉄鈴・鉄製馬形模造品・武器・武具・馬具・火打鎌・農工具・玉類・仏具・鏡像・懸仏・禅定札・種子札・経筒・土器・須恵器・陶磁器など多数に及び、製作時期は古代から近世にわたる。

さて、空海の『遍照発揮性霊集』（以下『性霊集』）所引の「沙門勝道歴山水瑩玄珠碑幷序」によれば、天応二年（七八二）に勝道が登拝に成功し、日光男体山は開山された。「沙門勝道歴山水瑩玄珠碑幷序」には、度重なる失敗にもくじけず、登拝に成功した勝道のたくましい姿が描かれている。勝道が古密教の行者であったことは、日光男体山頂遺跡出土品中八世紀後半から九世紀にかけての仏具に、憤怒型三鈷杵・三鈷鐃・錫杖・鐘鈴など古密教特有の仏具が含まれていることからあきらかである。

この段階から、山頂への銅鏡の奉納は始まっていたようであるが、九世紀から一〇世紀にかけてこの風習はより顕著となり、多くの八稜鏡が山頂に残された。唐式鏡が主体で、和鏡が少ないことから、和鏡が主流を占めるようになる一二世紀後半にはこの風習が廃れたことが推測できよう。一〇世紀以降、銅鏡とともに顕著なのが、土器類の奉納である。もっとも、これは土器を奉納したのではなく、土器に盛った供物を献納したというのが正確な理解であろう。この時期の仏具はほとんどみられず、八〜九世紀に濃厚であった仏教色が薄れ、祭祀の担い手が変化した可能性が指摘できる。

しかし、一二世紀になると再び独鈷杵・三鈷杵・羯磨・三鈷柄剣などの仏具が出現し、仏教色が強まる。もっとも、一二〜一三世紀の仏具は、いずれも純密のもので、もはや古密教の影はみられないことから、八〜九世紀の動向と一致するわけではない。

一四世紀以降、遺物は激減するが、それに替って山麓の社寺への奉納が盛んになったことはいうまでもなく、山頂まで登拝して奉納する風習が廃れたのである。しかし、禅定札をみれば、何度も繰り返し登拝する修行がおこなわれていたことが知られ、そこに修験道の本格的な成立を見出すことができる。もっとも、この時期になると、男体山だけでなく、日光連山のおもな山に山頂祭祀遺跡が出現する。つまり、男体山登拝から日光連山の回峰行へと、修行の主流が移行したことが知られるのである。

それでは、こうした日光男体山頂遺跡の特色を念頭に置きつつ、出土した三鈷鐃の具体的な検討に入ることにしよう。なお、最近新たに一点が出土したと伝聞するが、現物を調査していないので、今回の検討からは除外している。

日光男体山頂遺跡からは鐃が六点出土しているが、いずれも奈良時代末期から平安時代前期に製作されたもので、鉄製のものと銅製のものの二者がみられる。両者は素材を異にするのみでなく、鉄製のものが鍛造であるのに対して、銅製のものは鋳造であり、技術的にも大きな差がみられる。鉄製のものは一点のみであるが、銅製のものは五点確認されており、素材による遺存の条件差があるので一概にはいえないが、日光男体山頂遺跡では銅製のものが卓越していた可能性が高い。銅製のもののうち一点は把部を欠失しているが、それ以外はいずれも三鈷形の把部を有しており、三鈷鐃が基本形であったことが知られる。

鉄製三鈷鐃は、鈴部の大部分と把部の脇鈷を欠失しており、現存長二〇・九cm、現存最大幅四・八cm、現存最大厚三・〇cmを測る（第17図1）。把部と鈴部は別作で、鈴部の基部に切り込みを入れ、そこに把部の一端を差し込み、鋲で固定している。把部と鈴部は本来直線状に連結されていたと考えられるが、現在は鋲の位置で屈折した状態になっており、使用時もしくは廃棄時に受けた衝撃によって変形したものと推測される。

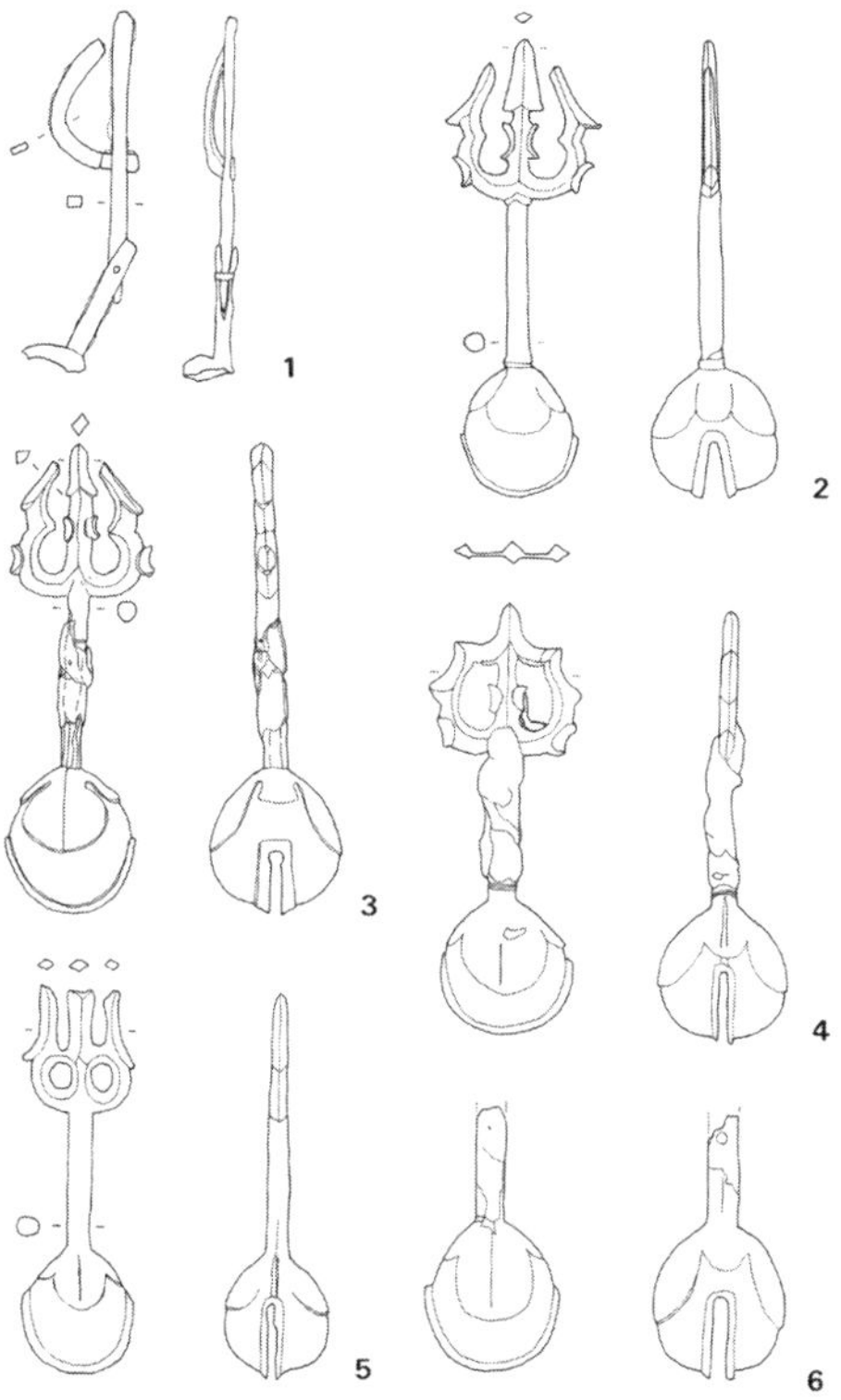

第 17 図　日光男体山頂遺跡出土の鐃

1. 鉄製　2～6. 銅製（縮尺 8 分の 1）

把部の脇鈷は細い帯状に裁断した鉄板を馬蹄形に曲げて製作し、棒状の主鈷の片面に取り付けているが、取り付け方法は溶接と推測できるものの、腐食が激しく、細部の観察が困難なため断定できない。把部などの断面が長方形を呈しているのは、素材となった鉄板に由来するものとみられるが、鍛造という技術的な制約による面も少なくないと予測される。鈴部については破損のために詳細を知り得ないが、わずかな残存部分から推測すれば、球形で下端が開口する形態のものであった可能性が高く、基本的には銅製三鈷鐃と類似した形態のものであったと考えてよかろう。

銅製のものは、把部を欠く一点を除いて三鈷鐃であることが確認され、すべて三鈷鐃であった可能性が高い。把部の形態的特色から大きく三つに分類することができる。

第一類は、中央鈷と脇鈷が分離しており、武器に由来する憤怒形三鈷の形態をみせるもので、二点が確認されている（第17図2・3）。

2は長二六・六cm、把部幅九・一cm、把部厚一・四cm、鈴部幅六・九cm、鈴部厚七・四cmを測る。中央鈷は先端が銛のような形態をなし、その下部に弧状のかえりを設け、断面が菱形を呈する鋭さをもっている。脇鈷にも銛を思わせる鋭いかえりが作り出され、中程で内側に屈折し、基部の外側には弧状のかえりがみられる。鋒には稜が明瞭に認められる。把は断面円形を呈している。把部の基部で鈴部と溶接されており、把部と鈴部を別々に鋳造した後に、接合したことがあきらかである。鈴部は無花果形で、基部に四弁からなる花文が施されているが、花弁は表裏面が大きなものであるのに対して、側面のものは小さい。鈴部は内部が空洞になっており、その下端には最大幅一・六cmの開口部が設けられ、さらに縁に沿って幅約〇・六cmの隆起帯が作り出され、口唇部をなしている。内部には銅製の丸が入っており、現在でも振動を与えるとカラカラと音を発する。

3は長二七・一cm、把部幅八・五cm、把部厚一・三cm、鈴部幅七・六cm、鈴部厚七・八cmを測る。把部の形態は2と同様であるが、鈴部との接合を2のような鈴部の基部ではなく、把の中央部分でおこなっている。しかも、接合は熱した帯状の銅を巻き付ける方法でおこなっており、接合後の表面調整を一切していない。同様な技法は4にもみられるが、見た目が悪く、一見完成した製品とは思えないほどである。あるいは補修痕かとも疑ったが、そう考える根拠はなく、やはり粗雑な仕上げの製品とみてよいと考えられる。当初から奉賽品として製作されたために工程が省略された可能性もあるが断定できない。鈴部の形態も2と共通するが、表面に施された四弁の花弁のうち、大きなものには鎬がみられ、小さな花弁は角張っている。鈴部に開いた口唇部は、最大幅○・九cmと2に比して狭く、両端部が円弧をなしている。口唇部の隆起帯は幅約○・八cmで、端部は方形に近い形態を呈しており、2とは異なっている。内部には丸が入っている。

第二類は、中央鈷と脇鈷が先端部分で結合し、しかもかえりが簡略化ないし退化したもので、一点のみ知られる（第17図4）。

長二五・○cm、把部幅八・八cm、把部厚一・○cm、鈴部幅七・六cm、鈴部厚七・六cmを測る。把部は三鈷形の中央鈷と脇鈷が結合して一見錫杖頭を思わせる形態になっており、脇鈷の外側にあるかえりが不明瞭で、内側の突起はみられない。中央鈷には三日月形のかえりがつくが、中央鈷と脇鈷の間の本来透かしとなる部分がすべてつながっており、中央鈷と脇鈷がまったく一体のものとなっている。一方の三日月形のかえりから中央鈷と脇鈷の分岐点にかけて穴があいているが、鋳造時に湯が廻らなかったためにできた「す」とみられ、鋳掛や切除などの仕上げがなされていないままの状態であることが知られる。把の中央部分で鈴部と接合するが、熱した帯状の銅を巻きつける方法を採用しており、仕上げの加工は一切おこなっていない。鈴部は無花果形を呈し、四弁の花弁で飾り、口唇部には隆帯をめぐらしている。大きな花弁には鎬がみられる。鈴部にも鋳造時の「す」がみられるが、鋳掛をおこなっておらず、鋳放しの状態であることは確実である。鈴部には銅製の丸が入っている。このように、4は製品として完成したものかどうか疑問な点が多く、三鈷が一体となっているのも単に鋳バリを除去していないだけと考えることも可能である。未完成のものを奉賽品として用いることがあったのかどうかを含めて検討する必要があろう。

第三類は、中央鈷と脇鈷が鈷の中央部で結合し、三鈷の下半分が眼鏡のような形態になったもので、一点のみ確認されている(第17図5)。

長二二・〇cm、把部幅七・六cm、把部厚一・三cm、鈴部幅六・六cm、鈴部厚六・二cmを測る。把部は脇鈷内側の突出部が中央鈷と結合した状態で、三鈷本来の形態からだいぶ退化しており、脇鈷外側のかえりも鋭さを欠く。中央鈷の先端は尖っておらず、かえりもなく、脇鈷もやや外反し、全体に形式化が著しい。把部と鈴部は別鋳であると考えられ、把の中央か鈴部の基部で接合されている可能性が高いが、肉眼による観察では判断できない。鈴部は無花果形を呈するが、幅に対して厚みがなく、第一類や第二類に比してやや扁平である。基部に四弁の花弁を飾る。鈴部の内部は空洞になっており、鉄製の丸が入っている。把から鈴部にかけての側面には鋳型の合わせ目による鋳バリが線状に残っており、惣型による鋳造であることが知られる。

なお、6は無花果形の鈴部と把の一部が残るのみで、把部の大半を欠損しており、把部の形態による分類をおこなうことができない。把の中央で折れているのは、そこで鋳継いでいたためであると考えられる。内部に鉄製の丸が入っている。

これらのうち、もっとも原形に近いと考えられるのは第一類であり、第二類や第三類は三鈷の形態に簡略化した部分が見出されることから、型式学的には第一類よりも後出するものと判断できる。第二類と第三類の型式上の前後関係は一概にいえないが、第二類で採用されている把部と鈴部の接合技法が第一類に属する3でも確認できることから、第一類と第二類が近い関係にあることは疑いなく、第二類が第三類に先行する可能性が高いとみられる。つまり、三鈷の形態からは、第一類がもっとも古く、第二類・第三類の順で変化したものと推測されるのである。絶対年代を付与することは難しいが、伴出遺物や他の事例との比較から、おおよそ八世紀末から九世紀末にかけての一〇〇年のうちに、こうした変化を遂げたものとみてよかろう。

では、これらの鏡は日光男体山頂遺跡のどのような地点から出土したのであろうか。それを視覚的に把握するために作成したのが第18図である。

この図によれば、火口壁を一〇m降下したところにある岩裂であるH地点から三点出土しているのがもっとも多く、大正時代に発掘された3はその直上にあたる地点から出土したことが知られる。これらの地点は火口壁に臨んで露出する巨岩に挟まれた場所であり、H地点のものは火口壁を落下し、崖の途中に開いた岩裂に流入したものとみられる。そのことを考慮すれば、大正時代の発掘地点はH地点よりも祭祀がおこなわれた場所により近いと判断できるが、祭祀終了後に廃棄された場所であることに変わりはない。

太郎山神社前面のD地点やさらに南方のK地点からはそれぞれ一点が確認されているが、いずれも尾根上の平坦部であり、岩石の露出がみられない点で火口壁沿いの地点とは様相を異にしている。

このように鏡の出土地点は火口壁沿いと尾根上の平坦部に大別されるが、半数以上は火口壁沿いから発見されており、平坦部の例は少ない。しかも、半数が崖の中腹のH地点から出土していることが示すように、儀礼が終了した後に火口壁方向へ意図的に廃棄された可能性が高いと考えられる。それにもかかわらず平坦部にも発見例があるのは、儀礼は平坦部で執り行われ、その後最終的に火口壁めがけて廃棄されたことを暗示しているように思われる。気象条件の厳しい山上でどれだけ遺物が原位置を保つことができるか疑問が残るが、当初のあり方を多少なりとも残しているとすれば、鏡が人為的に動かされたことが推測できるのである。

なお、鏡は錫杖・塔鋺・憤怒形三鈷杵・鐘鈴・銅鋺などとともに日光男体山頂遺跡出土品中の奈良時代末期から平安時代前期に属する遺物群を構成しており、それらが混在した状態で出土したのである。祭祀終了後、儀礼に使用し

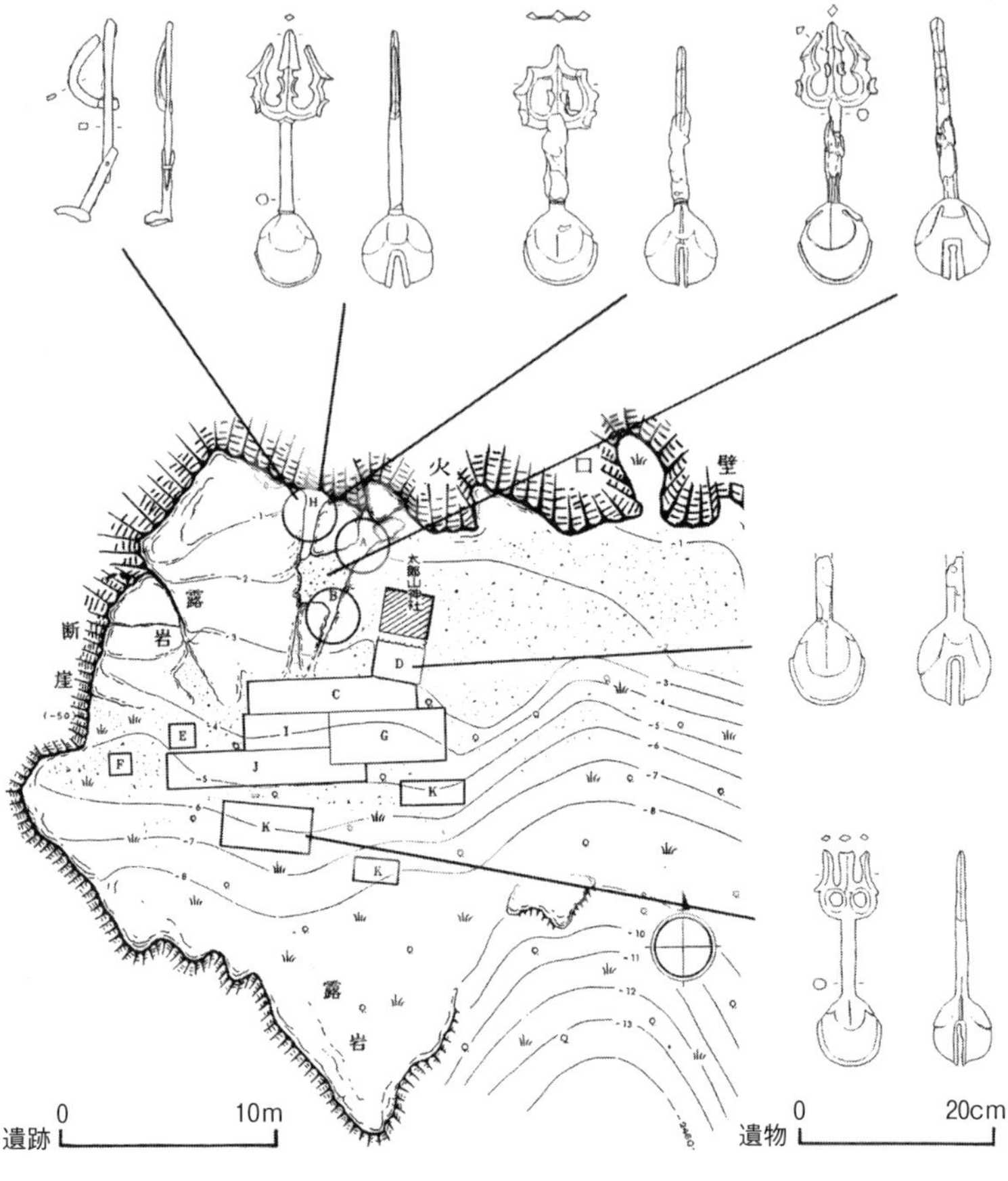

第 18 図　日光男体山頂遺跡における鏡の出土位置

た仏具などがそのまま山上に放置され、一〇〇〇年以上を経て後に発掘されたことはいうまでもない。

このように、日光男体山頂遺跡からは鉄製と銅製の三鈷鐃が発見されているわけであるが、それらの類例はあるのだろうか。

二　三鈷鐃の類例

鉄製三鈷鐃は従来類例がまったく知られていなかったが、最近になって青森県田舎館村五輪野遺跡と岩手県宮古市山口館遺跡で相次いで出土し、東北地方北部に分布することが明確になった。

五輪野遺跡は津軽平野に営まれた集落遺跡で、三鈷鐃は第33号住居跡から完形品、第32号住居跡から鈴部の破片が出土した(青森県教育委員会一九九七)。第32号住居跡では供養具である柄香炉が伴出し、しかも柄が鉄製、蓋と心葉形金具が銅製という変則的なものである。第33号住居跡から出土した鉄製三鈷鐃は長三四・四cm、把部幅一〇・八cm、把部厚一・六cm、鈴部幅八・六cm、鈴部厚八・六cmを測る大きなものである(第19図7)。把部は中心鈷と脇鈷が先端で結合し、心葉形をなしているが、本来三鈷を意識したものと考えられる。その形態には、日光男体山頂遺跡などで出土している鉄製錫杖頭との共通点が指摘され、何らかの関係を想定することも可能である。鈴部は球形で下端に切れ目を入れるが、切れ目の両端は猪目状をなしており、鈴を意識して製作されたことがうかがえる。しかも、二つの半球を中央で接合する方法で製作されている点も、鈴と共通するといえよう。内部には丸が二個内蔵されている。第33号住居跡からは鉄製鎚が出土しており、鍛冶工房であった可能性も残るが、鍛冶滓などは確認されていないようであり、生産遺跡である可能性は低いとみられる。

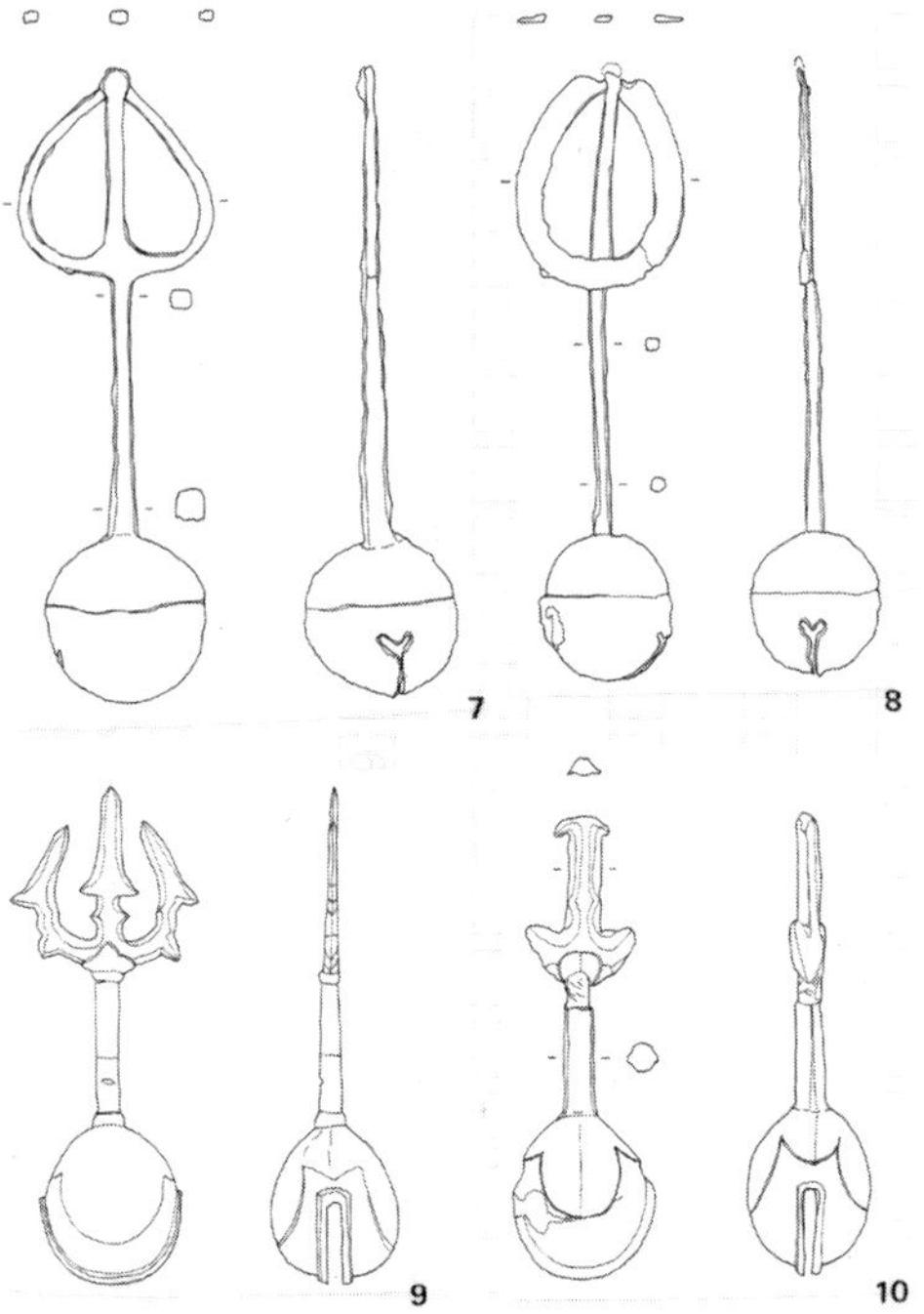

第19図　各地出土の三鈷鐃

7･8. 鉄製　9･10. 銅製　7. 五輪野遺跡　8. 山口館遺跡　9. 寺家ヤシキダ遺跡　10. 木部新保遺跡（縮尺８分の１）

山口館遺跡は三陸海岸に近い台地上に営まれた集落遺跡で、三鈷鐃はＳＩ14竪穴住居跡から出土した（岩手県文化振興事業団埋蔵文化財センター一九九九）。長三〇・〇㎝、把部幅八・三㎝、把部厚〇・三㎝、鈴部幅七・一㎝、鈴部厚七・一㎝を測る大きなものである（第19図8）。把部の先端は一応三鈷形をなすが、中央鈷と脇鈷が接しており、全体に卵形となっている。しかも、脇鈷は帯状の鉄板を曲げて製作されており、一見馬蹄を連想させるものである。鈴部は球形で、二個の半球を接合する方法で製作され、下半部が上半部の下端に被さっている。下半部の下端には切り込みがあり、その両端には猪目状の装飾が作り出され、内部には丸が二個籠められている。ＳＩ14竪穴住居跡からは鉄製錫杖と鉄製鐘鈴も検出されており、三鈷鐃・錫杖・鐘鈴がセットをなしていたことが知られ、日光男体山頂遺跡と類似した仏具の組み合わせをもつことが注目される。また、いずれの仏具も鉄製である点に山口館遺跡の特色が顕著に現れており、一〇世紀頃から鉄製品の生産が活発化する北東北らしい現象であるといえよう。

現在のところ鉄製三鈷鐃は日光男体山頂遺跡出土例を含めて上記の四点が知られるのみであり、型式学的な検討をおこなうのに十分な量であるとはいえないが、中央鈷と脇鈷がそれぞれ独立している日光男体山頂遺跡例が古く、両者が結合してしまった五輪野遺跡と山口館遺跡の例が新しいと考えることができる。しかも、日光男体山頂遺跡例は鈴部が欠損しているため正確な長さが不明であるとはいえ、約二五cmのものであるのに対して、五輪野遺跡例が長三四・四cm、山口館遺跡例が三〇・〇cmを測り、いずれも大きいことが指摘できる。つまり、北東北の例はいずれも三鈷が退化した型式を示し、しかも巨大化しているといえよう。

もっとも、鉄製三鈷鐃は最古と考えられる日光男体山頂遺跡例をみても後述する銅製三鈷鐃に比して三鈷の簡略化が著しく、基本的には銅製三鈷鐃が先行し、それを模倣して生まれたものと推測することができる。

しかし、鉄は銅に比して細部の加工が困難であり、鍛造も鋳造に比して微細な表現が難しい技法であることから、銅製品を基準に簡略化の度合いを測ることはできない。鉄は銅よりも頑丈であり、新しい状態では銀色の光沢をもつことから、銅とは異なる利用法があったことは疑いない。材質の相違は、単なる代替品とは考えられず、異なる性質の素材を求めるなんらかの理由があったものとみられる。それが技術的なものなのか、あるいは使用時の耐久性に由来するのか、はたまた宗教的な理由なのかわからないが、積極的な理由なしには採用されるものとは考えにくいことは確かである。

その製作時期を特定することは難しいが、銅製三鈷鐃が広まった八世紀を遡る可能性はなく、退化した三鈷形からみれば、最古のものでも九世紀代に位置づけられる可能性が高い。五輪野遺跡や山口館遺跡では一〇世紀代の土器と伴出しており、一〇世紀に廃棄されたことは確実であるが、製作時期もそれほど遡らないのではないかと予測している。

ここで注目したいのは、鉄製三鈷鐃が北東北に偏在して分布することであり、日光男体山頂遺跡例はむしろ孤立した存在のようにみえることである。わずか四例では分布を論じることができないが、大部分が北東北に存在することは注目すべき現象であり、銅製三鈷鐃と比較すればその特異性はより際立ったものとなる。少なくとも、日光男体山頂遺跡の鉄製三鈷鐃は東北地方との関連で位置づけられるものであり、日光からより北方へと波及した宗教現象に深く関わる遺物として把握することができよう。

銅製鐃は鉄製鐃に比してはるかに多くの類例が知られている。

近畿地方では奈良県の法隆寺・法輪寺・松尾寺・東大寺、京都府の岩船寺などに伝世するが、大部分が鎌倉時代に製作されたもので、東大寺例には弘安八年（一二八五）の銘が刻まれている。東大寺例は三鈷鐃であり、しかも三鈷の形態に平安時代の面影を残しており、はたして紀年銘が製作年次を示すものかどうか再検討が必要であろう。本来法隆寺の伝世品で、明治初期に皇室に献上され、現在東京国立博物館に所蔵されているいわゆる「法隆寺献納宝物」中の鐃は、奈良時代の製作にかかるものといわれているが、柄に三鈷をもたない。あるいは先端を欠失したのちに再加工を施したのであろうか。このように近畿地方では多数の銅製鐃の存在が知られているが、三鈷をもつものが少なく、日光男体山頂遺跡例と対比させることが難しい。

北陸地方では、福井県坂井町木部新保遺跡（仁科一九八五）、石川県小松市浄水寺跡（垣内一九九〇）、同羽咋市福水町寺家ヤシキダ遺跡（桜井一九八三）、同鹿島町字小金森神田（桜井一九八三）で確認されており、いずれも三鈷鐃である。

木部新保遺跡は九頭竜川沿いの自然堤防上に立地しており、遺跡の性格は不明であるが、河川との深い関係が予測される。三鈷鐃は長二四・五cm、把部幅六・二cm、把部厚二・〇cm、鈴部幅七・八cm、鈴部厚六・八cmを測る（第19図10）。三鈷は全体に形式化が著しく、中央鈷は先端に銛状のかえりをもつものの鋭さに欠け、脇鈷は両脇へ一cm強延びるのみで発達しない状態であり、本来の三鈷形を保っているとはいえない。三鈷の基部には四弁の花弁が配され、片面の花弁には鎬を認めることができるが、その裏面の花弁は花弁としての形状さえ定かではないほどである。それは三鈷の鋳造技術が低いことに起因するが、把・鈴部では安定した技術をみせており、同一人が製作したとは思えないほどである。あるいは三鈷は後補である可能性を考慮すべきであるかもしれない。三鈷と把・鈴部は把の先端で接合されており、把の先端部の細くなった部分に刻み目が施されているところから、把を三鈷の下端に差し込んだ状態で鋳継いだ可能性が高い。したがって、最初に把・鈴部を鋳造し、その後三鈷を製作したと判断される。把の側面には線状の突起が認められるが、鋳バリと考えられ、仕上げ調整が雑であることがわかる。鈴部は無花果形を呈するが、やや扁平であり、製作時期が下降することをうかがわせる。基部を四弁の花弁で飾り、表裏面の花弁が大きく、側面の花弁が小さいが、いずれも鎬をもっている。下端が開口し、口唇部に駒の爪状の隆帯を巡らすが、内部の丸はすでに失われている。一部破損した部分から外部に転げ出たのであろう。本例は日光男体山頂遺跡の第一類の系譜を引くことはあきらかであるが、省略が著しいところから、だいぶ新しいものと考えられる。時期を特定することはできないが、九世紀末から一〇世紀まで下る可能性が高い。

浄水寺跡は九世紀に創建され、一四世紀まで存続した山地寺院の遺跡で、墨書土器などが多量に出土しているが、そこで三鈷鐃の中央鈷の破片が確認された。細片のため形式を把握できないが、三鈷鐃であることは確かであり、浄水寺においておこなわれた宗教活動のなかで使用され、破損したものと推測される。

寺家ヤシキダ遺跡では、板材を井桁状に組み合わせた井戸状遺構の脇から、銅製錫杖二個・銅鋺三口などとともに出土した。長二六・七cm、把部幅一〇・四cm、把部厚一・四cm、鈴部幅七・七cm、鈴部厚七・一cmを測る（第19図9）。中央鈷と脇鈷は先端が銛状に尖り、その基部にかえりを設けており、形式化しているとはいえ武器としての鋭さを残している。三鈷と把の境界には四弁の花弁で飾った請座を設ける。把部と鈴部は把の中央で接合しており、表面にわずかに痕跡を残すが、丁寧に調整されている。把と鈴部の境界には一条の隆帯を巡らす。鈴部は無花果形をなし、内部を中空とし、下端に開口部を設ける。基部を四弁の花弁で飾り、口唇部に隆帯を作り出す。内部の丸はすでに失われている。本例は日光男体山頂遺跡の第一類に属するもので、型式・製作技法ともに共通しており、日光男体山頂遺跡と同様に八世紀末から九世紀前半に製作されたものと考えて大過なかろう。

小金森神田は修験道の拠点的な霊山である石動山山麓の平地で、出土状態は不明であるが、なんらかの宗教遺跡である可能性が高い。三鈷鐃であることは確実であるが、三鈷の大半を欠くため、本来の形式を知ることができない。鈴部の形態が寺家ヤシキダ遺跡例よりやや形式化しており、製作技術も粗雑な感があるところから、若干新しい時期の所産である可能性が高い。

関東地方では、日光男体山頂遺跡例のほか、千葉県銚子市円福寺と茨城県鹿島市鹿島神宮の伝世品、茨城県鹿島市鉢形遺跡と同東海村小沢野遺跡の出土品、群馬県粕川村御殿前遺跡と茨城県新治村で出土した三鈷鐃の鋳型が知られている。

円福寺例と鹿島神宮例は古くから著名な三鈷鐃である。前者は日光男体山頂遺跡の第三類に属するもので、三鈷部の鋭さなどからそれよりも確実に古い例であるとみられ、日光男体山頂遺跡例の系譜を考えるうえで重要な手がかりとなるものといえる。後者は三鈷があたかも蛇体を思わせる状態で屈折するもので、日光男体山頂遺跡例とは異なる系統に属すると考えられ、三鈷鐃の生産と流通は意外に複雑な様相をみせているといえよう。

鉢形遺跡は鹿島神宮の神宮寺跡周辺に営まれており、詳細は不明であるが、神宮寺に関連した遺跡と推測されている。出土した三鈷鐃は日光男体山頂遺跡の第一類に属するもので、把の中央で把部と鈴部を接合するが、把部の下端が鈴部の上端に被さるような状態で鋳継がれており、三鈷の鋳上がりが鈴部に比して劣る点で木部新保例と共通している。日光男体山例よりも後出する可能性が高いが、形式化はさほど進んでおらず、九世紀代に製作されたものと考えられる。小沢野遺跡例は鈴部の破片のみであるが、花弁が認められ、鉢形遺跡例に近似したものであった可能性が高い。やはり九世紀代のものであろう。

御殿前遺跡は赤城山中腹に営まれた宇通廃寺に隣接する集落遺跡で、鋳型は複数確認されているが、いずれも把部と鈴部は別の鋳型になっている。形式は日光男体山頂遺跡の第一類に近似している。新治村例は三鈷部が著しく形式化したもので、先端と中程の二箇所で中央鈷と脇鈷が結合しており、時期的に下降するものであると考えられるが、限定することは難しい。平安時代末から鎌倉時代まで下る可能性が高い。これらの鋳型の存在から関東地方で三鈷鐃の製作がおこなわれていたことが知られる。

東北地方では、鉄製三鈷鐃に比して銅製三鈷鐃の発見例が少なく、現在東京国立博物館の所蔵に帰している秋田県大館市松峯寺例が知られるのみである。日光男体山頂遺跡の第三類の変形したものとみられるが、錫杖形と三鈷形が合体したような不思議な造形をみせており、今後詳細な検討が求められよう。

このように、銅製三鈷鐃は近畿・北陸・関東・東北の各地方で類例がみられるが、平安時代に遡るものは北陸と関東に集中的に分布しており、鋳型が関東地方で出土しているところから日光男体山頂遺跡例は関東地方で製作された可能性が高いと考えられる。関東地方での分布をより微視的にみると、茨城県にもっとも濃密に分布しており、日光男体山頂遺跡がある栃木県を間に挟み、群馬県で鋳型が発見されているが、南関東では現在のところ千葉県で一例知られるのみである。しかも、千葉県の例は利根川を挟んで茨城県に接しており、茨城県を中心とする分布圏に収まるものと理解できる。したがって、関東地方のなかでも北関東が分布の中心であるといえ、しかも日光男体山頂遺跡はそのほぼ中心部に位置しているといえよう。こうした分布のあり方からも、関東地方で生産された銅製三鈷鐃が、在地で流通・使用された後に、日光男体山頂遺跡に最終的に残されたと考えるのが妥当であることが知られる。

三　三鈷鐃の宗教的性格

ところで、三鈷鐃は古密教(雑密)の仏具であるといわれるが、実際に伝世や出土した場所が霊山など古密教(雑密)と関連深いところが多いこと、純密でそれを使うことがないことなどから、その可能性が高いことが知られる。三鈷鐃の出土状態が知られる遺跡は少なく、しかも大部分が住居跡などふだん使用しない時に置かれていた場所から出土しており、どのような宗教活動に用いたのかあきらかにするための手がかりを欠いている。そうしたなかにあって、使用時の状態をうかがわせるものに、石川県羽咋市福水町寺家ヤシキダ遺跡と日光男体山頂遺跡の例がある。

寺家ヤシキダ遺跡では、閼伽井と推測されている井戸状遺構の傍らから銅製錫杖・銅鋺・土器などとともに三鈷鐃が発見されており、三鈷鐃が水に関わる祭祀に使用されたことが知られる。祭祀の具体的な内容を知ることはできないが、銅鋺や土器に供物を盛り、錫杖や三鈷鐃を振り鳴らして神仏の降臨を仰いだことは容易に推察できよう。儀礼を終えた後、おそらく宗教的な理由によって、使用した仏具はそのまま祭場に放置したのであろう。仏具を用いていることから祭祀を執行した宗教者が仏教徒であったことは疑いなく、報告者の桜井甚一は山林仏教の徒であったと考えている(桜井一九八三)。

こうした水に関わる祭祀に三鈷鐃を用いることは、現在三鈷鐃の使用法を具体的に知り得る唯一の事例である東大寺の「堂司鈴」が、「お水取り」と呼ばれる修二会で使われていることにも通じる。修二会では若水が汲まれ、新たな年の若返りと豊穣が祈念されるわけであるが、その儀礼のなかで三鈷鐃が使用されることの意味は小さくない。

三鈷鐃が出土した木部新保遺跡は詳細が不明であるが、九頭竜川の自然堤防上に立地しており、浄水寺も湧水池から湧き出す水が流れる谷を取り囲むように営まれた寺院で、谷地から墨書土器をはじめとする呪術的な遺物が多数発見されており、やはり水の祭祀と密接に結びついていることが確認できる。

日光男体山頂遺跡では、三鈷鐃を火口壁に露出した岩の裂け目をめがけて投げ入れ、一部は崖を転げ落ちて途中の岩裂に挟まったことが、出土状態から推測されることはすでに述べた通りである。わずかではあるが平坦部からも三鈷鐃が出土しており、おそらく平坦部で祭祀を執行した後に、三鈷鐃を含む使用済みの仏具を岩裂へ廃棄したのであろう。祭祀の終了後の廃棄行為も一連の儀礼のなかに組み込まれていた可能性が高い。廃棄なのか、神仏への奉賽なのか判断が難しいが、通常の廃棄物でないことはあきらかで、儀礼的な廃棄というべきかもしれない。しかし、この出土状態から平坦地でおこなわれたであろう祭祀の内容に踏み込むことは難しく、祭祀の内容を知る手がかりは三鈷鐃の使用法を推定する以外になさそうである。

そこで、日光男体山頂遺跡に関わる文献史料である『性霊集』の記事に注目すると、天応二年(七八二)に男体山登頂に成功した勝道が、大同二年(八〇七)の旱魃に際して、国司の依頼で補陀落山において祈禱し、その結果甘雨をもたらしたことがみえる。勝道がおこなった修法はあきらかに祈雨を目的としたものであり、補陀落山、すなわち男体山が雨乞いの場となっていたことが判明する。この推測が正しければ、奈良時代から平安時代前期にかけての日光男体山頂遺跡出土品のなかには、雨乞い儀礼に伴う遺物が含まれている可能性が高いと判断される。

男体山における遺物の組成の変化をみると、三鈷鐃をはじめ憤怒形三鈷杵・錫杖・鐘鈴・塔鋺・銅鋺などの仏具が主体の奈良時代末から平安時代前期、八稜鏡・陶器・土器が主体である平安時代後期、懸仏・独鈷杵・三鈷杵・三鈷柄剣・経筒・禅頂札・刀剣など再び仏教色が濃い遺物が主体をしめる鎌倉時代という変化を跡付けることができる。

このうち、古密教（雑密）と直接の関係が確認できるのは奈良時代から平安時代前期のみであるので、その時期の遺物のなかに雨乞い儀礼に関連する用具が含まれていると考えられるが、器種を特定することは難しい。

寺家ヤシキダ遺跡では三鈷鐃・錫杖・銅鋺がセットとして使用されているが、日光男体山頂遺跡でも同様なセットを抽出することが可能であり、少なくともそれらが雨乞い儀礼に使用されたことを推測できるのではなかろうか。しかも、三鈷鐃は東大寺でも水にまつわる儀礼に使用されていることを考えれば、雨乞いに代表されるような農耕儀礼などに使用されたと推測してよいと思う。

三鈷鐃自体は梵音具であり、直接雨乞いと結びつくようにみえないかもしれないが、宇宙の中心である霊山の山頂において三鈷鐃を振り鳴らすことで神仏を呼び覚まし、その絶大な力を操作することによって雨をもたらす修法がおこなわれたのではなかろうか。伴出遺物である錫杖や鐘鈴も音を出すことのできる仏具であり、古密教（雑密）の儀礼では音が重視されていたことがうかがえるが、塔鋺のような香容器も出土しており、臭覚をも動員した身体感覚に直接働きかけるような儀礼がおこなわれていた可能性が推測されるのである。

さて、日光男体山頂遺跡で出土した三鈷鐃のうち、銅製のものは在地である関東地方で生産されたことがほぼ確実であることはすでに述べたが、鉄製のものについては現在のところ北東北のみで類例が知られており、必ずしも関東地方で生産されたものと断定できない。もっとも、日光男体山頂遺跡の三鈷鐃は鉄製のものを含めて八世紀から九世紀にかけて製作されたものとみられるのに対して、東北地方の鉄製三鈷鐃は伴出遺物の年代から一〇世紀まで下る可能性が高い。鉄製三鈷鐃は日光男体山頂遺跡で九世紀に出現し、一〇世紀に北東北で盛行したとみられるが、その背景には九世紀末から一〇世紀にかけて古密教（雑密）が北東北へ伝播したという事情があったのではなかろうか。三鈷鐃の分布は古密教（雑密）の分布と重なると予想され、八・九世紀の関東地方で流行した後に、東北地方へ伝播し、一〇世紀に北東北で最後の隆盛期を迎えた可能性が高い。また、今回は取り上げなかったが、北東北を中心に分布する錫杖形鉄製品も、錫杖を原型とする可能性が高く、やはり古密教（雑密）関係の遺物である可能性がある。錫杖形鉄製品は青森県から茨城県まで広く分布しており、南東北をも含んでいるところに特色があり、古密教（雑密）系仏具の分布を考えるうえで重要な手がかりを提供してくれることが期待される。

関東地方と北東北の三鈷鐃の関係をあきらかにするためには、南東北の動向が問題になるが、現在のところ南東北では福島県棚倉町流廃寺で確認されているのみで、実物は現在行方不明となっている。また、福島県の磐梯山麓の慧日寺には近年まで憤怒形三鈷杵が伝世しており、将来磐梯山周辺から三鈷鐃が発見される可能性もある。三鈷鐃が徳一教団の活動した北関東に濃密に残されていることからすれば、会津地方に類例があって不思議ではないのであるが、残念ながら見つかっておらず、そのため安易に三鈷鐃と徳一教団の関係を説くことができない。いずれにしても、日光男体山頂遺跡から北へひろがる宗教の道は、平安時代前期の山岳信仰を考えるうえで、今後ぜひとも追究していく必要があることはいうまでもない。

おわりに

以上、三鈷鐃を手がかりにして、平安時代前期の山岳宗教の動向について考察した。あくまでも考古学の立場からの考察であり、宗教史の問題意識からずれている部分も多いと思うが、できる限り共通の話題をもてるよう努力したつもりである。もとより、不十分なものではあるが、文献史料からは必ずしも解明できない山岳宗教の動向の一端が見えてきたように思う。ただ、問題も多く、今後の課題が多数残されたことも確かである。気付いた課題を列挙しておこう。

第一に、考古学の立場から山岳宗教を研究するための方法が、いまだ確立されておらず、どのように資料を操作すれば結果が出るかさえ示されていないことである。仏具の編年の立ち遅れなど、丁寧な作業の積み重ねで解決できる問題はよいが、ものから宗教に迫る手段はどのような手続きを踏めば良いのかなど、まったくわからない雲を摑むような問題も残されている。山岳宗教史の研究に留まらない大きな問題であるが、この点の一定の解決なしには、考古学による宗教史研究は進展しないであろう。

第二に、日光男体山頂遺跡の評価が、考古学界で定まっておらず、基礎的な研究が不十分なことである。古墳時代に開山されたとする見解や、東北戦争に纏わる遺跡であるとする説など、百家争鳴の状況である。遺物の年代観や機能論についての研究を十分に深めずに、思いつきで議論する研究者もおり、山岳宗教史研究に混迷をもたらしている。早急に解決したい問題である。筆者は、『性霊集』の記載と日光男体山頂遺跡の出土遺物の年代観から、勝道が開山したとみてなんら矛盾がないと考えている。当然、日光連山の山岳信仰は、それ以後に発達したものとみていることはいうまでもない。考古資料にもとづき、考古学の基礎的な方法を実践しさえすれば解決できる問題であり、思い込みを排して確実な作業を積み重ねることが大切であることを明記しておきたい。

第三に、三鈷鐃を使用したと推測される古密教の徒が、どのような宗教観を抱き、どのような儀礼を実修していたのか、詳細を知ることができないことである。実物の観察から三鈷鐃の製作技法などを知ることは可能であるが、それがどのような場で、どのように用いられたのか、修二会などのほかに情報がない。文献史学や宗教史の研究者のご教示を期待するところである。そもそも、古密教の概念さえ曖昧さを残しており、不明な点は尽きない。古密教の仏具は、三鈷鐃のほかに憤怒形三鈷杵や鐘鈴などが知られているが、いずれも具体的な使用法などは不明である。

第四に、三鈷鐃が東北地方に比較的多く分布することが知られているが、鉄製三鈷鐃のように日光男体山頂遺跡でも出土しているものがあり、東北地方と日光の関係が想定されるが、どのように結び付くのか不明である。三鈷鐃の分布から、古密教の東北地方への伝播を説くことは容易だが、その歴史的位置づけを正確におこなうことは難しい課題である。考古学的な検討を十分に尽くした上で、三鈷鐃が使われた時代の中に位置づけ、その性格を見極めなければなるまい。

このように、日光男体山頂遺跡出土の三鈷鐃が提起する問題は、さまざまな側面に及んでいるが、一つとして解決できた問題はない。すべて今後の課題である。

第八章　中世羽黒山の宗教文化

はじめに

　中世は、各地で山岳宗教が盛行し、独自な宗教文化が育まれた時代である。山岳寺院や行場を描いた曼荼羅や絵巻、山岳霊場の開山の肖像彫刻、山岳の神仏に捧げられたさまざまな奉納品などの美術工芸品をはじめ、縁起や語り物などの文芸作品、神楽や能をはじめとする芸能など、山岳宗教の強い影響のもとに生み出された宗教文化の多くが、中世に成立したものであることが知られている。

　それらの宗教文化は、しばしば修験道文化として扱われるが、その評価は正しくない。修験道は、複数の顕密寺院の行人たちが互いに連携して組織化した宗教であるが、その確立は一五世紀以降のことである。周知のように、山岳をめぐる宗教文化は、中世前期に遡るものがみられ、修験道教団の成立よりも先行する。その伝来場所は、顕密寺院や神社が多く、修験道よりも顕密仏教や神祇と関係が深い。つまり、山岳をめぐる宗教文化は、修験道と無関係ではないかもしれないが、むしろ修験道の母胎となった顕密仏教や神祇の産物とみたほうがよい。

　ここでは、修験道羽黒派の拠点である山形県鶴岡市羽黒山を取り上げるが、中世羽黒山の宗教文化がそのまま修験道文化というわけではないことを、最初に断わっておきたい。それが、羽黒派を生み出した宗教的な環境と無縁でないことは疑いないが、羽黒派の成立とどのように関わっているかは、別途検討してみる必要がある。その点に留意しつつ、以下に中世羽黒山の宗教文化を、おもに考古資料によって具体的にみていきたいと思う。

さて、羽黒山にある羽黒山頂遺跡については、神林淳雄（神林一九三三）、大場磐雄（大場一九三四・四三・七〇）、阿部正巳（阿部一九四〇）の羽黒鏡を中心とした先駆的な研究に始まり、長い研究史の蓄積がある。羽黒鏡については喜田川博也（喜田川一九八〇）、前田洋子（前田一九八四）、羽黒山頂経塚については木口勝弘（木口一九六六）、山形県総合学術調査会（山形県総合学術調査会一九七五）、佐藤禎宏ほか（佐藤・小野・酒井一九七九）、戸川安章（戸川一九八三・九三・二〇〇五a・b）、考古資料全般については村山修一（村山一九七一）、原田昌幸（原田二〇〇五）が詳しい。また、考古資料と修験道の関係については戸川安章が詳しく論じており（戸川一九九三・二〇〇五a・b）、時枝務（時枝一九九八・二〇〇四・二〇〇五a）や菅谷文則（菅谷二〇〇五）らも言及している。そのほか、建築史の立場からのものではあるが、松崎照明の出羽三山神社合祭殿についての研究（松崎二〇〇〇）も、中世羽黒山の宗教文化を考えるうえで見落とせないものである。

なお、研究史については、高橋充による丁寧な叙述があり、考古学的な成果についても紹介されている（高橋二〇一五）。

こうした研究成果を踏まえ、中世羽黒山の宗教文化の特色について、以下具体的に論じていきたい。

一　羽黒鏡と池中納鏡儀礼

羽黒山は、伝承によれば崇峻元年（五八八）に崇峻天皇の皇子である能除仙（蜂子皇子）によって開山されたといわれ、その起源は六世紀にまで遡るとされる。しかし、羽黒山頂遺跡から出土した遺物には六世紀まで遡るものは確認できず、一〇世紀の土師器坏が最古の遺物である。土師器坏がどのような用途に使われたのか不明であり、宗教遺物と断定することはできないが、羽黒山に宗教家が入山した時期を推測する手がかりにはなるであろう。松崎照明は、羽黒山の祭祀が古墳時代に遡る可能性を指摘している（松崎二〇〇〇）が、それを裏付ける考古学的証拠は皆無である。

羽黒山頂遺跡で量的なまとまりをもつ最古の遺物群は、やはり一二世紀の羽黒鏡である（第20図）。羽黒鏡は、おもに山頂の御手洗池（鏡ヶ池）から、明治末期~昭和初期に実施された数度の改修工事に際して発見され、総数は六〇〇面を超えるといわれる。現在出羽三山神社をはじめ黒川古文化研究所や東京国立博物館などに分蔵されているが、大部分が薄い鏡胎の和鏡で、前田洋子は京都周辺で製作されたものと推測している（前田一九八四）。そして、前田は、京都在住の貴族から依頼された熊野・大峰の修験者によって、日本海の海運を利用して京都から遥々出羽国まで運ばれたと説いた。

前田は京都製の羽黒鏡が商品として流通していた可能性を示唆しているが、羽黒山以外に大量に出土した例はみられず、一般的に流通していたと考えることは難しい。しかも、羽黒鏡は型式的な変化に乏しく、大きさや意匠に共通する面が多いことから、同一工房ないしは密接な関係にあった工房で限られた時期に大量に製作された可能性が高い。羽黒鏡は、いずれも小型で薄い鏡胎の和鏡で、薄や萩などの秋草と蝶鳥などの文様が主流で、和風の意匠をあしらっている点に特色がある。羽黒鏡は、一二世紀の段階で斬新なデザインをもつ和鏡であり、京都から発信され

第20図　羽黒鏡（菊花蝶鳥鏡）

た文化を体現したものであることは疑いない。前田が想定するように、京都で製作されたものと考えるのが、現実的な選択岐というべきであろう。

ただ、注意しなければいけないのは、京都で製作された和鏡がすべて小型であったわけではないことである。とすれば、羽黒鏡が小型であるのは、やはり運搬し易い大きさを意識して製作されたためではないかという疑念が生じる。それを実証するだけの根拠を示すことはできないが、羽黒鏡の大きさが一定していることが、そのことを傍証する可能性はある。ここでは、そのことを指摘するに留め、細かな検証は別稿を期したい。

ところで、羽黒鏡は、一二世紀に出現し、一三世紀まで製作されるが、一四世紀にならないうちに衰退する。しかも、羽黒山頂遺跡以外で、確実な同型品を確認することができない。羽黒鏡という名称が定着しているように、きわめて個性的な鏡の様式が、羽黒山において確認できるわけである。羽黒山頂遺跡が消費地遺跡であるという問題は残るが、羽黒鏡が広範に流通していたものではなく、特別に注文生産された製品である可能性があることを示している。

このことは、型式あるいは様式が、どのような状況の中で生み出されるかを暗示しているのではないだろうか。つまり、生産地側の斬新なデザインを好んで受容しながらも、遠隔地まで運搬して儀礼に使用するという消費者側の要求が反映した結果、羽黒鏡が成立したのではないかということである。厳密には、消費者というよりは、儀礼の担い手が必要としたというべきであるかもしれない。前田説によれば、消費者は京都の貴族であり、運搬し儀礼を執行した宗教家はあくまでも媒介者に過ぎないことになるからである。

再度確認しておくと、前田は、京都から羽黒山まで羽黒鏡を運搬した担い手として、大峰山などで修行した修験者を想定している。京都の平安貴族の依頼を受けた修験者が、遥々と羽黒山まで運び、最終的に御手洗池に納めたというのである。前田は、修験者と捉えているが、厳密には験者であることはいうまでもない。験者とは、「しるし」のある者、超能力を体得した者の意であることは、あらためて指摘するまでもあるまい。現世利益の効験を、霊的な実力によって体現してくれる験者は、おそらくカリスマ的な聖者であったに違いない。験力が山岳修行によって体得される場合もあったであろうが、験者はその超能力を発現する宗教家であって、修験道を実践する修験者ではないことに注意する必要がある。験者は、史料によっては修験と表記されることもあるかもしれないが、概念としては別物であることはいうまでもない。

しかも、前田は、羽黒鏡の果たした役割を、鏡に穢れを移し、それを池中に投入することで、穢れを浄化したと推測している。『土佐日記』の記事などから、鏡が魂を込めることができる呪物であることが知られるが、そうした鏡の性格を利用して穢れを付着させたのであろう。どのような儀礼によって、それが可能となったのか不明であるが、穢れが転移できることは多くの史料にみえる。むしろ、転移することを恐れ、方違えなどが実行されていたことは周知の通りである。そして、水で浄化したというのであるが、それも十分にあり得ることである。問題は、なぜ出羽まで運搬する必要があったかであるが、穢れを国境の外側に送り出そうという発想があったのではないか。日本国の境界領域である出羽にある羽黒山に、京都の貴族の穢れを送り出そうという構図は、当時の国土観とも関わる重大な問題を提起する。前田は、そこまで議論を深めていないが、今後大いに議論する必要があろう。

鏡が湖沼から発見される事例は各地で知られており、大場磐雄は池中の神霊に鏡を納めたものとし、湖沼に鏡を投入する儀礼がおこなわれたと考えた（大場一九七〇）。鏡を奉納品とみる点で、前田の見解とは異なるが、池中納鏡儀礼がおこなわれたとみる点で、両者は一致している。二人とも、鏡は、偶然に水中に落ちたわけでも、不必要になって廃棄されたわけでもなく、意図的に水中に投げ入れられたとみていることに、注意する必要がある。こうした見方をするが故に、池中納鏡儀礼という概念が生まれ、宗教的な観念の投影を読み込むことが可能になるわけであるが、問題はその儀礼を実証できるか否かにある。

ところで、群馬県前橋市の赤城山頂にある小沼では、羽黒鏡よりも古い時期に製作されたと推測できる八稜鏡が多数出土しており、一〇～一一世紀に鏡が投入されたことが知られている。火口湖である小沼の畔には堂宇などを建設する余地はなく、山麓から小沼まで登拝して鏡を投入したと考えられ、池中納鏡儀礼が山岳信仰と密接な関係にあったことがうかがえる。直接的な証拠はないが、一〇～一一世紀に赤城山などでおこなわれた儀礼が、一二世紀に羽黒山で盛んになった可能性は否定できない。山岳修行者の間での広範な情報の共有が進んでいたことが推測できるのである。

しかし、こうした考え方に否定的な立場の研究者は、御手洗池の羽黒鏡は、もともと山頂にあった堂宇に奉納されていたもので、それを後に池中に廃棄したものとみる(松崎二〇〇〇)。その理由は、羽黒鏡の表面にみられる黒色の薄い層が、長年護摩の煙に燻された結果形成されたものであり、羽黒鏡が日常的に護摩を焚く堂宇内にあったため、煤が付着し、結果的に黒色の薄い層ができたというものである。もっとも、前田も堂内で燻されたと考え、一定期間の伝世を想定しているが、それ以上の要因として修験道儀礼の変化と関連して池中へ投入したのではないかと説明している。もっとも、厳密には、修験道でないことは、もはや指摘するまでもあるまい。

残念ながら、羽黒鏡の黒色の層は有機質のものではなく、銅の腐蝕によって生じたものと考えられ、長年酸素の乏しい池底に埋もれていたことに起因すると考えるのが妥当である。したがって、護摩を焚く堂宇内にあったと考える必要はなく、地上での伝世の後に廃棄されたとする見解も成立しない。羽黒山頂遺跡の御手洗池以外の地点から出土している銅鏡が、一二世紀のものでも緑青に覆われていて黒色を呈することはなく、御手洗池発見の羽黒鏡と容易に識別できることも、黒色層が護摩に起因するものではないことを物語っている。黒色層が全面に均質に形成されていることも、特定の方向から流れる護摩の煙ではなく、別の物理的・化学的な要因によることを示している。

このように、御手洗池の羽黒鏡については未解決な問題も多いが、一二世紀に羽黒山への鏡の奉納が始まったことはまず間違いない。一〇〜一一世紀には在地産の土師器のみであったのが、一二世紀に突如として京都産の優れた製品が出現したわけで、その較差は大きい。それまで在地の霊山であった羽黒山は、なんらかの契機によって一躍全国的に著名な霊場になり、京都の貴族からも奉納物が届くまでになったと考えられる。その変化がどのような性質のものであったのか、いまひとつ不明であるが、一二世紀が羽黒山にとって大きな画期であったことは疑いない。

『義経記』では、弁慶をして羽黒山伏を名乗らせているが、その背後には羽黒修験の験力に対する高い評判があったに違いないのである。『義経記』の成立は一四世紀以降のことかもしれないが、その根拠となるような史実があり、熊野と羽黒の交流の説話などが生み出されたのであろうと思う。その時期は考古資料による限り一二世紀であったと考えられるのである。

二　羽黒山三神合祭殿の成立時期

一二世紀の羽黒山で、池中納鏡儀礼がおこなわれていたことをみてきたが、それでは山頂の施設はいつ頃できたものなのであろうか。

このことに関しては、松崎照明の研究があるので、まず松崎説の概要を紹介しておこう（松崎二〇〇〇）。松崎は現存遺構の詳細な調査にもとづいて、羽黒山頂に鎮座する羽黒山三神合祭殿は文化・文政期の建築であるが、その平面構成は慶長年間に遡り、中世の様式を踏襲したものである可能性が高いことをあきらかにした。そのうえで、本殿が「御深秘」と呼ばれる岩上に営まれることから、当初の位置を保守していると考えた。それは、御神体としての岩を中心とする信仰の存在を暗示し、平安時代初期に遡ることが発掘調査によって確認された奈良県天川村山上ヶ岳山頂にある大峯山寺と類似する空間構成であるとし、様式的には羽黒山三神合祭殿の創建も平安時代初期に遡る可能性が高いと判断する。さらに、そのことを実証するものとして羽黒鏡をあげ、その表面が煤けているのは護摩を焚いたことを示し、遅くとも一二世紀には御手洗池に臨む羽黒山三神合祭殿の位置に護摩を焚いた建物が存在したと考えた。しかも、小祠や鐘楼などによって構成される景観は平安時代初期の山岳寺院の特色を示すものであり、羽黒山三神合祭殿の巨大さは多くの修行者が一所に集う山岳修行の形態に由来するものであるとした。

松崎説は古代・中世の社寺建築についての深い造詣に支えられ、物証に裏付けられた精緻な理論にもとづく点で、大いに学ばなければならないものであることは疑いない。

しかし、松崎説には資料の不足を理論で補足するという傾向が強くみられ、実証面ではまだまだ多くの課題を抱えたままの仮説としての性格をもつことも否めない。

第一に問題なのは、現存遺構としての羽黒山三神合祭殿は、あくまでも江戸時代後期の遺構に過ぎないという点である。その平面構成が慶長期に遡ることは疑いなく、中世の建築の残存をみることに異論がないとしても、それが平安時代にまで遡るとする根拠が様式論のみであるという弱さが指摘できる。現存遺構が平安時代に遡るものであるならばともかく、遺構が現存しない以上、年代観は様式以外の確実な裏付けが欲しいところである。

第二に、大峯山寺との比較であるが、岩裂に対する信仰が起源であるとみることに異論はなく、両者が類似した空間構成であることも指摘通りである。神聖視された岩裂を中心に護摩壇などが設けられ、やがて建物が造営され、山頂の宗教施設が整備されたという点では両者が同じ流れを辿って成立した聖地であることは疑いない。ただ、問題なのは、その成立時期が奈良時代末期から平安時代初期であることを保証する証拠は、必ずしも十分ではないということである。建築細部の様式論ならばともかく、空間構成のみで造営時期を絞り込むことは、きわめて困難なことに違いない。

第三に、羽黒鏡が護摩を焚いた証拠として挙げられているが、羽黒鏡の表面の黒さが護摩の油煙に由来すると断定するのは危険であり、不確かな根拠で推測を重ねるのは科学的でない。羽黒鏡は表裏ともに黒味を帯びており、全体が薄い黒色の層で覆われている状態であり、そうした結果を生むためには全体に護摩の油煙が満遍なく行き渡ることが条件となる。少なくとも建物の壁に掛けられたような状態ではなかったことだけは確実である。池中で酸素が欠乏した状態で銅の表面にどのような変化が生じるのかといったことも考慮して黒さの原因を考察することが必要なのはいうまでもない。したがって、羽黒鏡を一二世紀に護摩を焚く建物があった証拠とすることは無理であり、この点は再考されなければならないであろう。

第四に、注意しなければならないのは、松崎説では山頂の建物の成立がそのまま修験道の成立と結び付けられているが、羽黒山頂における社殿の成立がそのまま修験道の成立を意味するわけではなく、両者は切り離して考察されなければならない問題であるということである。御手洗池における羽黒鏡や三鈷沢における刀剣類のような奉納品が、呪術宗教的色彩の濃い修験道儀礼と密接に関わることは十分に考えられるが、それと社殿の成立は一応別個の問題として考察されるべきである。その点、筆者の文章(時枝二〇〇五a)も不十分であったことを反省しており、あらためてこの問題について考察する機会を持ちたいと思う。

ところで、羽黒山頂からは松崎説を裏付けるような奈良時代末期から平安時代初期に遡る遺物は確認されておらず、松崎説を考古学的に実証することはできない。現在筆者が確認している最古の遺物は一〇世紀の土師器杯で、羽黒鏡よりも古いことは確実である。その点、平安時代に山頂祭祀が開始されたことは確実であるといえ、社殿の起源が平安時代に遡る可能性は否定できない。しかし、現在のところ平安時代中期以前に遡ることは難しく、松崎説を裏付けるものとは考え難い。また、採集された土器は在地産のもので、京都産と考えられる羽黒鏡との間に歴然たる差が存在しており、やはり羽黒鏡の出現は羽黒山にとって大きな画期をなしたと捉えざるを得ない。

すでにみたように、約六〇〇面に及ぶ羽黒鏡は、いずれも小型の和鏡で、時期的には一二世紀に集中していることから、限定された時期に同一工房のものを含む製品が大量に搬入された可能性が高い。前田は、羽黒鏡が大量に羽黒山にもたらされた背景に羽黒山と京都との間に密接な関係があり、日本海の海運を通じて京洛での信仰が出羽に及び、羽黒山信仰が広範に流行した可能性を想定している（前田一九七四）。一二世紀は羽黒山が全国的な広がりをもつ霊場として成立した時期であったといえよう。

問題はその時期に羽黒山三神合祭殿があったかどうかであるが、現在確認できる遺物のみからそれを判断することは困難で、できるならば羽黒山頂遺跡の発掘調査を実施したいところである。松崎説が妥当かどうかは最終的には地下遺構の発掘調査を待って決すべきであると考える。

三　羽黒山頂経塚

羽黒山の山頂からは、建長四年（一二五二）銘と文保三年（一三一九）銘の銅製経筒が出土しており、経塚が造営されたことが知られる。

建長四年銘経筒（第21図2）は、高一四・六cm、口径七・六cmを測り、銅鋳製である。身部と底部を一鋳で仕上げる。

身部は、口縁部が内傾し、太めの形態を呈し、外側に「建長二二年壬子／八月八日／本聖人　阿念房」の陰刻銘をもつ。蓋を欠失する。

文保三年銘経筒（第21図1）は、総高一五・七cm、口径四・五cm、蓋高二・三cmを測り、銅鍛製である。蓋は、撮蓋で被蓋であり、身部と固定するための孔が穿たれている。身にも同様な孔があるが、鋲は失われている。身部は、銅板を巻いて製作し、外面に「妙法蓮華経一部六十六部内／文保三年二月八日／檀那佐渡国雑太住入間七郎／入道沙弥暁忍／聖人同所住越中房蓮祐」の陰刻銘がある。底部は、身部とは別作りで、身部の外側から被せるようにして取り付けた被底である。

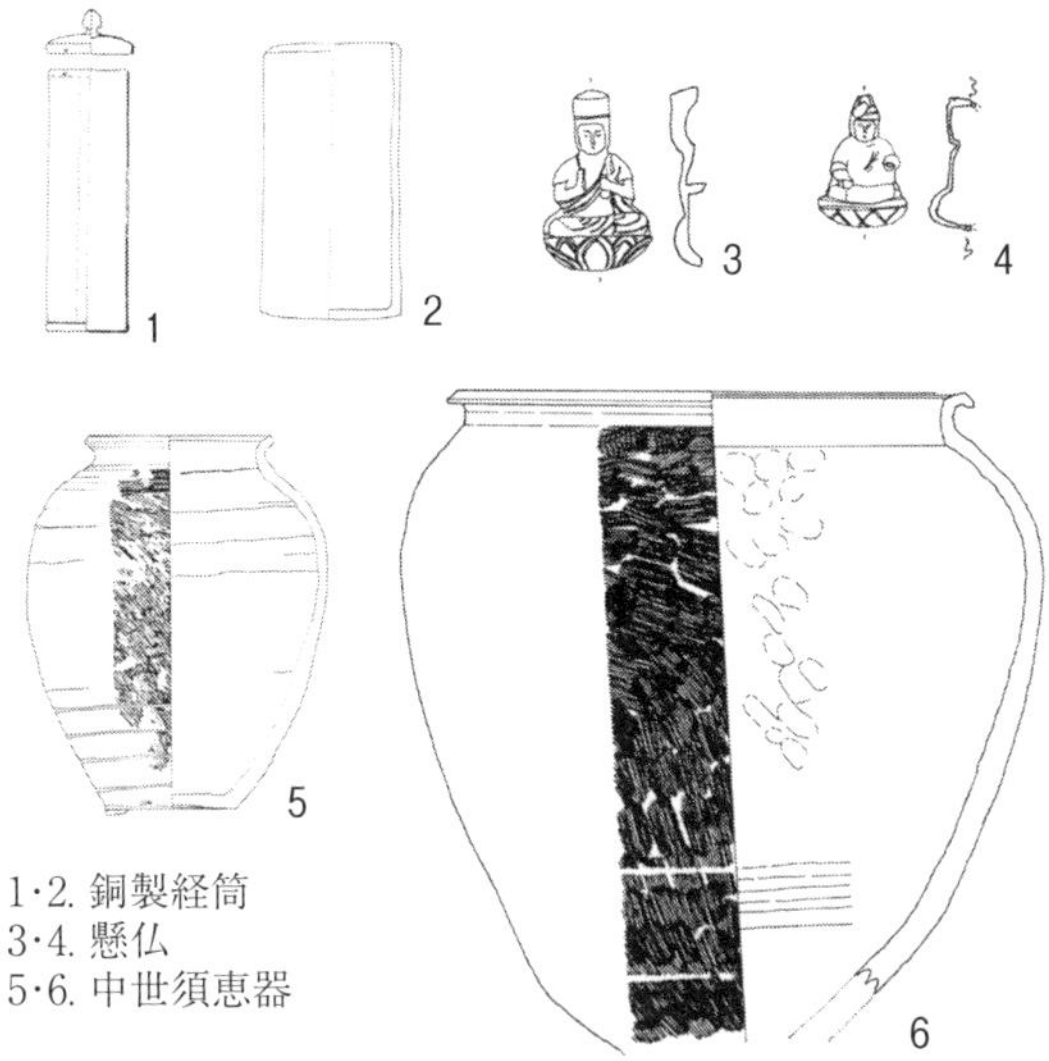

1･2. 銅製経筒
3･4. 懸仏
5･6. 中世須恵器

（1〜4　8分の1縮尺）
（5･6　16分の1縮尺）

第21図　羽黒山頂遺跡出土品実測図
（時枝1998による）

経筒は、いずれも一三世紀初頭の珠洲系中世須恵器の大甕（第21図6）に納められており、副納品として懸仏・銅鏡・古銭などの存在が知られている。大甕は、高七七・〇cm、口径六六・〇cmを測り、底部は失われている。口縁部は外反し、頸部は直線的な立ち上がりをみせ、肩部はゆったりとしたふくらみをみせる。外面には叩き目、内面には当具の痕跡がみられる。

懸仏（第21図3・4）は、大部分が羽黒山の本尊である聖観音菩薩を表したもので、羽黒山の本尊である聖観音菩薩を示すものとみられる。近世には羽黒山が聖観音菩薩、月山が阿弥陀如来、湯殿山が大日如来を本地仏とするとされたが、その観念の成立が少なくとも羽黒山については一三世紀に遡ることをそれらの懸仏は示している。羽黒山における経塚の造営は、神仏習合を土壌としたものであったと考えられ、羽黒山を観音菩薩の霊場とする観念が存在したことがうかがえる。

ところで、羽黒山頂経塚の成立に、日本海の海上交通が大きな影響を与えたことは、文保三年(一三一九)銘をもつ銅製経筒の銘文によって知ることができる。その銘文には、佐渡国雑太の檀那である入間七郎入道沙弥暁忍と佐渡国雑太の住人である聖人の越中房蓮祐が連名で刻まれており、檀那が発願して、僧侶が供養したことが推測できる。

越中房は、佐渡から日本海を越えて、羽黒山に埋経のために来訪したと考えられる。房号をもつことから修験者とみられ、佐渡に定住していた羽黒修験である可能性が高く、聖人という表現からは強い験力によって人々を帰依させるようなカリスマ的宗教家であったことを想像させる。経塚の実質的造営を担った人物である。

檀那の入間七郎入道沙弥暁忍は、その名から出家した在地領主と推測され、羽黒信仰が在地領主層に受容されていたことを示す。彼は施主として経塚造営にかかる経済的な負担を担った人物である。おそらく彼の現世利益もしくは祖先供養を目的として経塚造営が発願されたのであろう。

佐渡の在地領主を施主として、佐渡の僧侶もしくは修験者が経塚を羽黒山に造営したのは、霊場である羽黒山に造営することで所期の目的が実現できると期待したからであり、羽黒山に対する信仰を抱いていたからに違いない。当時、佐渡では羽黒信仰がある程度浸透しており、羽黒山に経塚を造営しようとする者まで現れたのである。このように、羽黒信仰が海を越えて佐渡に伝播したのは、羽黒修験が海上交通を自在に駆使して、活発な布教活動を展開した結果にほかならない。

さて、羽黒信仰の伝播と海上交通の関連をめぐっては、すでに伊藤清郎によって文献史料にもとづく研究がおこなわれ、「海の道や川の道で活躍する羽黒修験の姿」が描き出されている（伊藤二〇〇五）。
そのなかで、伊藤は羽黒修験の伝承や男鹿修験との舟合戦などを検討したうえで、「羽黒山をめぐる歴史的環境は、日本海を通じた」「北陸そして津軽・蝦夷地との大きな交流の中にあった」と評価した。羽黒修験が海や川での交易活動と深い関係にあり、領主の支援を受けながら、津軽・蝦夷地と北陸をつなぐような役割を果たしたというのである。

このような北日本全域に及ぶような羽黒修験の具体的な動きを考古資料で捉えることは難しいが、羽黒山頂経塚出土の珠洲系陶器は、羽黒修験の日本海域での活動の結果として羽黒山にもたらされたものである可能性をもつ。

吉岡康暢によれば、経塚で経巻を収める経容器・外容器として使用された陶磁器の分布は、第一に「九州北部から四国西部・中国西部に伸びる中国陶磁が主体ないし定量を占める分布圏」、第二に「九州南部、四国・中国と近畿の大半、および東北の太平洋域」で「北陸・東北の日本海域を帯状に結ぶ須恵器系陶器の分布圏」、第三に「近畿と周辺地域」で「東海・関東と東北の太平洋域を包括する瓷器系陶器の分布圏」にグルーピングすることができるという（吉岡一九九四）。

このうち、珠洲系陶器は、第二のグループに属し、北陸から東北にかけての日本海域に濃密な分布をみせる。珠洲系陶器は能登半島の珠洲で生産された珠洲焼の技術的系譜を引くものであるが、その生産地は東北地方を中心に複数存在したとみられ、珠洲から一元的に供給されたわけではない。

したがって、経塚出土の珠洲系陶器は、日本海を渡ってもたらされたとは限らないが、珠洲焼の技術が日本海を介して伝播したものであったことは疑いないところであり、技術伝播の前提としての交通網の存在が改めて注目されるのである。しかも、珠洲系陶器を用いた経塚が、日本海側に濃密に分布していることに注目すれば、羽黒山の宗教文化が日本海を取り巻く文化の一端を担う存在であることもおのずからあきらかになろう。つまり、中世羽黒山の宗教文化は、日本海をめぐる文化の一形態に過ぎないという側面をもっているのである。

ところで、建長四年銘経筒と文保三年銘経筒は、同じ大甕に納められていたわけであるが、大甕は一三世紀初頭に製作されたもので、経筒よりも古い。埋納された正確な時期は知り得ないが、最新のものである文保三年銘経筒が製作された一四世紀前期より新しいことは間違いないので、一四世紀前期頃と考えて大過なかろう。

一般的に、経塚の造営が盛んであったのは一二世紀のことで、一四世紀には流行は終わっていた。一四世紀の経塚は、経塚としては珍しいもので、なぜ一四世紀に経塚が造営されたのか気になるところである。

実は、羽黒山では、棟札に正和二年（一三一三）の創建とみえる五重塔、文和元年（一三五二）銘の銅製灯籠竿など、一四世紀の文化財が顕著である。その頃、羽黒山の伽藍の整備が進展し、一山としての威容を誇るようになった可能性があり、経塚の造営もそのことと関連する可能性が高い。

しかも、五〇年以上の開きがある建長四年銘経筒、一〇〇年以上の開きがある珠洲系中世須恵器大甕が、一緒に埋納されていたことも不思議で、あるいは既存の経塚を掘り起こして再度埋納したというようなことがあったのではないかと疑いたくなる。伽藍整備事業に伴う開発によって破壊された経塚の出土品を、一四世紀に改めて埋納したというような特殊事情があった可能性が考えられるのであるが、もとより憶測に過ぎない。

いずれにせよ、一四世紀という経塚の流行時代を大きく過ぎた時期に造立された経塚である点に、羽黒山頂経塚の特色があることは注目してよかろう。

四　羽黒山の梵鐘

羽黒派が、神仏分離によって出羽三山神社を中心とする神社方と正善院を主体とする寺院方に分かれ、入峰修行もそれぞれ別におこなうようになったことは、周知の通りである。このことは、裏返せば、かつては神社方も寺院方も、同じ教団であったということである。それを示す物証の一つに、現在は出羽三山神社の境内である羽黒山頂に残されている建治元年（一二七五）の梵鐘がある。

この梵鐘については、すでに坪井良平の報告（坪井一九八四）があり、実測図も提示されている（第22図）。総高一八五・五cm、口径一六八・〇cm、竜頭高六七・五cm、駒の爪厚二一・五cmを測る巨大な銅鋳製の梵鐘である。乳の間には、一区五段五列で、茸形の乳を配する。池の間には、第一区と第三区に飛行する天女、第二区と第四区に池中から生える蓮華とその蕾を描き、第一区と第四区および縦帯に銘文を陽鋳する。天女は、一軀は右向き、他の一軀は左向きになっている。また、上帯には飛雲文、下帯には変形唐草文をあしらっている。撞座は、八弁の蓮華文であるが、蓮子はおろか花弁の境界さえ不明瞭である。

器面が荒れていて、銘文はきわめて読みづらいが、村山修一は次のような釈文を示している（村山一九七二）。第一区が「羽黒山寂光寺／奉鋳／椎鐘一口長周⌈　⌋尺□⌈　⌋十斤／同銘⌈　⌋序／夫椎鐘□言□者□□□／⌈　⌋界敢垂⌈　⌋／隔思聲者□中／⌈　⌋乙⌈　⌋／各大千之契⌈　⌋之／発者色作唯⌈　⌋／兼為逍提之荘⌈　⌋鐘一口／新資六趣不⌈　⌋／有⌈　⌋三之⌈　⌋／法世有生⌈　⌋／銘曰／□聞⌈　⌋／□法大成⌈　⌋／⌈　⌋吉⌈　⌋仏事⌈　⌋／⌈　⌋界土⌈　⌋／⌈　⌋／⌈　⌋／⌈　⌋／⌈　⌋／⌈　⌋／建治元年乙亥八月廿七日／⌈　⌋／中□長□永／下□

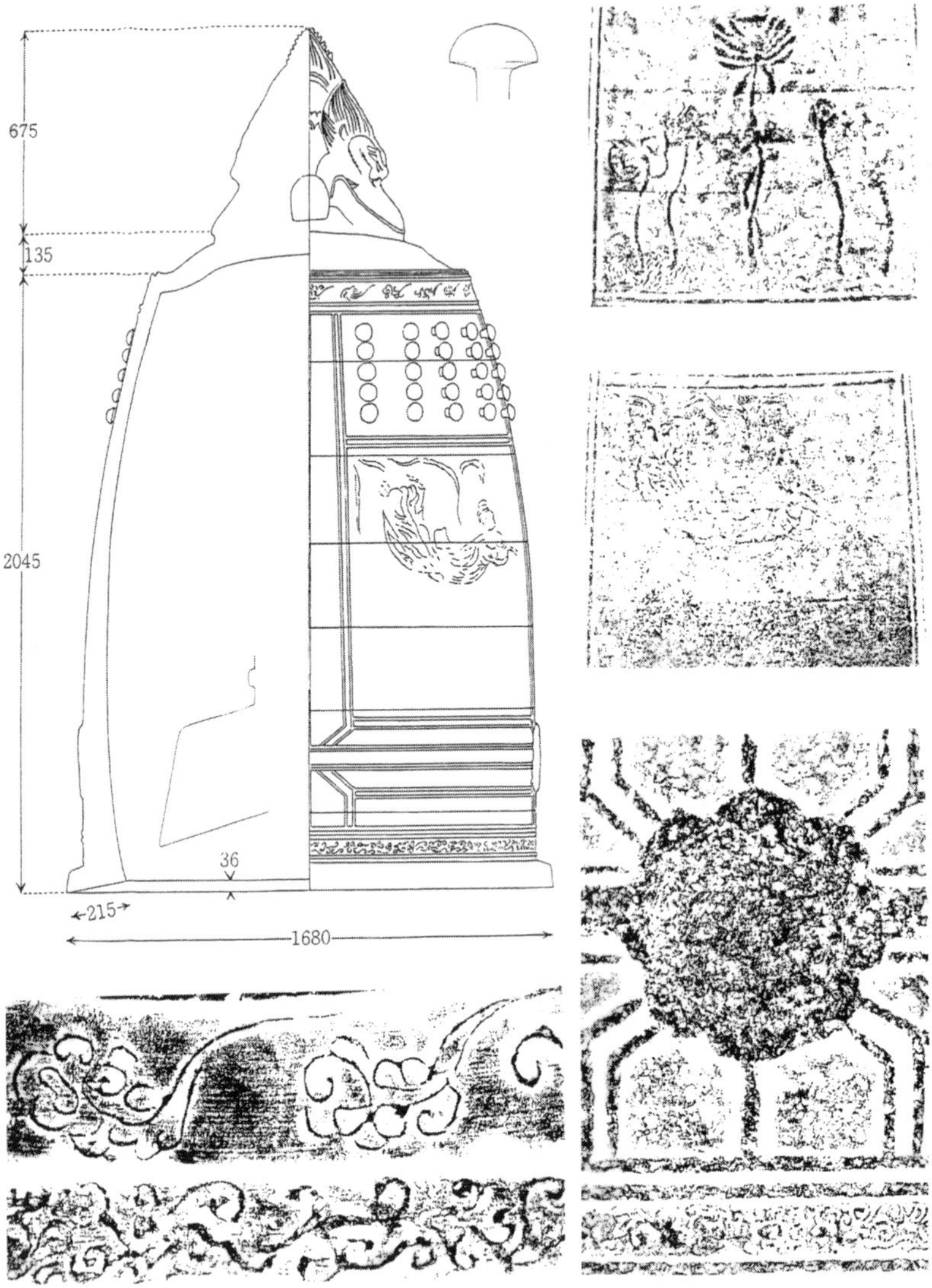

第 22 図　梵鐘

(実測図 30 分の 1、池の間 24 分の 1、撞座 8 分の 1、上帯・下帯 4 分の 1)

(奈良国立文化財研究所編　1993 を改編)

長⎡　⎦／院□主誉慶」、縦帯と第四区が「⎡　⎦／勧進⎡　⎦／⎡　⎦／大⎡　⎦／大⎡　⎦／大⎡　⎦／大工沙門」とあるが、読めない文字があまりにも多過ぎる。

かろうじて読めた文字から内容に迫ると、まず羽黒山寂光寺の鐘であることがわかり、最初から現在地にあった鐘であることが判明する。寂光寺は、羽黒山頂に寂光寺の地名が残るが、山頂にあった寺院を指すことはいうまでもない。「椎」は「撞」のことで、撞鐘一口を鋳奉ると読み、この梵鐘を鋳造して奉納したことが知られる。その後の割註は、梵鐘の口径など大きさと、重さが「十斤」であることを記したものであろう。巨大な梵鐘であることを強調したかったのに違いない。「同銘⎡　⎦序」は表題であろう。「それ撞鐘は」で始まる文章は、梵鐘の音のよさを述べ、その功徳を説いているが、文字が不明なためにわからない点も多い。「銘曰」以下はほとんど内容を汲み取ることができないが、「法」や「仏事」という用語から仏教的な色合いの濃い文章であることだけは理解できる。坪井は、「□法大成」を「功徳大成」と読んでおり（坪井一九八四）、その読みだと趣旨が明白である。「建治元年乙亥八月廿七日」の紀年銘は、文字が明確で、疑問の余地がなく、この梵鐘の価値を高めている。その次は、施主であるとみられるが、誉慶以外の名を知り得ない。坪井は、「上旬長⎡　⎦」「中旬長⎡　⎦」「下旬長⎡　⎦」「院主」と読み、羽黒山の役職を冠した人々とみている。上旬から下旬は、月に三交替した役職とみて、長吏職であったと推測している（坪井一九八四）。さらに、勧進聖の名が記され、最後に大工の名が書かれたのであろう。「大工沙門」とある以上は、鋳物師である大工は、僧籍をもっていたとみられる。なお、この梵鐘を製作する費用が、勧進によったらしいことがわかるのは貴重である。羽黒山寂光寺の僧侶が発願し、勧進聖によって多くの人々から喜捨を募り、その費用でこの梵鐘が鋳造されたのであろう。

ところで、この梵鐘が、きわめて大きなものであることはすでに指摘したところであるが、坪井によれば、奈良市東大寺・京都市方広寺・和歌山県高野町高野山金剛峯寺の梵鐘に次いで、日本で四番目に大きなものであるという（坪井一九八四）。この大きさは、山頂にある梵鐘としては異例であり、この梵鐘の特色でもある。銘文によれば、勧進による費用の調達がなされたことが知られるので、よほど広範な勧進活動が繰り広げられたのに違いない。

ここで注意しておきたいのは、このような巨大な梵鐘は、羽黒山のような山中に他所から移動することは困難で、羽黒山で鋳造したとしか考えられないことである。この梵鐘を鋳造した大工は、羽黒山頂に一定期間滞在し、そこで鋳造作業をおこなったと考えられる。おそらく、羽黒山頂のどこかに、梵鐘鋳造遺構が埋もれているはずである。大工の名を知り得ないのは残念であるが、彼らが外部から羽黒山に出張し、困難な仕事に従事したことは疑いない。

また、この梵鐘は、大きさだけでなく、意匠においても個性的である。まず、池の間に天人を描いた梵鐘は、坪井によれば、長野県南佐久郡小海町諏訪神社の弘安二年（一二七九）のものが知られるのみであるという（坪井一九八四）。環日天人の意匠は、朝鮮鐘に特徴的なものであり、その影響を考慮する必要があろう。とすれば、梵鐘においても、環日本海文化を想起しなければならないかもしれない。さらに、池中蓮華は、福島県喜多方市熊野神社の貞和五年（一三四九）のものが知られるのみであるという（坪井一九八四）。天人と池中蓮華が暗示するのは、極楽浄土であり、この梵鐘の意匠は浄土教的な性格を帯びているといえる。いずれにせよ、この梵鐘の意匠は、当時最新のものであったとみられる。そうした新しい文化を、羽黒山が積極的に取り込んだことは、中世羽黒山の宗教文化を理解するうえで軽視できない現象といえよう。

五　三鈷沢の日本刀

いうまでもなく羽黒山寂光寺は山岳寺院であり、山頂に主要堂宇、そこより奥に行場、下に院坊を配するという空間構成になっていた。平地伽藍では、塔や金堂からなる仏地、僧房を主体とする僧地、政所など寺院経営の拠点が営まれる俗地という空間区分があり、仏地の背後に僧地、その外側に俗地という空間構成が一般的である（坂詰一九七九）。ところが、羽黒山の場合、仏地にあたる施設が山頂に営まれ、その手前に僧地が配されている。それは山頂よりも奥に月山をはじめとする聖地を控えており、修行の拠点となる施設や行場が存在していたためで、山を神聖視する山岳宗教の霊場ゆえの特質を示す空間構成であるといえる。しかも、山麓には山内よりも世俗的な性格の強い宿坊街が形成されており、月山山頂方向に聖のベクトル、山麓方向に世俗のベクトルが働いていることがわかる。羽黒山の宗教的世界が巧妙に計画された象徴的な空間であったことは、遺跡のあり方からもうかがえるのである。

さて、月山中腹にある三鈷沢の洞窟は、羽黒修験の聖地であり、入峰修行の行場でもあるが、その内部から発見された大量の日本刀の刀身が出羽三山歴史博物館に収蔵されている（第23図）。洞窟は、切り立った崖の中腹にあり、かつては内部に銅製阿弥陀如来立像が安置されており、人骨が散乱していたと伝える。人骨は、火葬されていなかったようで、風葬を連想させる状態で散乱していたという。そこから発見された多数の日本刀については、井之口茂によって報告されており（井之口二〇〇八）、概要を知ることができる。井之口によれば、日本刀は、四六口を数え、鎌倉時代中期から江戸時代までのものが含まれているという。日本刀は、その成立時期を含め、わからないことが多く、錆びた日本刀の年代比定も決して容易ではない。井之口によって実測図が提示されたことは、日本刀の考古学的研究の端緒として大いに評価されるものであるが、茎を右手に図示したことなど、初歩的な問題を残したことは残念である。日本刀が、左手で保持し、右手で加撃するものであることは、あえて指摘するまでもあるまい。いずれにせよ、今後、日本刀の型式学的な研究が深化することを、期待してやまない。

ここで注目されるのは、三鈷沢の洞窟における日本刀の初源が、一三世紀に遡ることである。羽黒鏡が一二世紀に出現し、一三世紀に梵鐘、一四世紀に経塚遺物・五重塔、銅製灯籠竿が製作されたことと、無関係ではあるまい。一三世紀は、羽黒山の整備が本格化した時期でもあり、一連の動きはそのことと深い関係にあると思う。

もっとも、三鈷沢の日本刀の最新のものは、江戸時代まで下るとされていることからすれば、それ以前のものは伝世した後に遺跡にもたらされた可能性を否定できないことに留意する必要がある。三鈷沢への日本刀の奉納は、一三世紀から連綿と継続されてきたとみることもできるが、江戸時代に一括して納められたものと考えることもできるわ

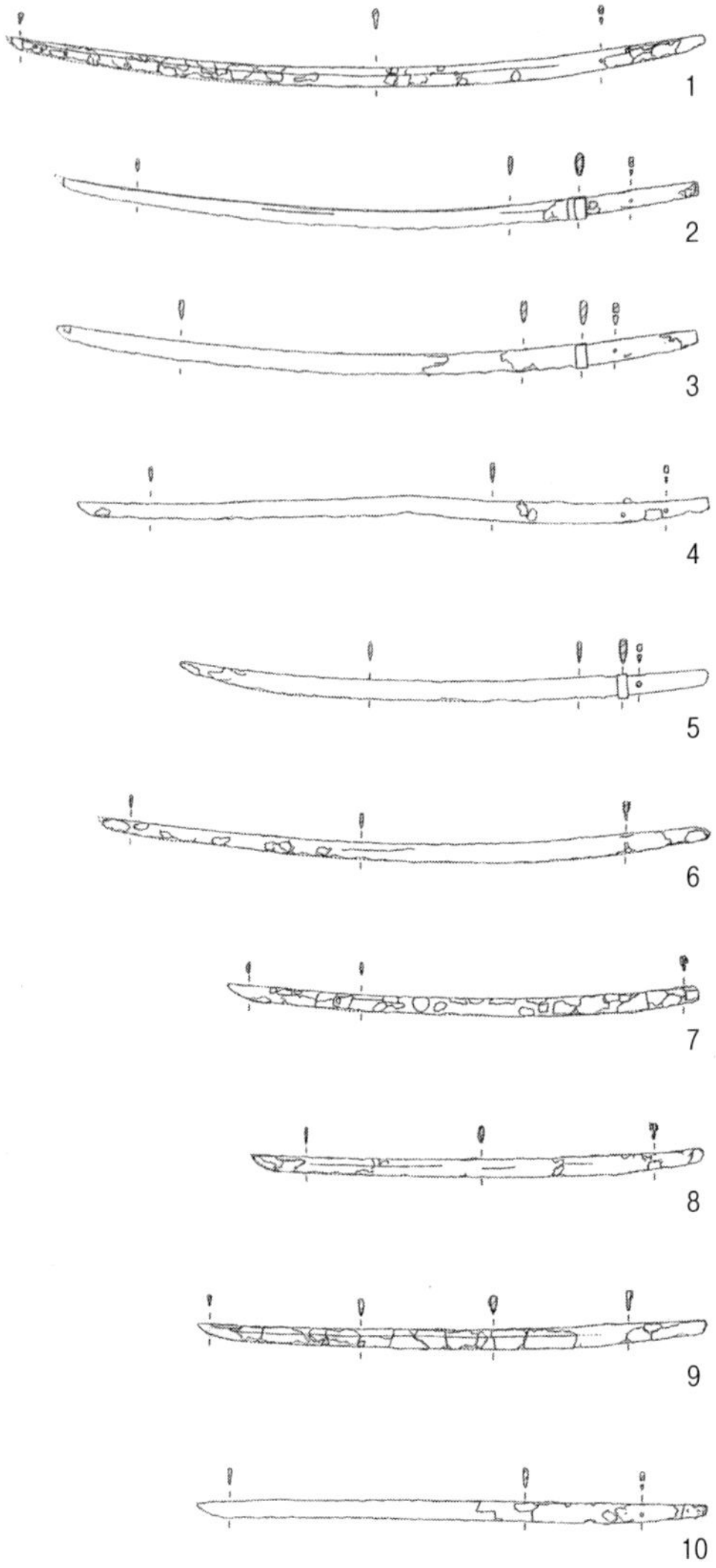

第23図　三鈷沢の日本刀

1～4. 鎌倉時代　5～8. 室町時代　9･10. 江戸時代
（縮尺16分の1）（井之口2008による）

けである。いずれが、実態を示すものか、大いに議論すべきであるが、実証することは難しい。むしろ、武器を奉納する習俗が、いつ頃おこなわれていたのかを、広く見渡しながら位置づけることが求められよう。

もし、武器奉納の習俗が、一三世紀かそれをやや下る時期、すなわち鎌倉時代に遡るとすれば、その頃に三鈷沢が行場として位置づけられ、行場の本尊への武器奉納が開始されたことになろう。しかも、そうだとすれば、羽黒山の宗教的な空間構成が、その頃には確立したことを意味する。ただ、それはあくまでも可能性であって、ずっと新しい時期の奉納である可能性も残されている。しかも、それは、連綿と繰り返された習俗ではなく、たった一度の廃棄であったかもしれないのである。武器奉納の時期の特定は、こうした問題に終止符を打つであろうが、それには慎重な検討が要求されるのである。

ところで、武器の奉納は、日光男体山・笈ヶ岳・白山など各地でみられるが、いずれも中世に流行したことが知られ、武器を保有することができた階層によって奉納されたものと考えられる。もっとも、三鈷沢の洞窟は本尊を祀る聖地であり、修験者の参籠行がおこなわれた行場であり、一般人の容易に立ち入れる場所ではなかったことから、武器を修験者に託して奉納したものとみられよう。武器を行場へ運搬したのは修験者である可能性が高く、そのためには羽黒修験道が成立していたことが奉納の前提となることはいうまでもない。

このような筆者の考え方に対して、井之口は、武器は寺社勢力によって保持されていたもので、武家の関与を説くのは誤りであると主張する（井之口二〇〇八）。しかし、筆者が最初にこの枠組みを提示したのは、笈ヶ岳の出土遺物に関してであって（時枝二〇〇三）、羽黒山に対してではない。寺社勢力との直接的な関係を想定することが難しい笈ヶ岳と、寺社勢力の拠点である羽黒山は同一視できず、羽黒山に関しては井之口の指摘の通りであるが、ではなぜ寺社勢力内部で武器の奉納が必要であったのか、ご教示いただきたいところである。

おわりに

中世の霊山をめぐる宗教文化について、羽黒山を事例に検討してきたが、さまざまな問題の所在を浮彫にすることには成功したが、個々の問題について必ずしも十分に掘り下げることができなかった。個々の問題はそれぞれが独立した問題であり、しかも諸問題間に必ずしも有機的な関連があるわけではないがゆえに、全体としての展望をもつことができなかった。

もしも、全体的な脈絡を見出すことができるとすれば、羽黒山史の全体像への見通しが開けるはずであるが、それを構想できるほどの歴史的展望がないために生じた限界かもしれない。霊山の歴史は、そこに依拠した寺社勢力の盛衰を柱とすることが多いかもしれないが、それを考古資料によって叙述することは、初めから大きな限界を抱えていると考える。文献史料による精緻な歴史の叙述をもとに、考古資料がどの段階にどのような相貌をみせるかを跡付けることによって、問題の所在を探るべきであったかもしれない。霊山の歴史は、言い古されたことではあるが、諸資料を渉猟する作業を基礎に、全体像を構築して、初めて解明できるものであることは疑いない。

羽黒山の宗教文化の場合、羽黒派修験道がいつ成立したのかがいまだ明確でないため、羽黒山で形成された宗教文化を、修験道との関連で語れるか否かが確言できないという限界がある。

第一に、羽黒鏡の場合であるが、従来修験道との関連が強調されてきたが、むしろ京都との交通の影響が大きく、羽黒山の宗教家の関与は疑いないものの、修験道成立以前の宗教文化である可能性が高いといえよう。京都と羽黒を往来した宗教家が、一体どのような宗教の担い手であったのかいまだ不明であるが、山林仏教と深い関係にあったであろうことは容易に推測できるところである。その実態の解明は今後の重要な課題となろう。

第二に、羽黒山における宗教施設の整備は、経塚や梵鐘の出現と深い関係にあるが、基本的に羽黒山における寺社勢力の形成と切り離せない問題であるといえよう。当然、この問題は羽黒山の一山組織がいつどのように確立したかを問うことでもあるが、その主体は学侶であり、地方における顕密仏教がいかなる過程を経て形成されたかを解明することが課題となる。梵鐘の銘文から知られるように、聖による勧進活動がおこなわれたこともあきらかであり、一山組織における学侶・行人・聖らがどのような立場と役割にあったかをあきらかにするとともに、経済的な基礎がどこにあったかを具体的に示す必要があろう。宗教施設の問題は、宗教思想の問題である以上に、経済的な問題であることは疑いない。

第三に、三鈷沢の日本刀の問題は、羽黒山における行場が、どのような性格をもつ場であったかを解明する糸口となる。日本刀が武力の象徴であることは疑いないが、奉納の担い手を寺社勢力内部に求めるか、それとも外部に求めるかによって、奉納行為の意味が異なってくることはいうまでもない。行場が、行人の管理下にあったとすれば、行人の連帯によって生まれた宗教である修験道との関連が予測できるところであり、この問題は羽黒派修験道と直結してくることが予測される。第一・第二の問題と異なり、第三の問題は、文字通り羽黒派修験道の宗教文化の問題ということができよう。

このように、中世羽黒山の宗教文化は、修験道だけの問題に留まるものではない。しかも、羽黒山の地方文化の解明に留まるものでもなく、遠く京都との交通を前提とした文化の形成についても考えなければならない。むしろ、羽黒山が、日本海の海運などを介して、広範な社会的・宗教的ネットワークを形成したことに着目する必要がある。そして、そうした環境を生かして、羽黒山がどのような宗教文化を育んだかを、総合的に理解する作業が求められている。今回は、その研究のための予備的な考察をおこなったに過ぎないが、今後個々の問題の一層の解明を果たすとともに、宗教文化形成のメカニズムの考察へと一歩を進めなければならないであろう。

第九章　霊神碑と木曽御嶽講
―北関東の事例―

はじめに

近世の霊山をめぐる宗教文化は、参詣習俗や民俗芸能に象徴されるように、歴史学や民俗学の分野でおもに研究されてきた。近世には、霊山への参詣が大衆化し、講集団などを結成して登拝することが一般化した。それに伴って、参詣のための施設や支援組織が整備され、修行性が薄れて参詣習俗が定型化した。また、中世には特定の宗教家によって担われていた芸能が、社会に広範に受け入れられ、いわゆる民俗芸能として定着した。それらの宗教文化をめぐって、考古資料が注目されることは少なかったが、皆無なわけではない。

ここで取り上げる霊神碑のような石造物は、従来金石文として扱われることが多かったが、銘文以外の要素に注目すれば、それが考古資料としての性質をもつことはいうまでもあるまい。石造物の考古学的研究は、近年活発におこなわれているが、墓石や庚申塔など、その範囲は限られている。石造物を題材に、考古学的な方法を駆使して、霊山の宗教文化を論じることは、必ずしも広くおこなわれているわけではない。そこで、本章では、長野県と岐阜県にまたがる木曽御嶽山（標高三〇六三ｍ）の山中にある霊神碑を取り上げ、近世から近代にかけての木曽御嶽山の宗教文化について考えてみたい。

木曽御嶽山における霊神碑については、すでに生駒勘七（生駒一九六六・八八）、宮田登（宮田一九七〇）、児玉允（児玉一九七八）、菅原寿清（菅原二〇〇二）、小林奈央子（小林二〇〇八）をはじめ、多くの研究者によって論じられており、霊神碑の背後にある神観念などについて研究が深められている。もっとも、それらの研究の多くは、民俗学や宗教学の立場からのものであり、考古学からのアプローチはみられない。

しかし、年々増え続けていく霊神碑の全貌はいまだ把握されておらず、従来の研究も十分な実態調査をおこなったうえで議論がなされてきたわけではなかった。石碑としての霊神碑そのものの研究は意外にも立ち遅れていたのである。そうした状況に対して、考古学の立場からなにができるのかを、具体的な調査にもとづいて考えてみることも意義あることであろう。

ここでは、群馬県を中心とする地域で活動した木曽御嶽講が、木曽御嶽山に造立した霊神碑について可能な限り現地で調査をおこない、その結果を踏まえて霊神碑の時代的な推移、木曽御嶽山登山記念碑との関係、造立者・性格などについて考察したいと思う。もとより、総数が数万基に達するであろう霊神碑の全体からみれば、九牛の一毛にもならないような事例にもとづく研究に過ぎないが、霊神碑の実態調査にもとづいた考察を試みることには、方法論的な展望を示すことも含めてそれなりの意義があろう。

一　霊神碑の概念

本論に入るに先立って、霊神碑の概念について整理し、議論の前提を固めておこう。

生駒勘七は霊神碑について、「御嶽信仰のひとつの大きな特色であり、他の信仰とは異るものに、御嶽講社の講祖、先達等の霊を御嶽山内に祀る風習がある。その形式は、銅像や石像を彫造するものと、石碑を建立するものと二通りあり、そのうち一番多いのが普通霊神碑（霊石、霊碑ともいう）と称している石碑型のもので、御嶽登山道（黒沢、王滝口とも山麓から八合目附近までの間）に建並んでいる石碑の数はおよそ二万近くある。これは誠に珍らしい信仰形態であって、他から来た信者以外の一般登山者には奇異の念をいだかせるものであって、これと同じものは他でみることができない」（生駒一九六六、二〇七頁）と説く。つまり、霊神碑は「御嶽講社の講祖、先達等の霊を」祀る石碑であり、木曽御嶽信仰独自のものであるということになろう。

第 24 図　霊神碑

その後、生駒は、霊神碑の概念をより精緻なものにした（生駒一九八八、八四～九四頁）。第一に、霊神碑の起源と歴史的性格について、「覚明・普寛両行者の霊を神として御嶽山中に祀ったのが霊神碑建立の濫觴であり、覚明行者が二の池池畔で立ち往生したとする伝承に基づく、行者の立像や、上野東叡山日光御門主より授けられた覚明菩薩号を刻んだ石碑、王滝口花戸の普寛行者五十年忌供養塔などの銅像や石像、石碑などが山内に祀られていたものである。この後、死後の霊魂の憩いの場を御嶽に求めようとする御嶽信仰独自の霊魂観は、しだいに一般信者の間にも浸透し、講社の活動に功績のあった行者たちを霊神として崇敬し、その死後の霊魂の依代としての霊神碑建立の風習が盛んになり、山麓から山頂に至る黒沢口・王滝口両登山道の両側には、約二万基を超えるといわれる霊神碑が林立するに至ったものである」と述べたことである。第二に、「御嶽信仰には「霊神碑」といって「何々霊神」と自然石に刻んだ石碑を建てる風習と、「御座」と称する神がかりによる病気治療や卜占の信仰があり、御嶽独自の信仰として知られている」が、「この両者は密接な関連を持ち、ともに御嶽信仰独自の霊魂観に基づくものである」ことを明確に指摘したことである。第三に、霊神碑の形式について、「霊神碑は扁平な自然石で、しかも角のない丸味を帯びた大きな川石を用いるのが普通で、一般に見られる頌徳碑や記念碑と同様の形式である」とし、「碑面に「何々霊神」、裏面・側面・台石などに、俗名、講社名、建立年月日などが刻まれている」としたことである。これらを整理すると、霊神碑は「覚明・普寛両行者の霊を神として御嶽山中に祀った」ことに始まり、「講社の活動に功績のあった行者たち」の「死後の霊魂の依代」として普及した「御嶽信仰独自の霊魂観に基づくもの」で、霊神号・俗名・講社名・建立年月日などを刻む扁平な石碑ということになろう。

児玉充は、「霊神碑は御嶽山内をはじめ、その遥拝所・教会・神社の境内・墓地などに建立される霊神号をもった碑」（児玉一九七八、一八七頁）で、「御嶽山内で管見する限り明治十年頃をさかいとして盛んになっており、それ以前に建てられた碑は極めて少ない」（同一八八頁）とする。その形式には石製・木製・小祠があり、もっとも一般的な石製のものは「自然石に霊神名を彫り込んだ形式と、加工して頭部を尖らせた舟形光背型で碑面を垂直に削ったところに霊神名を刻む形式があり、これが山内霊神碑のほとんどをしめる」（同一八九頁）という。また、霊神碑が造立される場所は、木曽御嶽山内のほか、墓地、「山中・山頂・峠といった高地」、「神社の境内」の「三つに大別することができる」とする（同頁）。さらに、霊神碑をめぐる民俗にも言及し、「死後遺族かまたは講が立てる場合」と「生前に自らが建ててゆく場合」があることを指摘（一九一頁）したうえで、霊神碑への納骨・納髪の習俗に触れ、「霊神碑はその信仰習俗からみる限りにおいて死者の霊を移し鎮め、その霊魂祭祀を行なうための、いわゆる両墓制における詣り墓としての機能をもつことが解される」（二〇一頁）と主張する。児玉の霊神碑概念は多岐にわたっており、要約することが難しいが、霊神碑が記念碑ではなく、供養塔としての性格をもつものであることを重視する点に特色がある。

平野榮次は、「木曽御嶽講の講徒が、自己の霊魂の安住の地を御嶽山の山中に求め、死後「□□霊神」と呼ぶ霊神号を刻んで山中に建てた碑を霊神碑という」とし、その起源について「御嶽山の信仰を民衆の中に広めた覚明は、身も心も山中に留めることを願い、山頂の二の池のほとりで入定した。また普寛は山中での入定を決意したが果たせず、布教の途次わが心は御嶽山に留まるとした辞世を残して死去した。この風潮は御嶽講徒の間に広まり、各講ごとに山中に「霊神場」と呼ばれる一区画をそれぞれ確保し、ここに講徒の霊神碑を建て並べている」とし、覚明と普寛の思想に求めた（平野一九八六）。さらに、その性格について、「この霊神碑は墓碑とは異なるが、死者の霊魂がここに留まっていると信じられていて、近年この碑の下に、死者の毛髪や骨の一部を埋める習俗も現れ、一種の両墓制的様相を見せている」と説いている。霊神碑の基本的な特色について、要領よく整理したものとして、大いに評価できるものであるが、何分辞典の用語解説であり、十分に議論を尽くしたものとは言い難い。

菅原寿清は、霊神碑を「御嶽を信仰する講集団が特定の神霊との間に特別な関係を保ち、それらを儀礼の対象としているような具体的な信仰形態」（菅原二〇〇二、二七一頁）とし、「大神―諸神仏―霊神といった三元的構造からなる階層化された神霊観」（同二四三頁）にもとづいて造立されていることを霊神碑の配列方法や儀礼に即して解明する。さらに、霊神碑の成立過程を跡付け、「明治以降の急激な社会的政治的変動は宗教制度にも大きな影響を与え、各地の講集団は各教派に分散所属することとなり、一層信仰の本源を御嶽に求めようとする願望が強くなり、普寛行者や一心行者の「死ねば霊魂（童子）は御嶽に帰る」という信仰から、霊魂の拠りどころが必要であったことも、霊神碑の建立へと凝集していった一因であったといわれる」（同二五〇～二五一頁）とする。さらに、「近年では霊神号の追贈や碑の建立方法にも急激な変化が見受けられる。たとえば、行者が生前中に自らに霊神号を追贈し碑を建立するとか、講社の経営上の理由から安定した信者との関係を保持していくために、信者や信者の家に対しても霊神号を追贈し碑を建立することなどである。そうした場合、生存中に建立した碑には霊神号を刻んだ文字の一部に朱を入れるとか、「〇〇家霊神」といった一般に見られる墓の建立や累代墓の形式が多く、いわゆる両墓制に近い形態となりつつある霊神碑も見受けられる」（同二五二頁）と指摘し、霊神碑をめぐる信仰のあり方の変化に注目する。菅原の霊神碑概念は、霊神碑そのものについての概念というより、その背後にある霊神信仰の可視的な表現形態として霊神碑を位置づけるためのものにほかならない。

小林奈央子は、「霊神碑とは、修行を積んだ御嶽行者や、生前、講の活動に尽力した信者などが、「霊神」の神位を授かり、祀られた石碑のことである」と定義し、「行者や篤信者本人の死後、その遺徳を偲んで造立されることもあれば、行者・篤信者本人が、生前に自ら建立する場合もある。形態は、自然石で造られたものや、石を加工整形してつくられたものなどがあり、多くは後者のように石に加工が施され、「霊神名」を刻印するために表面が平らに削られている。頭部は先のとがった舟形光背型や平らな角柱型などが多い。標準的な霊神碑の大きさは、高さ一・五メートル、幅一メートル、厚さ二十センチメートル程度であり、大きいものになると高さ三メートルを超えるものもある。愛知県内での標準サイズの石碑の価格は、四十万円から五十万円程度であるという。中央に「〇〇霊神」というように霊神名が刻まれ、その脇や背面に俗名・造立年・享年・造立者などの情報が刻まれているのが一般的である。生前に建てられる場合は、霊神名の一部を朱で書くなど、墓碑と類似した風習も見られる」と具体的に説明している(小林二〇〇八)。

また、「「霊神名」とは、御嶽行者や講員として尽力した信者に対し、死後あるいは生前に授けられる神名のことで、「中座」と呼ばれる憑坐に、「前座」と呼ばれる統御者が神霊を降ろす神降ろしの「御座」の儀礼により、神霊から託宣によって授けられるのが基本である。ただし、近年は御座が挙行できる御嶽講が減っていることもあり、講の先達が各講の伝統に従いながら決定したり、行者自身が決めたりすることもある。東海地方では、地元出身の覚明にちなみ、「覚」の字が頭に付く霊神名が非常に多い。所属する講は個々人で異なっていても、「覚」の一字が入ることで、一様に、覚明の法を継ぐ行者であることの表明になっている」ことを指摘している。

さらに、「霊神碑の歴史的変遷」に言及し、「当初は、一部の限られた積徳の行者を供養する目的で建てられ始めた石碑が、明治以降、次第に、「霊神」の号を受けた行者を祀る石碑へと性格を変えていった」とし、明治時代の霊神碑については「死者の供養や追福という目的以上に、死者の「功績を讃える」というような、顕彰碑的性格の強いものになっていった」ことを指摘している。そのうえで、民俗学による安易な「両墓制や死霊祭祀との類似、霊魂観への言及」を批判し、霊神碑が建立される霊神場という場所にも注目しながら、霊神碑とは何かをあきらかにしている。

霊神碑の概念については、小林の整理に付け加えるものはないが、あくまでも宗教学の視点からのものであるので、考古学的な視点からの内容を加味し、とりあえず霊神碑を以下のように規定して、その具体的なあり方について考察したいと思う。

木曽御嶽山で修行し、験力を獲得して、霊神号を取得した行者を祀る碑。天保期に出現し、明治時代に広く造立されるようになった。形式は偏平な板状の身部を長方形の台石上に建てたものが多い。碑面には、霊神名のほか俗名・講社名・住所・造立者名・造立年月日・登山度数・造立意趣などが刻まれる。死後に遺族や講集団によって造立されることが多く、近年では遺骨や遺髪を納めたものもみられる。

この概念規定が十全なものでないことは百も承知しているが、以下の議論の叩き台としては、当面の目的を達成できるものであると思う。概念の問題は重要であるが、そこに着地点があるわけではなく、あくまでも問題点を明確化するための方法に過ぎない。その点に留意しつつ、霊神碑をめぐる問題について、以下考古学的な視点から考察したいと思う。

二　霊神碑と登山記念碑

具体的な考察に先立って、木曽御嶽山の信仰と歴史の概要について、ごく簡単に触れておきたい。

御嶽山は、信濃国の国峰であるとされ、中世から信仰の対象であった。山麓の黒沢と王滝には御嶽神社里宮が鎮座し、黒沢は諏訪大社大祝家から派遣されたと伝えられる神職武居家、王滝は開発領主三浦八郎兼重の系統を引く神職滝家によって奉祀されてきた。黒沢では、至徳二年（一三八五）に現在の若宮社の場所に御嶽座王権現と安気大菩薩を祀ったのが最初で、その後蔵王権現と八幡大菩薩を勧請し、本宮が創建されたと伝える。里宮は、木曽氏の庇護を受け、神社としての整備が進められ、神領が安堵された。王滝の滝家には、中世に遡る古い祭文・祝詞などが残されており、山麓における祭祀の実態を知る貴重な史料となっている。

中世にも御嶽山登山がおこなわれたが、一〇〇日の重潔斎を経ないとおこなえない厳しい修行であったため、登拝したのはもっぱら修行を専門におこなう道者ばかりであった。彼らは、潔斎のために滝行・垢離・湯立神事・参籠などをおこない、その後初めて山頂を目指して登山した。近世の史料ではあるが、『翁草』に、御嶽山登山は、昼夜を問わず光明真言を唱え続け、何度となく水垢離をとる難行で、「御山禅定」といったとみえる。神仏習合色の強い修行であったことが知られる。

このような重潔斎の修行では、一般の行者が御嶽山に登拝できず、信仰を拡大することができないので、軽精進のみで入山できる方法を最初に生み出したのが覚明である。覚明（一七一八〜八六）は、尾張国春日井郡牛山村（愛知県春日井市）で生まれ、何度も四国遍路などをおこなった宗教家である。天明五年（一七八五）、地元民や信者を率いて黒沢口から登拝を試み、見事登拝に成功した。しかし、神職武居家の許可のないまま登拝を強行したため、代官所に捕えられた。重潔斎を守ろうとする神職・代官らと、軽精進での登拝を広めようとしていた覚明らの間に、軋轢が生じていたことがうかがえる。翌年、覚明は神職家などの反対を押し切って登山し、地元民の協力のもと登山道の整備を進めたが、二ノ池畔で立ったまま往生したという。死骸は九合目の岩窟に葬られたが、後年そこに覚明堂が建設され、現在も木曽御嶽講の聖地として信仰を集めている。

普寛（一七三一〜一八〇一）は、寛政四年（一七九二）に王滝口から登拝を試みて成功したが、多くの江戸の信者を率いての登拝であった。普寛は、武蔵国秩父郡大滝村落合（秩父市）で生まれ、三峰山観音院で修行した本山派の修験者で、江戸八丁堀法性院の住職を勤めていたが、ふとしたことから御嶽山の存在を知り、登拝を志したと伝えられている。普寛が、江戸から多くの信者を連れてきた背景には、御嶽山の信仰を江戸において広めようとする意図があってのこととみられる。普寛は、覚明と異なり、御嶽山を多くの信者が自由に登拝できる霊山として整備しようという意志が最初からあったのである。そのため、山中の随所で御座を立て、神仏を祀るべき地点を探索した。御座というのは、中座に降りた神霊のことばを、前座が聞き取るもので、現在でも御嶽講で広くおこなわれている儀礼である。

覚明と普寛によって中興された御嶽山は、中京や江戸の信者の信仰を集め、毎年多くの参詣者で賑わうようになった。とりわけ、普寛によって導入された御座は、神霊や講祖と直接対話ができることが魅力とされ、多くの民衆の心を惹きつけた。普寛の墓所がある武蔵国本庄宿（埼玉県本庄市）には普寛堂が創建され、弟子の泰賢（？～一八〇五）・順明（？～一八三八）が相次いで堂守となり、普寛の法統を受け継いだ。その後、御嶽信仰では普寛の最後の弟子と伝える一心（一七七一～一八二二）によって結成された一心講が隆盛したが、文政三年（一八二〇）に一心が幕府から遠島を申し付けられて下火になった。しかし、その後も御嶽信仰はおもに在俗の行者たちから支持され、関東地方では普寛の系譜を引く御嶽講が各地で結成された。御嶽講は、関東地方から中部地方に伝播し、覚明の系譜を引くとされる覚明講が誕生した。こうして、御嶽講は、東北地方から四国地方までの全国各地に広まった。御嶽講では、毎年夏季に多くの講員が御嶽山に登拝したが、山中で御座を立てる講社が多かった。御座は、中座に神霊や講祖などが憑依して託宣をおこなう儀礼であるが、中座になるためには厳しい修行が必要とされたため、冬季の御嶽山を訪れて清滝などで修行に励む行者も少なくなかった。

明治政府によって断行された神仏分離は、御嶽山にも大きな影響を与え、それまで祀っていた本地仏に代わり、大己貴命・少彦名命・国常立尊の御嶽三神を主神として祀るようになった。元来、御嶽信仰は、仏教的な色彩が濃く、両部神道を基本としていたが、そうしたあり方が神仏分離によって否定されたのである。そのため、神道の儀礼を積極的に取り入れるなどの努力をして、時代への適応を図ったのである（中山二〇〇七）。

また、各地の御嶽講は、宗教活動を存続させるために、新田邦光（にったくにてる）（一八二九～一九〇二）を教祖とする神道修成派や芳（よし）村正秉（むらまさもち）（一八三九～一九一五）率いる神習教御嶽教会などに所属した。明治十五年（一八八二）、下山応助（生没年不詳）の尽力によって、平山省斎（一八一五〜九〇）を管長とする御嶽教が成立し、関東地方を中心とする御嶽講が加入した。御嶽教は、長年東京に本部を置いていたが、昭和四十年（一九六五）に奈良市に移転した。奈良市の本部を「里の本部」、木曽町の木曽福島駅前にある大教殿を「山の本部」と呼び、現在も活発に活動している。昭和二十一年には、黒沢の御嶽神社を拠点に中部地方の覚明講が結集し、御嶽神社宮司武居誠を管長とする木曽御嶽本教が結成された。このように、近代における御嶽講は、教派神道のなかに組み込まれ、新たな活動を展開したのであった（中山二〇〇七）。

もっとも、御嶽教や木曽御嶽本教は、御嶽講を統轄する組織であるため、個々の御嶽講の自立性は維持された。御嶽講では、夏山登拝や寒行などの修行をおこなうとともに、地元の鎮守の祭日などの機会に火渡りをはじめとする儀礼を執行してきた。また、行者は、占いや祈禱などをおこない、地域住民の生活に深く関わってきた。四月十日と十月十日（もと九月十日）に開催される本庄普寛堂（埼玉県本庄市）大祭には、全国から御嶽講の行者が集まり、柴灯護摩・線香護摩・豆煎り護摩・米煎り護摩・釜鳴り護摩・五行垂れ護摩・刃渡り・火渡りなどが実修され、日頃の技を競い合う光景がみられる。

また、御嶽講では、行者の霊魂は、死後も御嶽山で修行を続けているといわれる。勝れた行者には霊神号を付与し、霊神の地元や御嶽山の中腹に、霊神を祀るための霊神碑を建てる。霊神碑は、講ごとに霊神場を設けて管理されている場合が多く、黒沢や王滝の登山道沿いにたくさんの霊神碑が林立している景観は御嶽山独自のものといえよう。御嶽講では、夏山登拝の際に、自分たちの講祖などを祀る霊神場を訪れ、御座を立てて霊神の意思を伺い、祭りを執行する。霊神信仰は、人が死後神になる人神信仰の典型ともいえ、日本の宗教を考えるうえで重要な手がかりを提供してくれる。

さて、木曽御嶽山の王滝口登山道沿いに林立している多数の石碑は、大部分が霊神碑であるが、登山記念碑をはじめとする記念碑も多数含まれている。霊神碑の銘文にも登山度数が記されることがあるが、霊神号が記され、霊神を祀るための碑と認められるものは霊神碑であって、登山記念碑ではない。

群馬県を中心とする地域で活動する木曽御嶽講が木曽御嶽山に建てた木曽御嶽山登山記念碑で、最古のものは、二合目大鳥居周辺に存在する文久元年（一八六一）の紀年銘をもつものである（第5表№1）。碑身の正面に刻まれた銘文には「文久紀元歳在辛酉首秋七月之吉／御嶽山三十三度供養塔／光正院徳誠立石」とあり、修験者とみられる光正院徳誠が三十三度目の御嶽山登山を記念して自ら施主となって造立したことが知られるが、単なる記念碑ではなく、供養塔と表現していることが注目される。

ついで古いものは、慶応二年（一八六六）の紀年銘をもつもので（№2）、碑身の正面に「醍醐御殿御直日出元講／御嶽登山三十三度供養塔／上州安中高別当先達渡辺悟一郎祐清」、裏面に「慶応二年寅七月」とあり、上州安中高別当（群馬県安中市）の醍醐御殿御直日出元講の先達渡辺悟一郎祐清がやはり三十三度目の御嶽山登山を記念して造立したものであることが知られるが、これもまた供養塔を称している。

いずれも、修行者自身が三十三度目の登山を終えて造立したもので、修行を成就した証としての性格をもっており、修験者が修行のたびごとに造立する碑伝と同様な機能を果たしたことが推測される。しかも、「三十三」という数字からは、生前に自身の供養をおこなう逆修を目的として造立された可能性が指摘できる。供養塔という表現を用いていることも、逆修供養を目的としていたとみれば、容易に理解できるところである。

木曽御嶽山登山記念碑は、碑伝と同様な修行記念碑であるとともに、逆修供養のために造立される塔婆としての性格を帯びていたと考えられるのである。

ところで、群馬県を中心とする地域で活動する木曽御嶽講が木曽御嶽山に建てた木曽御嶽山登山記念碑は、現在までに二三基が確認されている。その造立時期をみると、第6表に示したように、一八六〇年代に出現して以降、一九二〇年代まで造立され続け、その間一〇年間に三、四基ずつ造立され続けており、安定した様相をみせている。しかし、一九三〇年代以後約五〇年間造立されておらず、一九八〇年代になって一基造立されたが、木曽御嶽山噴火の際に泥流で流された石碑を再建したものであるので例外とみてよかろう。このように、木曽御嶽山登山記念碑は、幕末に始まり、明治時代に造立されるが、大正時代に衰退した。

木曽御嶽山登山記念碑は生前に造立するのが原則であったと考えられる。第5表の№8の片貝弥助は、出身地である高崎市中泉町に建つ「片貝翁之碑」によって明治十八年(一八八五)に六十二歳で亡くなったことが知られ、石碑が造立された明治十七年八月は死の前年に当たるので、生前に造立されたものであることが確認できる。№10や№11は、登山者が当時の講元や社長であり、当然生きていたはずである。№15の本覚院円勝行者は、大正十四年(一九二五)十一月十二日の追刻銘に登山四十九度を達成したことが記されているので、石碑が造立された明治四十一年八月に健在であったことは疑いない。№16の荒川豊重大人命は、一見「大人命」の謚をもつことから死去しているようにみえるが、裏面に刻まれた造立者名の最初に「社長大講義　荒川澄太郎源豊重」とあることから、生前に「大人命」を名乗った可能性が考えられる。№21は再建碑であるが、原碑が造立された明治十九年の時点では、柴崎仙左エ門は丸江講の講元であったことが記されているので、原碑は生前に造立されたものとみてよい。

それに対して、死後に造立されたことが確実な木曽御嶽山登山記念碑も、少数ではあるが存在する。№6の久保田翁は、明治十一年六月二十八日に死亡したことが碑文から知られ、石碑が造立された明治十五年五月までには没後約四年が経過している。明治時代には、江戸時代の木曽御嶽山登山記念碑にみられた修行記念碑や逆修塔としての性格が、徐々に変質しつつあったのではなかろうか。

第５表　木曽御嶽山登山記念碑（群馬県関係）一覧

No.	造立年	月	日	霊神名・行者名	登山度数	造立者	地域	講名	備考
1	1861	7		光正院徳誠	御嶽登山三十三度供養				
2	1866	7		醍醐御殿御直日出元講	御嶽登山三十三度供養		安中高別当村ほか	日出元講	
3	1871	6		明寿行者	御嶽登山三十三度		佐位郡上武士村	丸江講	
4	1871	6		長谷川喜曽右衛門	御嶽登山三十三度	11 講中	緑埜郡藤岡町ほか		
5	1871	7		北村弥七	御嶽登山三十三度		新田郡平塚村ほか	丸江講	
6	1882	5		久保田翁	登嶽之碑		邑楽郡古氷村ほか	丸尾講社	
7	1882	6		池田鷲之進	御嶽登山三十三度	世話人２人	佐位郡上武士村	丸江講	
8	1884	8		片貝弥助	登山六拾六度修行	当所世話人２人・石工１人・発起世話人21人・寄附者52人・世話人48人	高崎ほか	上野国高崎講社	
9	1892			堀口流水	登山三十五度		北甘楽郡大字藤木村		
10	1896	9		下講大講元大竹紋平ほか８人	御嶽山登山三十三度・三十度	37 講社	勢多郡大胡町ほか	上州あ組講社	
11	1899	9		有川喜平誉易	登山五十一度		佐波郡三郷村大字波志江		
12	1900	6		石井茂寛行者	御嶽登山三十三度	教師世話人11人・各村世話人10人・会計係３人・当村世話人１人・同所石工１人・世話人９人・96人	北甘楽郡一之宮町ほか	普寛元講	
13	1901			山田淀之助・相川義道	御嶽山三十三度	４人・石工１人	群馬郡古巻村大字半田ほか		
14	1901	9		浦野久次郎	登山五十三回碑		甘楽郡下仁田ほか	宮本講社	
15	1908	8		本覚院円勝	登山三十三		碓井郡里見	神山講社	

No.	造立年	月	日	霊神名・行者名	登山度数	造立者	地域	講名	備考
				行者	度・登山四十九度		村大字上里見		
16	1912	12		荒川豊重大人命	三十五度登嶽之碑		邑楽郡大川村大字古海村	丸尾講社	
17	1914	9		山崎安平	登山三十三度		吾妻郡嬬恋村大字鎌原村	御嶽山開盛講社	
18	1915	7		笹島嘉七	御嶽登山三十六度	世話人24人・講員70人	桐生市	日出講	
19	1919	12		小澤林□郎	御嶽登山十九度	発起人2人・世話人8人・講員21人	桐生市	上州桐生朝日講	
20	1922	7		梅山秋五郎・飯塚重太郎	御嶽山登山三十三度	寄付者154人	上州下小鳥		
21	1988	7		柴崎仙左エ門	御嶽山三十三度登山	講社長1人・先達7人・世話人会長1人・会計1人・講員11人	新田郡上矢島村	丸江講	再建碑
22				湯浅孫三郎	登山六十度		碓井郡		
23					御嶽登山三十三度	世話人37人	甘楽郡下仁田ほか	宮本講社	

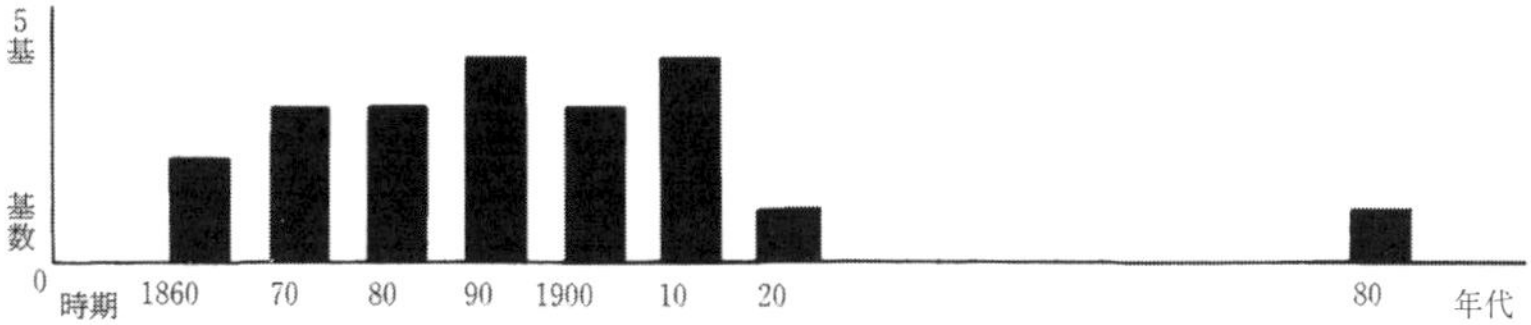

第6表　木曽御嶽山登山記念碑（群馬県関係）の造立基数の変遷

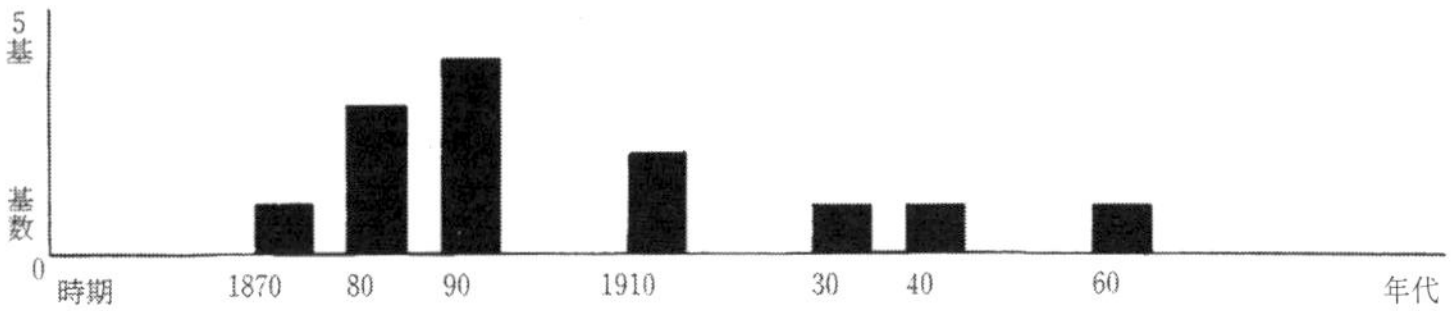

第7表　登山度数を記した霊神碑（群馬県関係）の造立基数の変遷

また、近代には、登山度数も三十三度に拘ることなく、十九度・三十度・三十五度・三十六度・四十九度・五十一度・六十度・六十六度と多様化しており、なんらかの意味のある度数か、それに近い度数を区切りとして造立したことが知られる。しかし、繰り返し登山し、修行を重ねることを重視する姿勢は変化しておらず、修験道の碑伝以来の精神が底流として存在していたことを推測させる。

ところで、登山度数の記載は、木曽御嶽山登山記念碑のみでなく、一部の霊神碑にもみられる。第7表は登山度数を記した霊神碑の基数の変化を示したものである。これをみると、一八七〇年代に出現し、一八八〇年代に増加するが、一九〇〇年代以後急速に廃れていくことがわかる。霊神碑の総数との比率を求めると、一八七〇年代では五〇％、一八八〇年代では三三％、一八九〇年代では三六％となり、最初は約半数の霊神碑に登山度数が刻まれていたのが、その後減少したことがわかる。ところが、アジア・太平洋戦争後にはきわめて例外的な存在になり、大部分もしくは全部が登山度数を刻まないもので占められることになる。たまたま登山度数を記した霊神碑が確認できる一九六〇年代でも、その比率はわずか六％に過ぎない。

このことは、初期の霊神碑が木曽御嶽山登山記念碑と共通する側面、すなわち修行を成就した証としての性格をもっていたことを意味するが、やがてそうした修行記念碑としての性格が徐々に失われ、アジア・太平洋戦争後にはまったく別の性格のものに変化したことを示している。つまり、登山度数を記した霊神碑の基数の変化は、霊神碑の性格の変質を反映したものと考えられるのである。

さらに、登山度数を記した霊神碑の造立基数の変化を、木曽御嶽山登山記念碑の造立基数の変化（第6表）と比べてみると、前者が後者にやや遅れて出現し、やや早く衰退に向かうが、いずれも明治時代を中心に造立された点で共通している。木曽御嶽山登山記念碑の出現が先行することを重視すれば、木曽御嶽山登山記念碑が霊神碑に影響を与え、登山度数を記した霊神碑が生み出されたと考えられよう。そして、両者がともに一九二〇年代頃を境にほとんど造立されなくなるのは、登山度数を重視するような修行優先主義が木曽御嶽信仰の信者たちのなかで衰退していったためであろう。

三　霊神碑の変遷

霊神碑の造立基数の変化を、第8表をもとに作成した第9表によってみると、一八七〇年代に出現し、一八八〇年代から一八九〇年代にかけて増加し、一九〇〇年代以降下降に転じ、一九三〇年代まで減少の一途を辿る。その後、一九四〇年代にわずかに増加し、一九六〇年代になって再び急激に増加し、一九八〇年代にやや落ち込むものの一九六〇年代を下回ることのない高水準を維持し続けている。

霊神碑の造立基数の変化には顕著な増減が認められ、霊神碑が出現する一八七〇年代から第一のピークを迎える一八九〇年代までの第一期、減少に転じる一九〇〇年代から低迷を続ける一九五〇年代までの第二期、急激に増加する一九六〇年代から調査時点までの第三期の三つの時期に区分することができる。

第一期は霊神碑の出現期で、急激に造立基数が増加するものの、実際には一年に約一基が造立された程度のいわば自然成長ともいうべき伸びである。群馬県関係では最古の霊神碑に祀られた第8表№1の森尊霊神が萬願講社大先達、№3の覚白霊神が講元、№5の大常院慶前霊神が大先達、№7の明王喜寛霊神が明王院を名乗る修験者、№10の弁山霊神が権少講義で元講元、№12の喜元霊神が黒髪山神社監護修成派権大講義、№15の利廣霊神が萬願講の講元、№17の兼心霊神と№18の新井観心霊神が権少講義、№21の喜覚霊神が先達というように、霊神たちは講社にとって重要な

第 8 表　　霊神碑（群馬県関係）一覧

No.	造立年	月	日	霊神名・行者名	登山度数	造立者	地域	講名	備考
1	1874	8	2	森尊霊神		世話人７人・発起人１人・講社信心中	北甘楽郡西牧村	萬願講社	
2	1880	7		長木霊神	五十度登山	講元１人・施主１人・184 人 ・講中２	緑野郡藤岡町ほか		
3	1881	8		覚白霊神	登山十七度	世話人14人・41人	緑野郡小林村ほか	丸江講	
4	1881	7	24	明梅行者			利根郡追貝村		
5	1882	8		大常院慶前霊神				上野国本明組	
6	1882	8		普寛霊神		１人	緑野郡高山村		
7	1883			明王喜寛霊神			山田郡植木野村	丸尾講社	
8	1884	7		子孫霊神		１人	緑野郡森新田村		
9	1887	8		星野霊神	御嶽登山三十三度	１人	利根郡東村		
10	1889	8		弁山霊神	御嶽山登山三十三度	297 人	碓井郡豊岡村ほか	永代講社	
11	1890	8		巻一霊神			利根郡沼田	普寛信心講	
12	1892	8	22	喜元霊神	登山三十三年	発起人５人・世話人17人・寄附人43人・地元世話人１人・施主１人・石工１人	西群馬郡相馬村ほか	上州入山講・相馬山黒髪講	
13	1892	8		阿久行霊神		１人	南勢多郡稲里村		
14	1892	8		心嶽霊神			山田郡毛里田村大字只上		
15	1895	8		利廣霊神	登山三十七度	発起世話人７人・石工１人	北甘楽郡西牧村ほか	萬願講	
16	1895	9		寛少古之命			山田郡毛里田村大字只上	御嶽教丸尾本教会講社	
17	1896	9		兼心霊神			佐波郡伊勢	丸江講	

№.	造立年	月	日	霊神名・行者名	登山度数	造立者	地域	講名	備考
							崎町ほか		
18	1896	8		神部義明霊神・新井観心霊神	三十三年登拝		上州高崎田町ほか	開清講社	
19	1899	7		澄心霊神		1人	勢多郡上川渕村大字宗甫分村ほか		
20	1900	8		寛徳霊神・寛泰霊神		発起人6人・当所世話人1人・47人	群馬郡新保村・中尾村	上州普寛元講社寛泰組	
21	1900	8		喜覚霊神	登山三十三度	1人・石工1人	群馬郡滝川村大字宇貫ほか	丸江講	
22	1900	8		高礼霊神		1人	利根郡沼田上之町	信心講社中	
23	1904	8		年参行者中村東寿			富岡町	富岡講社	
24	1904	8		開明院信海行者・円光院岳海行者			高崎市本町ほか	三鏡講	
25	1904	8		照樹院岳山行者外11柱				三鏡講	
26	1908	8		中津寫霊神		1人	碓井郡下秋間村ほか		
27	1910	8		神奥院寿嶽行者			碓井郡里見村大字上里見	神山講社	
28	1916	8		寛喜霊神			鬼石町		
29	1917	9		善廣霊神	三十三度			上州萬願講中	
30	1918	8		柳心霊神	御嶽登山三十三度	1人	佐位郡剛志村大字上武士		
31	1918	7		法聖院篤順法印		世話人9人・賛助員6人・賛助者150人	碓井郡里見村		
32	1922	8		新明院円山行者		先達1人・建主1人・賛助者22人	群馬郡大類村上大類ほか	寛泰講	
33	1930	8		真嶽霊神		賛助員世話人17人・発起者23人・	高崎市下小塙町	上州普寛元講	

No.	造立年	月	日	霊神名・行者名	登山度数	造立者	地域	講名	備考
						139人			
34	1930	8		長禧霊神			邑楽郡	邑楽講社	
35	1935	7	28	長嶽霊神・守道霊神・礒嶽霊神	登山六十度		緑野郡藤岡町	群馬藤岡丸江講	
36	1937	8	28	嶽内霊神外3柱		建設者１人	多野郡小野村大字森新田ほか	丸江講社	
37	1942	10	5	為心霊神		２人	佐波郡剛志村ほか	一心講	
38	1943	8		守本霊神				上州萬願講	
39	1950	8	18	明徳霊神	登山五十度	先達５人・神主２人・教師１人・世話人29人・石工１人・外講中一同		日向北辰講	
40	1951	8		守茂霊神・守礒霊神			藤岡	萬願講	
41	1957	7		飯塚霊神・政嶽霊神・新海霊神・金明霊神		講員18人	桐生市ほか	一心講	
42	1960	8		金剛院普因霊神		発起人７人		群馬永代講社	
43	1961	8		嶽義霊神		先達７人・世話人30人・石工１人		日向北辰講	
44	1961	8		神玉霊神		先達７人・世話人30人・石工１人		日向北辰講	
45	1963	10		あ組講社霊神13柱	八十回登山	13人		上州あ組講社	
46	1965	8	5	宝玉霊神・清玉霊神		先達１人・栗橋分講２人・東京分講２人・世話人20人		日向北辰講	
47	1967	7		普明院松嶽霊神		４人			
48	1967	7		金剛坊始源霊神		１人	高崎市		
49	1967	7		精行院普源霊神・本明		建立者４人・25人		群馬永代講	

No.	造立年	月	日	霊神名・行者名	登山度数	造立者	地域	講名	備考
				院普岳霊神・金剛院普九霊神					
50	1967	7		普妙院泰徳霊神・金剛院普寛霊神・金剛院普教霊神				群馬永代講	
51	1968	7		寛明院啓嶽行者・寛明院鷹嶽行者		建設委員19人・先達５人・寄付者52人	高崎市上大類町ほか	普寛元講寛泰講	
52	1969	7		金剛院普山霊神					
53	1969	8		松岳坊普行霊神		５人			
54	1969	10		直道霊神				新川登山講	
55	1969	10		惣玉霊神		願主３人・先達５人・世話人36人・石工１人		日向北辰講	
56	1970	8		寛玉霊神		願主２人・世話人６人		北辰講	
57	1970	8		寛正霊神		願主２人・世話人６人		北辰講	
58	1970	8		清徳霊神		願主２人・世話人６人		北辰講	
59	1970	12	15	嶽国霊神				邑楽講	
60	1971	5		明開霊神		願主５人・先達５人・世話人６人		日向北辰講	
61	1971	5		明山霊神		願主６人・世話人６人		日向北辰講	
62	1972	7		積徳院狩嶽霊神		発起人17人・寄進者111人・特別賛助者９人	前橋市総社町ほか	普寛友永講	寄進者芳名碑付属
63	1972			豊山霊神					
64	1973	5		吾妻ぶん霊神・吾妻弥三郎霊神		１人	伊勢崎市ほか		
65	1974	7		金剛院源徳霊神・大円院忠嶽霊神		２人			

No.	造立年	月	日	霊神名・行者名	登山度数	造立者	地域	講名	備考
66	1974	7		桐心霊神		1人	桐生市	桐生一心講	
67	1974	8	9	御嶽有心霊神・健徳一心霊神			邑楽郡大泉町		
68	1977	7		金剛院普厳霊神・金剛院普照霊神				群馬永代講	
69	1977	8		昭玉霊神		願主2人・先達2人・協力者14人		日向北辰講	
70	1978	7		温嶽院普武霊神		1人		群馬永代講	
71	1978	7		新明霊神外9柱			藤岡	藤岡萬願講社	
72	1979	8		金剛院普租霊神・寛清院喜岳霊神		2人		群馬永代講	
73	1980	7		嶽明院嶽道霊神		建設者3人	高崎市新保町		
74	1980	7		金剛院普仙霊神・金剛院寛富霊神・弘嶽院普常霊神		3人	高崎市貝沢町	群馬永代講	
75	1980	7		寛昌院康花姫霊神				普寛友永講	
76	1980	8	5	国寛霊神		願主1人・分講世話人3人・先達2人・世話人3人		日向北辰講	
77	1980	8	5	国義霊神		願主1人・分講世話人3人・先達2人・世話人3人		日向北辰講	
78	1980	8	5	宝正霊神		願主1人・分講世話人3人・先達3人・世話人3人		日向北辰講	
79	1980	8	5	仁正霊神		願主1人・分講世話人3人・先達2人・世話人3人		日向北辰講	

No.	造立年	月	日	霊神名・行者名	登山度数	造立者	地域	講名	備考
80	1980			大笠院同好行者外２柱			榛名町中里見	天台宗修験道御嶽山普寛教会	
81	1981	8		一心霊神				あ組講社	再建碑
82	1982	7	21	勇嶽院功徳霊神		１人	新田郡笠懸村阿左美	桐生一心講	
83	1982	7	21	芳鶴霊神			桐生市宮本町	桐生一心講	
84	1983	10	15	光明霊神・神心霊神		願主２人・先達３人		日向北辰講	
85	1983	10	15	佐明霊神・国若霊神		願主２人・先達２人		日向北辰講	
86	1984	7		雅嶽霊神		１人	新田郡笠懸村阿左美	桐生一心講	
87	1985	8		須賀與一郎霊神外３柱霊神				上州日之出講	
88	1986	7		金嶽霊神外35柱		発起人７人・世話人９人・38人		上州丸江講	
89	1986	10		定義霊神		願主５人・先達３人・世話人３人		日向北辰講	
90	1986	10		清明霊神		願主４人・先達３人・世話人３人		日向北辰講	
91	1986	10		明通院寛智霊神外４柱		前先達信海	高崎	三鏡講	
92	1988	7		寛妙院照浄行者・玄聖院貞智行者			上州藤岡原氏		
93	1988	7		霊山雄幸霊神		４人		桐生栄神講	
94	1989	7		桑子弥三郎長彦之命外３柱				桐生栄神講	
95	1990	8		明俊霊神		願主３人・先達３人・世話人５人		日向北辰講	
96	1990	8		御嶽教新田金山教会諸霊神				御嶽教新田金山教会	
97	1990	7		盛嘉霊神外28柱				丸江元講社	江原講社・堀米講社

No.	造立年	月	日	霊神名・行者名	登山度数	造立者	地域	講名	備考
									・上州講社
98	1991	7		桑子専三翁之命・桑子タミ刀自之命				桐生栄神講	
99	1992	8		講祖大教正盛心霊神				盛心講社	
100	1992	8		祥嶽篤誠霊神		１人			
101	1992	8		義徳信祥霊神		１人			
102	1992	8		橋詰真心別彦命・大教正一心霊神				盛心講社	
103	1992	8		高徳岩心霊神		先達２人・世話人２人・講員11人			
104	1992	8		嶽行鶴心霊神		１人			
105	1992	8		永嶽清徳霊神		１人			
106	1992	8		講祖各諸霊神				盛心講社	
107	1992	8		光徳霊神外2柱		発起人４人	境		
108	1993	7		普龍院徳嶽霊神		施主１人・先達２人・４人		寛泰講	
109	1993	7		明照院勢嶽霊神		施主２人・寄進者35人		寛泰講	
110	1993	7		徳行嶽新霊神		１人			
111	1993	7		少教正青木正経霊神外8柱				金山開闢講ほか	
112	1993	8		講祖神誉心霊神外22柱		講社長１人・中央１人・先達８人・世話人会長１人・同会長代行１人・同会計１人・世話人11人	新田郡上矢島村ほか	丸江一心講	

No.	造立年	月	日	霊神名・行者名	登山度数	造立者	地域	講名	備考
113	1994	7		桑子家遠津御祖之命外1柱				桐生栄神講	
114	1995	8		亀義霊神		願主２人・先達２人・分講３人・世話人代表１人・世話人３人		日向北辰講	
115	1995	8		得心霊神		願主２人・先達２人・分講三代目１人・世話人代表１人・世話人４人・分講世話人２人		日向北辰講	
116	1995	8		祐玉霊神		願主２人・先達２人・分講三代目１人・世話人代表１人・世話人４人・分講２人		日向北辰講	
117	1995	8		高徳霊神		願主２人・先達２人・分講三代目１人・世話人代表１人・世話人４人・分講２人		日向北辰講	
118	1995	8		嶽徳霊神		先達２人・世話人代表６人・世話人２人		日向北辰講	
119	1999	8		向嶽院祐最霊神		１人		群馬永代講	
120				寛盛院寛泰行者	御登山八十八度	講元１人・世話人２人・47人	高崎市上大類町ほか	高崎寛泰講	
121				中川院寛斉霊神		先達１人・４人・外講中	群馬郡大類村上大類ほか	普寛元講寛泰組	
122				小山忠一郎	御嶽登山心眼成就	先達世話人１人	佐位郡上武士村ほか	丸江講	
123				一心霊神					

No.	造立年	月	日	霊神名・行者名	登山度数	造立者	地域	講名	備考
124				想[	登山三十八				
125				義道行者			群馬郡古巻村	普寛元講	
126				竜水浣信行者			多野郡美久里村大字根岸		
127				明玉霊神		先達７人・世話人５人・外講中一同		日向北辰講	
128				御嶽霊神					
129				□永嶽栄霊神			古海村ほか	丸尾講社	
130				覚山霊神		２人	大間々町		
131				霊山雄幸霊神		２人	桐生市ほか		

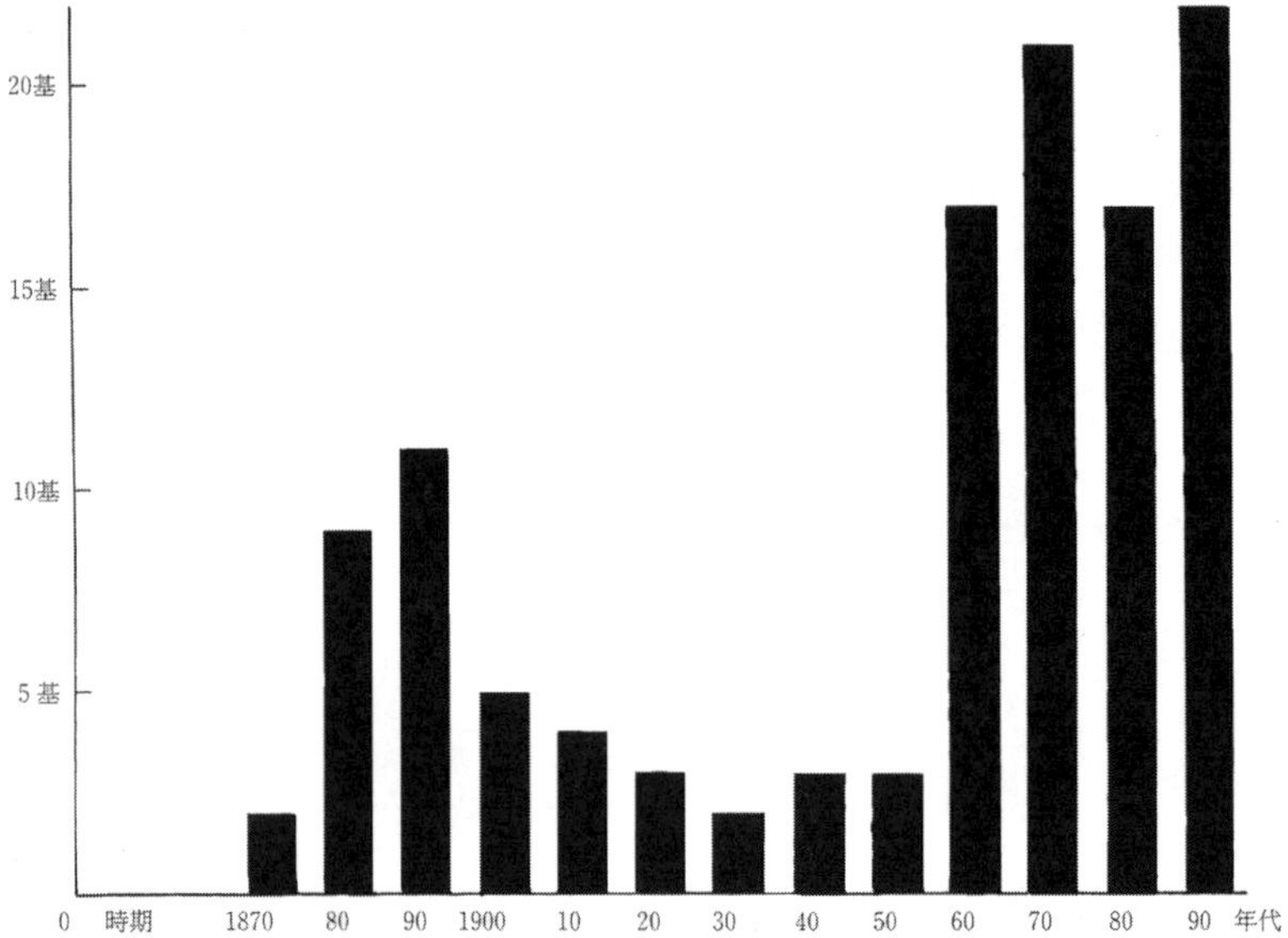

第９表　霊神碑の造立基数(群馬県関係)の変遷

人物であったとみられる点で共通している。彼らが木曽御嶽山で修行を重ねたであろうことは、すでに指摘したように、霊神碑に登山度数を記したものが多くみられることからも容易に推測することができる。

この時期に霊神碑が群馬県関係の講社で広く造立されるようになった背景については不明な点が多いが、明治九年（一八七六）に神道修成派、明治十五年に御嶽教が教派としての独立を認可されており、それらをはじめとする教派神道に属することになった講社にとって、新たな節目の時期であったことと関係する可能性が高い。菅原寿清が「明治以降の急激な社会的政治的変動は宗教制度にも大きな影響を与え、各地の講集団は各教派に分散所属することとなり、一層信仰の本源を御嶽に求めようとする願望が強くなり、普寛行者や一心行者の「死ねば霊魂（童子）は御嶽に帰る」という信仰から、霊魂の拠りどころが必要であったことも、霊神碑の建立へと凝集していった一因であった」（菅原二〇〇二、二五〇～二五一頁）と指摘するように、霊神碑は近代的な制度のなかに組み込まれた講社にとって新たな出発を記憶する記念物としての意味をもっていた可能性が高い。

第二期は霊神碑の低迷期で、一度流行したにもかかわらず、造立基数が減少し続けた時期である。この時期の霊神は、№27の神奥院寿嶽行者が神山講先達、№29の善廣霊神が講元、№30の柳心霊神が権大講義、№32の新明院円山行者が先達、№34の長禧霊神が少教正、№35の長嶽霊神・守道霊神・儀嶽霊神が先達、№37の為心霊神が講社長先達、№38の守本霊神が正大先達大講長、№39の明徳霊神が北辰講三代先達であることが知られ、講社の先達が主体を占めているものとみられる。№39が北辰講の三代目の先達であることから知られるように、第一期の霊神が近代的な講社として初代の先達であったのに対し、この時期の霊神は二代目や三代目の先達であった。初代の跡を継ぎ、講の運営に苦心した世代が、第二期の霊神であったといえよう。彼らは、第一期と同様に、登山度数を霊神碑に刻む風習も残し、修行を重視する姿勢を崩さなかった。

しかし、基本的には第一期のあり方を引き継いだ第二期ではあったが、霊神碑の造立基数は大きく減少した。その理由はあきらかではないが、近代的な体制のもとでの講の出発期であった第一期と異なり、霊神碑に記念物としての意味を付与することが難しく、霊神碑造立の意味を見出しにくかったことが一因であろう。しかも、一九三〇年代以降は、経済的な面でも霊神碑を造立しにくい環境にあったことはいうまでもない。

第三期は霊神碑の隆盛期で、戦後の経済的な復興と歩調を合わせて、霊神碑の造立が一般化した時期である。この時期の霊神は、№43の嶽義霊神が北辰講二代先達、№44の神玉霊神が北辰講開祖、№47の普明院松嶽霊神が中教正、№59の嶽国霊神が御嶽教中教正で邑楽講の初代、№62の積徳院狩嶽霊神が大教正、№63の豊山霊神が桐生栄神講中央先達、№67の御嶽有心霊神が初代先達、同健徳一心霊神が二代目先達、№69の昭玉霊神が上州日向北辰講の東京分講二代目先達、№74の金剛院普仙霊神と金剛院寛富霊神がともに中教正、№75の寛昌院康花姫霊神が中教正、№87の須賀與一郎霊神が神道修成派上州日之出講二代先達、同阿久津佐十郎霊神が同講三代先達、同阿久津藤次霊神が同講四代先達、同阿久津都道霊神が同講五代先達、№112の神誉心霊神が丸江一心講の講祖、同小教院喜心霊神が二代目、同藤嶽霊神が三代目、同嶽玄霊神が四代目、同岡嶽霊神・吉嶽霊神・作心霊神が中央(中座)、№118の嶽徳霊神が日向北辰講の五代目先達である。また、№97の霊神には江原講社の講元五人・先達三人、堀米講社の先達七人、上州講社の先達九人、№111の霊神には大教正二人・権大教正一人・中教正二人・少教正二人・大講義一人・少講義一人が含まれている。さらに、後者の霊神碑の霊神には、御嶽神社宮司・社司・柴□(江)講社初代・同中座・茨城講社社長の肩書きをもつ者がみられる。このように、講社の発展に重要な役割を果したとみられる人物が多く、第二期と同様な傾向がうかがえる。

しかし、この時期の霊神碑の急増を支えたのは、こうした宗教的エリートではなかった。大部分の霊神碑は、肩書きも記されておらず、霊神名と俗名以外に霊神の人となりを偲ばせる情報を欠いている。それらの霊神碑は、おそらくごく普通の講員が霊神として祀られたもので、霊神場での位置も講祖・講元・先達らの宗教的エリートたちよりも一段低い場所を占めることが多い。しかも、彼らは修行経験において傑出していたわけでもなさそうで、登山度数を刻んだものはNo.45の八十回登山、No.120の御登山八十八度がみられるのみである。いずれも八〇度を越える超人的な登山度数であり、もはや修行に重点を置かなくなったこの時期でも、驚異的な度数ゆえに記念すべきことと認識されたからであろう。すでに指摘したように、この時期には、かつてのように霊神碑に修行記念碑としての意義を見出すことはなかったと考えられる。

それでは、なぜ彼らは霊神として祀られることになったのであろうか。

まず、日向北辰講の霊神場に造立された霊神碑を手がかりに、霊神碑造立の背景を考察してみよう。日向北辰講は群馬県館林市日向を本拠地とし、栃木県にも多くの講員を擁するだけでなく、東京に分講を設けるまでに発展している講社である。霊神場は旧有料道路料金所からやや下った地点にある。No.85の佐明霊神は願主の母、国若霊神は願主の長男で、願主は夫婦連名である。願主は東京分講の三代目の先達で、ほかにNo.55の惣玉霊神、No.56の寛玉霊神、No.57の寛正霊神、No.58の清徳霊神、No.60の明開霊神、No.76の国寛霊神、No.77の国義霊神、No.78の宝正霊神、No.79の仁正霊神、No.95の明俊霊神、No.118の嶽徳霊神の霊神碑の願主となっている。願主は、昭和四十五年（一九七〇）一月に霊神場の標柱を造立しているが、そこに「霊場建設者」として名を留めている。ここでは、願主が新たに霊神場を設け、日向北辰講の講員に働きかけて霊神碑を造立していった状況を読み取ることができよう。霊神碑が急増した背景には、宗教的エリートによる積極的な活動があったのであり、その結果として多くの講員による霊神碑の造立が実現したのである。

日向北辰講の事例があくまでも講社を主体とする霊神碑の造立であったのに対し、次に取り上げる桐生栄神講の事例では、家族や親族が表面に出てくる点で大きく異なっている。桐生栄神講の霊神場は、花戸普寛堂から旧道沿いに登り、途中から分岐する新設の林道に沿って進み、林道と田の原へ向う新道が合流する地点の手前に位置する。No.64の吾妻ぶん霊神と吾妻弥三郎霊神は夫婦で、霊神碑は四男によって昭和四十八年五月に造立されたことが、銘文によって知られる。子どもが父母の菩提を弔うために造立した可能性が指摘できる。夫婦は平成元年七月に造立されたNo.94の霊神碑にも祀られており、夫が昭和三年九月二十九日、妻が昭和三十三年十一月八日に没したことが知られ、死後長い年月が経過した後に造立されたことが判明する。

四男は、そのほかにNo.63の豊山霊神、No.131の霊山雄幸霊神の二基の霊神碑を造立しているが、豊山霊神は昭和二十四年十月六日に三十六歳で亡くなっており、霊神碑が二十三回忌に近い昭和四十七年に造立されたことが判明する。豊山霊神は俗名の名字が四男と同じであり、優れた中座でありながら早世した兄を悼んで、弟が霊神碑を造立したものと推測できる。霊山雄幸霊神の霊神碑は、No.131のほかにNo.93があり、同一人物に対して二基の霊神碑が存在することが知られる。No.93の造立者四人のうちの一人である白髭神社禰宜は、No.131の造立者として四男と連名で記された人物であり、同一人が参画して二度も霊山雄幸霊神の霊神碑を造立したことになる。四男が造立した霊神碑で紀年銘をもつものが昭和四十七年と翌四十八年であることから、No.131はそれを前後する時期に造立された可能性が高く、昭和六十三年に造立されたNo.93に先行するものとみられる。つまり、No.131が造立されてから約二〇年を経て、再度霊山雄幸霊神の霊神碑を造立したことになる。詳細な経緯は不明であるが、霊山雄幸霊神は四男の家と白髭神社禰宜の家の二つの家で、それぞれ別に霊神として祀られたのである。

また、No.94は昭和三年九月二十九日に五十歳で没した桑子弥三郎長彦之命、昭和十年十二月二十一日に一歳で没した桑子一枝姫之命、昭和二十二年八月二十三日に一歳で没した桑子正夫若彦之命、昭和三十三年十一月八日に七十六歳で没した桑子ぶん刀自之命を祀っている。桑子一枝姫之命と桑子正夫若彦之命は没年がわずか一歳であり、修行はおろか、主体的に木曽御嶽山に対する信仰を抱くまでに成長していなかったことは疑いなく、そのような彼らが霊神碑に祀られていることは注目に値しよう。また、No.113は桑子家遠津御祖之命・桑子家先祖累代御祖之命を祀るもので、こちらは祖先信仰のための石碑である。

桐生栄神講の場合、講社の基礎となっている家族あるいは親族が、祖先供養のために霊神碑の造立を促進したことが推測できよう。

このような事例が、決して例外的なものではないことは、たとえばNo.68が「子孫之建立」であることを指摘するだけでも諒解されよう。第三期の霊神碑は、第一には講社の活発な活動のなかで霊神碑造立の風習が講員にまで拡大したこと、第二には講社から家族・親族に霊神碑造立の主体が移行することによって、その数が急増したのであった。

おわりに

霊神碑の考古学的な研究は、いまだ緒に付いたばかりで、問題の所在さえ定かでない。そのような段階ではあるが、今後予想される課題を列挙し、研究の方向性を見据えたいと思う。

第一に、霊神碑の記録化が遅々として進んでおらず、観念論的な議論が多い現状を変える必要がある。霊神碑は、一個のものとして存在しており、まずはその実態を把握することが求められる。霊神碑の大きさ・石質・形態・銘文などの実態を記録し、その全体的な位置づけを示したうえで、さらなる問題点に踏み込むのが常道である。本章では、そのための基礎的な検討をおこなったが、従来こうした研究方法を採用した研究者は稀である。資料にもとづかない議論が、いかに空疎なものであるかを、あえて強調しておきたい。もっとも、そのためには、ものを扱う方法が必要であり、考古学がそのための基礎的な方法であることはいうまでもない。今後、考古学的方法を踏まえた調査が進展し、十分なデータが蓄積されることを期待したい。

第二に、霊神碑のような石造物から、どのようにして木曽御嶽信仰の問題に迫るかという方法的な課題がある。調査の結果記録化された霊神碑から、そこに籠められた思いをいかに読み解くことができるのかという、考古学から宗教にアプローチするための根源的な問題がある。霊神碑の場合、形態的な研究だけでは不十分で、どうしても銘文が語る内容に深入りせざるを得ない。本来、銘文は文字情報で、考古学的な対象ではないかもしれないが、それを排除しては霊神碑を十分に理解することができない。物質としての側面も、文字史料としての側面も併せ持つ点にこそ、霊神碑の資料的な特色があることに留意すべきであり、その方法の体系化が課題となる。

第三に、霊神碑の銘文の理解には、木曽御嶽信仰の知識が不可欠であり、それを得るためには宗教学や民俗学の素養が必要となる。もっとも、ここで注意を喚起しておかねばならないのは、必要となる知識は、民俗知識に属するものであって、必ずしも体系化された宗教学や民俗学のそれではないことである。ところが、霊神碑に関する民俗知識は、当然ながら文献に記されることはなく、聞書きなどによってしか入手の方法がない。つまり、霊神碑の銘文を理解するためには、民俗知識、あるいは学際的な知識が求められるわけであり、実質的な応用知識を得ることが課題となる。

第四に、初期の霊神碑は、木曽御嶽山登山記念碑と同様に、山岳登拝を成就した証としての性格をもっていたが、やがてそうした性格が薄れたわけで、霊神碑の性格の変化をより詳細に究明することが課題である。木曽御嶽山登山記念碑は、登山度数の多さを競う側面をもつが、そこには修験道の伝統を引く修行優先主義が表れている。修験者が、入峰修行に際して造立する碑伝と同様な性格を持つとみてよい。とすれば、碑伝と霊神碑の間になんらかの関係があるかもしれず、両者の関係についてあきらかにする必要があろう。霊神碑が、山岳宗教の文化であるといえるのは、こうした特色を持つ点に求められる。もっとも、木曽御嶽山登山記念碑は、碑伝として理解できる可能性は否定できないが、霊神碑ではない。それが、霊神碑と深い関係をもつようになった状況は、いまだ判然としておらず、今後の解明に待つしかない。

第五に、霊神碑の造立基数は時間とともに大きな変化をみせ、本章では、霊神碑が出現する一八七〇年代から第一のピークを迎える一八九〇年代までの第一期、減少に転じる一九〇〇年代から低迷を続ける一九五〇年代までの第二期、急激に増加する一九六〇年代から調査時点までの第三期の三つの時期に区分したが、こうした時期区分とその変化の意味の解明が課題となる。時期ごとに変化したのは、造立基数だけではなく、それ以上に造立の動機や霊神碑に籠められた宗教的な性格などであったことが、造立者の推移からもうかがうことができる。時期区分を一つの方法として、霊神碑の歴史を把握し、その背後にある社会の変化を読み取ることが期待されるのである。

そのほか、霊神碑をめぐる研究課題は、霊魂観の問題や講集団の動向などを含め、考古学だけでは解決できない課題も多い。しかし、それらについて考察するための基礎的なデータを客観的に示せるという点では、考古学に期待される作業が多く存在していることも事実である。学際的な視点を維持しながら、考古学独自の方法によって、霊神碑をはじめとする近世・近代の宗教文化について、今後考古学の立場から積極的に取り組むことが求められているのではなかろうか。

終　章

はじめに

山岳宗教は、日本やアジアの宗教を考える際に、重要な手がかりを与えてくれる。日本では、霊山と呼ばれる聖地が山岳宗教の拠点となっており、その歴史や民俗についてさまざまな視点から研究がおこなわれてきた。その概要については序で概観したように、歴史学をはじめとするさまざまな分野から研究がなされてきたが、意外にも考古学的な方法で迫ろうとする試みは稀であった。というよりも、考古学者の多くが、山岳宗教に無関心であったため、研究の対象とされることがなかった。

そこで、考古学の立場から山岳宗教の歴史をあきらかにする必要があると判断し、いくつかの山岳を対象に研究を試みたのが本書である。対象とした山岳は、日本を代表する霊山であるが、計画的に選定して研究したわけではない。そのため、体系的な研究とはなっていないことを自白せざるを得ないが、偶然にも東北地方から九州地方までを網羅しており、一応全国的な傾向を把握することができたのではないかと自負する。

最後に、本書が意図したところを総括し、実証的な研究の至らなかったところを補足しておきたい。

一　空間

本書では、山岳宗教を、空間・時間・宗教文化という三つのキイワードで切り取ることを試みた。まず、空間は、曖昧さを残す概念であるが、場所を捉える概念として使用した。山岳宗教が生成した場所が、どのような空間的特徴を有するかという関心のもとに、三輪山・大峰山・立山を事例に、具体的な検討をおこなった。おもに、三輪山では古墳時代、大峰山では中世、立山では近世の宗教空間について論じ、それぞれ異なった時代の宗教空間を扱った。そのことで、時代による宗教空間の変化を読み取ろうとする意図があったが、結果的には相互に脈絡がないため、十分に目的を果たすことができなかった。

三輪山では、山中は神の在所であり、人が立ち入ることのできない禁足地であった。そこで、禁足地の外側で祭祀を執行するために、神を山麓の祭場に招いて祀った。祭場は、磐座を伴うものが特色をなしているが、山中に点在する岩石との類似性から祭場に選ばれたのであろう。つまり、神の在所に似た場所に、神が降臨すると考えたのである。神迎えと神送りに支えられた儀礼によって、山中の禁足地と山麓の祭場が結ばれ、神と人が交流できたのである。ここに、神と人を結ぶ巧妙な仕掛けがあるわけで、その社会的な意味が問われなければなるまい。いずれにせよ、山岳宗教の初源的な形態が、そこにみられることは疑いない。

大峰山では、俗人が登拝できる金峯山までと、聖人である行者が修行する大峰山が、異なる宗教空間と考えられていた。金峯山までは吉野の領域にあり、南には熊野が横たわるが、その中間の山岳が大峰山として認識されていた。金峯山と熊野は、貴族をはじめとする俗人の参詣を積極的に受け入れ、俗人が参詣し易いようなインフラを整備し、宗教的専門家が参詣者を案内するシステムが整えられていた。それに対して、大峰山は、専門的な宗教家の修行空間として特化され、一般人の侵入を拒んだ。一見、吉野・大峰・熊野と続く一体の聖地であるが、実は大峰山は吉野・熊野と差違化が図られていたのである。そこが、修験道を支えた宗教空間であり、専門的な宗教家としての山伏を育んだ場所であることはいうまでもない。

立山では、山中に地獄と浄土を見立てる観念が発達し、それに見合った宗教施設が配置された。地獄は谷に、浄土は山にあるとされ、地獄から浄土に至る修行が構想された。しかも、専門的宗教家は、その観念にもとづいた儀礼を執行し、その観念を絵解きなどで信者にわかりやすく説いた。その結果、山岳は、登拝する行場であると同時に、宗教的な宇宙として位置づけられ、登拝に宗教的意味が付与された。登拝は、単なる修行としての位置を超え、あの世と交渉する行為としての位置を得たのである。それゆえ、立山では、登拝を立山禅定と呼んだのである。立山では、山岳が曼荼羅として観念され、多面的な意義を与えられていたのであるが、それを説明するための立山曼荼羅が生み出されたことはあまりにも有名である。

このように、山岳宗教の空間は、神の居所としての山中への立ち入りを禁じる段階から、山中で修行することで験力を獲得する段階へと変化するが、一貫して山中を神聖視する観念が基調をなしていた。しかし、山中と山外を区別するだけでなく、山中の宗教空間をいくつかに分け、やがては山中に曼荼羅のような宇宙を構築するに至った。密教思想を基軸にして展開したであろうそうした動向を、考古学的に解明することは難しいかもしれないが、経塚などの遺跡を手がかりにして、ある程度までは迫れる可能性がある。

二　歴史

次に、時間については、山岳宗教遺跡の歴史的諸段階をあきらかにすることで、問題に迫ろうと試みた。具体的には、宝満山・白山・富士山を取り上げ、山岳遺跡の成立と展開の様相をあきらかにした。ところで、時間には、ここで扱った歴史的時間のほかに、神話的時間があり、山岳宗教の理解のためにはむしろそちらの方が重要かもしれないが、考古学的な方法では扱うことが難しいため、今回は触れなかった。神話的時間の解明は、寺社縁起や神事・芸能などの研究によって、考察を深めることができるはずであり、文学・民俗学・宗教学などの研究者に委ねたい。

宝満山では、七世紀後半に山腹で祭祀が開始され、八世紀初頭に山頂で祭祀がおこなわれるようになり、八世紀後半には山内の各所で祭祀が執行されるが、九世紀以降衰退することをあきらかにした。また、祭祀の担い手は、従来推測されていたような神祇関係者ではなく、僧侶であったことを遺物から解明した。つまり、山林仏教の展開が、山頂祭祀の形成に大きな役割を果たしたことが推測されるのである。この問題は、大峰山や日光男体山の山頂祭祀とも関連するもので、今後多面的な検討が必要となることは必然である。当然、中世以後も、宝満山は、独自な展開を遂げるわけであるが、今回は古代の様相の解明に留めた。

白山では、日光男体山と比較しつつ、出土遺物の変遷を手がかりに、山岳宗教の諸段階を区分した。第一の画期は山頂祭祀の開始、第二の画期は山岳登拝行の成立、第三の画期は山岳練行の成立にあると考え、白山と日光男体山における画期の時期差に注目して、それぞれの画期の意義を論じた。山頂祭祀は、あくまでも祭祀を執行することを目的とするもので、祭場が山頂であることに特色がある。山岳登拝行は、特定の山岳へ登拝することを修行として実践するもので、何度も登拝することに意義を見出すような性格をもつ。山岳練行は、複数の山岳を縦走することを修行として実践するもので、いわゆる入峰修行にほかならない。こうした修行方法の変遷を、考古資料の変化と対応させつつ、山岳宗教の画期を検討したわけである。この問題も、修験道の成立と絡む重要な内容を含んでおり、今後文献史学の知見を踏まえた検証作業が求められよう。

富士山では、人穴と吉田口の石造物の造立基数の変遷を手がかりに、富士信仰の諸段階を検討した。人穴と吉田口で様相が大きく異なり、問題が複雑であることが判明したが、一七世紀後半の第一期、一八世紀前半の第二期、一八世紀後半から一九世紀後半までの第三期という時期区分をおこなうことができた。第一期は、人穴を富士講の聖地として整備し、その一環として石造物を造立した段階で、角行が創始した富士講をいかにして継承するかに課題があった段階である。第二期は、吉田口が食行身禄や村上光清の活動によって注目されるようになり、発展を遂げた富士講の記念碑が造立された段階である。第三期は、幕府による弾圧を受けながらも、富士講が一層発展し、講の記念碑が盛んに造立された段階である。この分析は、厳密には富士講の展開を追ったものであって、富士信仰そのものの動向を示すとは言い切れない点に、問題を残している。しかし、講の展開と信仰の動向が密接に関連することも十分に予測されるところであって、両者の関連を解明することが今後の課題となろう。

このように、山岳宗教の諸段階の設定は、山岳宗教の歴史をどう理解するかという重要な問題に直結していることがわかる。そのため、個々の霊山の分析によって得られた画期が、ほかの霊山と比較した時に、どう位置づけられるかが問題となる。今回検討した霊山だけでなく、各地の霊山において歴史的諸段階をあきらかにし、比較する作業が必要となろう。その作業の積み重ねが、日本の山岳宗教史の枠組みを形成し、より大きな歴史の文脈の中に山岳宗教史を組み込むことを可能にする唯一の方法であると信じる。

三　宗教文化

最後に、宗教文化は、必ずしも山岳宗教に限定されるものではないが、確実に山岳宗教と関連するものを取り上げて考察した。具体的には、日光男体山の三鈷鐃、羽黒山の羽黒鏡など、木曽御嶽山の霊神碑であるが、古代・中世・近世から近現代というように時代も異なり、それらが使用された環境も違い、各章は独立した内容となっている。したがって、全体を一貫する課題はないが、空間でも時間でもない切り口でないとみえてこないものを、文化という言葉の曖昧さに立脚し、あえて宗教文化の名のもとに一括したといった方がよいかもしれない。

三鈷鐃は、日光男体山から多数出土しているが、全国的には珍しい仏具である。三鈷鐃は、現在では東大寺二月堂の修二会で使用されるくらいで、すでに使われることがなくなったものである。三鈷鐃は古密教の仏具で、古密教が廃絶してしまった現在、使用機会がないのは当然ともいえる。この三鈷鐃の分布を整理すると、平安時代前期における古密教の動向の中に日光男体山を位置づけることができるのであるが、それは山岳宗教とも深い関係にある。三鈷鐃を使用した古密教の僧侶は、しばしば山林修行をおこなっており、いわゆる山林仏教の担い手であった。山林仏教が山岳宗教と密接な関係にあったことはいうまでもなく、古密教の仏具である三鈷鐃の動向に注目すると、山岳宗教の一端が垣間見えるのである。ここでは、仏具という宗教文化を手がかりに、山岳宗教について検討を加えたわけで、宗教文化から山岳宗教の動向に迫ろうとした試みといえよう。

羽黒山の宗教文化では、むしろ羽黒山という場に拘って、そこにあるさまざまな宗教文化を取り上げた。羽黒鏡・建築・経塚遺物・梵鐘・日本刀など、さまざまなものを取り上げて検討したが、そこからみえてくるのは羽黒山一山の歴史である。とりわけ、羽黒鏡からは京都と羽黒山を繋ぐ交通の存在が浮彫になり、経塚遺物からは日本海の海運で佐渡などと深い関係にあったことが判明するなど、外部との交通の実態があきらかになる。梵鐘は、高麗の影響を受けており、その正確な理解のためには、東アジア的な視座さえ求められることになる。一山の宗教文化を理解するためには、その霊山について知るだけではなく、より広範な世界の中にそれらを位置づけることが必要である。

霊神碑は、吉田神道や富士講でもみられるが、もっとも顕著なのは木曽御嶽山である。そこには、数万ともいわれる膨大な霊神碑があり、いまだ全貌は解明されていない。ここでは、そのうち上野国（群馬県）関係のものだけを取り上げて、おもに銘文について簡単な検討をおこなった。霊神碑は、現在も造立され続けているもので、決して過去のものではない。しかし、その性格は、時代とともに大きく変わっており、現在の知識だけでは正しい理解を得ることが難しい。筆者が調査した霊神碑は、九牛の一毛にも満たない僅少な数であり、ここで示した理解が、どれだけ一般化できるものであるかは、すべて今後の調査の進展に委ねざるを得ない。将来、調査資料が充実した時点で、再度論じることができればと期待するが、いつ実現できるか予測もつかない。

このように、宗教文化から考察できることは、実に多岐にわたっているのであるが、山岳宗教そのものに比して、山岳宗教をめぐる宗教文化の研究が乏しいため、今回の研究をどう位置づけてよいかさえ判断に躊躇する。空間と時間については、それなりの展望を示すことができたが、こと宗教文化に関しては、今後の研究をどう進めればよいかさえわからないのが現実である。経塚は各地の霊山で確認されており、その出土遺物も多く存在するところから、まずはそうした資料が豊富な対象から研究を進めていけば、多少は見通しが得られるのではないであろうか。霊神碑をはじめ、出羽三山塔や大峰山供養塔など、霊山と直接関連する石造物の研究も、明確な成果を生み出す近道かもしれない。

以上、三つのキイワードを中心に本書の内容をまとめてみたが、課題ばかり多く、得られた成果が十分なものではないことが明白になった。しかし、それは歎くべきことではなく、ようやく出発点に立ったことを意味する。三つのキイワードのそれぞれが、まさに今後の研究課題であり、早急に個別的な研究を集積する必要がある分野であるといえよう。

おわりに

本書は、考古学的方法による山岳宗教の研究であるが、実際には個々の霊山の個別分析を複数まとめたものに過ぎない。

論文の配列は、時代順でも地域別でもないが、いまだいずれの選択もできるまで研究が深まっていないからである。時代順の通史は、個別霊山を対象とするならば可能かもしれないが、それもどこでもできるものではない。全国を通覧するだけの蓄積は、まったくなされておらず、研究が未着手な霊山も残されている段階にある。文献史学による霊山研究でさえ、個別霊山の研究から脱却できない状況の中で、遅れて出発した考古学的研究が、通史的なまとめをおこなうほど成熟できるはずがない。同様に、地域によって研究の進捗状況に濃淡があり、地域別に総括するまでに至っていない。こちらは、研究の現状を示すことは可能であろうが、それは個人の論文集よりも、しかるべき権威の編集のもとになされるのが望ましいことはいうまでもない。

そうした判断から、本書では空間・時間・宗教文化という三つの課題を設け、それに関連する個別論文を収録するかたちを採用した。しかし、山岳宗教をめぐる論点は、それだけに留まらないことはあきらかである。考古学的な研究課題に限定しても、遺構や遺物について、本書ではほとんど取り上げていない。まして、範囲を広げれば、修験道や神仏習合についても、ほとんど触れていない。本書から欠落している研究課題は、山ほど多く、それを指摘してもほとんど意味がない。それは、本書が最初から網羅的な研究を目指しておらず、むしろ研究方法としてどのような視点があるのかに関心をもって編んだものだからである。空間・時間・宗教文化は、研究課題であると同時に、研究方法を開拓する糸口となり得る視座である。本書では未熟な試論を開陳したに過ぎないかもしれないが、もっとしっかりした研究の叩き台になる可能性を秘めており、いつかはそうした研究が世に出るであろうと期待している。

また、近年は、霊山を史跡に指定する動きがあり、そのための調査研究が活発になされている。浩瀚な報告書が刊行されていながら、われわれには入手さえできないものが多く、今回はその成果を反映できなかったが、むしろ史跡として霊山をどう位置づけるのかという新たな課題が浮上してきたことに関心がある。平地にある史跡が面的な広がりを捉え易いのに対して、山地にある霊山は線的にしか広がらず、ゾーニングがしにくい。しかも、登山道は荒れ易く、建物跡などは夏ともなれば草に覆われ、管理も大変である。それにも関わらず、なぜ最近になって、地域の霊山が見直されているのか、大いに問わねばならない課題である。こうした点に関しても、今回は全く言及ができなかったが、それも非才ゆえの結果である。すべて今後の課題としたい。

引用・参考文献

青森県教育委員会　一九九七『垂柳遺跡・五輪野遺跡―南津軽広域農道改良事業に伴う遺跡調査報告』青森県教育委員会

阿部正巳　一九四〇「羽黒山鏡ケ池の古鏡」『考古学雑誌』第三〇巻第四号　考古学会

井口喜晴　一九八六「山岳信仰遺跡出土の遺物―奉納品に見る山岳信仰の諸相―」『仏教芸術』第一六八号　毎日新聞社

井口喜晴　一九九七a「金峯神社・金峯山寺・吉野水分神社―山岳信仰から神仏融合へ―」『週刊朝日百科　日本の国宝』一〇　朝日新聞社

井口喜晴　一九九七b「金峯山の蔵王権現信仰―蔵王権現像を中心に―」『週刊朝日百科　日本の国宝』一〇　朝日新聞社

井口喜晴　二〇一一「藤原道長の埋経と蔵王権現信仰」『経塚考古学論攷』岩田書院

生駒勘七　一九六六『御嶽の歴史』木曽御嶽本教

生駒勘七　一九八八『御嶽の信仰と登山の歴史』第一法規出版

石川県立歴史博物館　二〇〇七『白山　聖地へのまなざし』石川県立歴史博物館

石田茂作　一九七三『修験道とその遺物』荘内文化財保存会

石田茂作・矢島恭介　一九三七『金峯山経塚遺物の研究』（帝室博物館学報第八冊）東京帝室博物館

石原与作　一九七三「立山山麓の巨岩祭祀遺跡」『富山史壇』第五四号　越中史壇会

泉　武　一九九九「吉野金勝坊、岩倉千軒採集の土器と瓦」『山の考古学通信』第一一号　山の考古学研究会

泉　武　二〇〇四「速報　吉野山遺跡群（安禅寺跡）の測量調査」『山の考古学通信』第一六号　山の考古学研究会

泉　武・竹田政敬　二〇〇三「吉野山金峰山下遺跡群の遺構と遺物」『山岳信仰と考古学』同成社

伊藤清郎　二〇〇五　「出羽三山と海・川・道」『日本海域歴史大系』第三巻　清文堂出版
井上唯雄　一九八二　「赤城山櫃石と群馬の祭祀遺跡」『群馬文化』第一九二号　群馬県地域文化研究協議会
井上輝夫　二〇〇六　「須山村と富士山南口登山道」『月刊考古学ジャーナル』第五三九号　ニュー・サイエンス社
井之口茂　二〇〇八　「出羽三山月山三鈷沢の刀について」『王権と武器と信仰』同成社
入倉徳裕　二〇〇二　「大峰山小篠宿の測量調査」『山の考古学通信』第一四号　山の考古学研究会
岩科小一郎　一九八三　『富士講の歴史　江戸庶民の山岳信仰』名著出版
岩手県文化振興事業団埋蔵文化財センター　一九九九　『岩手県文化振興事業団埋蔵文化財調査報告書第310集　山口館跡発掘調査報告書　宮古市道北部環状線道路改良工事関連館跡発掘調査』岩手県文化振興事業団埋蔵文化財センター
岩鼻通明　一九九二　『出羽三山信仰の歴史地理学的研究』名著出版
岩鼻通明　二〇〇三　『出羽三山信仰の圏構造』岩田書院
植松章八　一九九八　「人穴碑塔群と富士講」『山梨考古』第六九号　山梨県考古学協会
植松章八　二〇〇四　「富士講の成立と展開」『江戸の祈り　信仰と願望』吉川弘文館
植松章八　二〇〇六　「発掘された富士信仰遺跡―村山と人穴―」『月刊考古学ジャーナル』第五三九号　ニュー・サイエンス社
宇野隆夫　一九九八　「立山」『季刊考古学』第六三号　雄山閣出版
梅宮　茂　一九八九　「福島信夫山出土鏡の研究」『福島考古』第三〇号　福島県考古学会
大阪市立博物館　一九七〇　『吉野・大峯山の秘宝』大阪市立博物館
大谷女子大学博物館　二〇〇二　『熊野本宮備崎―経塚群発掘調査報告書―』大谷女子大学博物館

大西貴夫　二〇〇七『山の神と山の仏―山岳信仰の起源をさぐる―』（奈良県立橿原考古学研究所附属博物館特別展図録第六七冊）奈良県立橿原考古学研究所附属博物館
大西貴夫　二〇〇八「弥山山頂の調査」『青陵』第一二四号　奈良県立橿原考古学研究所
大場磐雄　一九三四『羽黒山古鏡図譜』大塚巧芸社
大場磐雄　一九三五「赤城山神蹟考」『考古学雑誌』第二五巻第一一号　考古学会
大場磐雄　一九三六「関東に於ける修験道流布の考古学的一考察」『上代文化』第一三号　上代文化研究会
大場磐雄　一九四二「磐座・磐境等の考古学的考察」『考古学雑誌』第三二巻第八号　考古学会
大場磐雄　一九四三『神道考古学論攷』葦牙書房
大場磐雄　一九五一「三輪山麓発見古代祭器の一考察」『古代』第三号　早稲田大学考古学会
大場磐雄　一九六一「日本に於ける石神信仰の考古学的考察」『國學院大學日本文化研究所紀要』第八号　國學院大學日本文化研究所
大場磐雄　一九六七『まつり　考古学がさぐる日本古代の祭』学生社
大場磐雄　一九七〇『祭祀遺蹟―神道考古学の基礎的研究―』角川書店
大平　茂　二〇〇七「三輪山山麓出土の子持勾玉祭祀とその歴史的背景」『原始・古代日本の祭祀』同成社
大和久震平　一九八〇a「日光連山の山岳信仰」『修験道の美術・芸能・文学（Ⅰ）』（山岳宗教史研究叢書14）名著出版
大和久震平　一九八〇b「男体山頂遺跡について」『歴史手帖』第八巻第一一号　名著出版
大和久震平　一九九〇『古代山岳信仰遺跡の研究―日光山地を中心とする山頂遺跡の一考察―』名著出版
岡田　譲　一九六一「男体山頂の出土品」『日光―その美術と歴史』淡交新社
岡寺　良　二〇〇八「宝満山近世僧坊跡の調査と検討―山岳寺院の平面構造調査―」『九州歴史資料館研究論集』第三三号

九州歴史資料館
小田匡保　二〇〇〇「菊の窟の位置について」『岳人』第六三九号　中日新聞東京本社
小田富士雄　一九八〇「宝満山遺跡発掘調査概報」『筑前国宝満山信仰史の研究』名著出版
小田富士雄編　一九八二『宝満山の地宝―宝満山の遺跡と遺物―』太宰府天満宮文化研究所
小田富士雄・武末純一編　一九八三『太宰府・宝満山の初期祭祀『宝満山の地宝』拾遺』太宰府天満宮
小田富士雄・石松好雄・小西信二　一九八四『宝満山及び竈門神社周辺の遺跡分布調査報告書』財団法人太宰府顕彰会
垣内光次郎　一九九〇『浄水寺跡発掘調査報告書　第一分冊　浄水寺墨書資料集』石川県埋蔵文化財センター
垣内光次郎　二〇〇六「白山の山頂遺跡と山岳修験」『白山市白山山頂遺跡』石川県教育委員会
兼康保明　二〇〇八「立山の壇上積式基礎をもつ宝篋印塔をめぐって」『王権と武器と信仰』同成社
上市町教育委員会　二〇〇五『富山県上市町黒川遺跡群発掘調査報告書』上市町教育委員会
亀井正道　一九六七「祭祀遺跡―山と海―」『日本の考古学』Ⅶ　河出書房
川上　貢　一九八七「総柱建て・棟持柱をもつ建物の遺構―越中立山の室堂―」『京都府埋蔵文化財論集』第一集　京都府埋蔵文化財調査研究センター
河田　貞　一九九八「藤原道長による金峯山埋経の荘厳」『帝塚山芸術文化』第五号　帝塚山学園芸術文化研究所
元興寺文化財研究所　一九八三『日本自転車振興会補助事業による吉野山修験道関係資料調査報告書』元興寺文化財研究所
神林淳雄　一九三三「出羽羽黒山の和鏡について」『上代文化』第九号　國學院大學上代文化研究会
喜田川博也　一九八〇「出羽三山修験と文化財―羽黒鏡を中心に―」『修験道の美術・芸能・文学（Ⅰ）』（山岳宗教史研究叢書一四）名著出版

木口勝弘　一九六六「出羽三山神社鏡池隣接地発見の経塚遺物に就いて」『歴史考古』第一三号　歴史考古学会
北九州市立歴史博物館　一九七九「特集・豊前修験道」『研究紀要』第一号　北九州市立歴史博物館
木本秀樹　一九九三「立山室堂石造物調査」『たてはく―人と自然の情報交流誌』第七号　富山県［立山博物館］
京田良志　一九八五「立山山中の石造物と立山信仰」『日本の石仏』第三四号　日本石仏協会
京都国立博物館　二〇〇七『金峯山埋経一千年記念　特別展覧会　藤原道長　極めた栄華・願った浄土』京都国立博物館
櫛原功一　二〇〇六「甲斐の窟の諸相―修行窟を中心に―」『山梨県考古学協会誌』第一六号　山梨県考古学協会
櫛原功一　二〇〇八「山頂から窟へ―山梨県内の研究動向」『山の考古学通信』第二〇号　山の考古学研究会
久野俊彦　一九九八「富士山の信仰世界と信仰施設」『山梨考古』第六九号　山梨県考古学協会
蔵田　蔵　一九六六「近時発見の金峯山出土品」『大和文化研究』第一一巻第八号　大和文化研究会
黒川真道　一九〇五「大和国金峯神社所蔵の鍍金経筒考」『考古界』第五巻第一号　考古学会
高達奈緒美　一九九七「血盆経信仰霊場としての立山」『山岳修験』第二〇号　日本山岳修験学会
神山　登　一九七一「大峯の信仰と美術」『仏教芸術』第八一号　毎日新聞社
國學院大學考古学資料館白山山頂学術調査団　一九八八「白山山頂学術調査報告」『國學院大學考古学資料館紀要』第四輯　國學院大學考古学資料館
湖西市教育委員会　二〇〇二『湖西連峰の信仰遺跡分布調査報告書』（湖西市文化財調査報告第四〇集）湖西市教育委員会
午山　生　一九〇七「越中劔岳先登記」『山岳』第三年第三号　日本山岳会
児玉　充　一九七八「木曽御嶽の霊神碑」『富士・御嶽と中部霊山』（山岳宗教史研究叢書9）名著出版
小西信二　一九九二「宝満山祭祀遺跡群」『太宰府市史』考古資料編　太宰府市
小西洋子　二〇〇八「笈ケ岳出土経筒にみえる大聖寺について」『石川県立歴史博物館紀要』第二〇号　石川県立歴史博物

館
小林奈央子　二〇〇八「霊神碑は語る―東海地方における霊神碑の現況と霊神信仰―」『山岳修験』第四二号　日本山岳修験学会
五来　重　一九八一「修験道文化について(二)」『修験道の美術・芸能・文学(Ⅱ)』(山岳宗教史研究叢書15)名著出版
五来　重　二〇〇八「窟籠り」『修験道の修行と宗教民俗』(五来重著作集第五巻)法蔵館
佐伯哲也　二〇〇五「大日岳及び薬師岳で採取した遺物について」『大境』第二五号　富山考古学会
佐伯哲也　二〇〇七「山頂採取遺物から推定する山岳信仰―大日岳及び薬師岳の山頂採取遺物から―」『日本海文化研究所公開講座平成18年度記録集　山からみた日本海文化Ⅱ』富山市日本海文化研究所
佐伯哲也　二〇〇八「雄山山頂で採取した寛平大寶について」『山の考古学通信』第二〇号　山の考古学研究会
佐伯哲也　二〇一〇「薬師岳山頂の信仰遺跡について」『大山の歴史と民俗』第一三号　大山歴史民俗研究会
佐伯幸長　一九七三『立山信仰の源流と変遷』立山神道本院
佐伯立光　一九七六『立山における登山の歴史』富山県
坂詰秀一　一九七九「初期伽藍の類型認識と僧地の問題」『立正大学文学部論叢』第六三号　立正大学文学部
坂詰秀一編　一九八六「山岳信仰と考古学」『月刊考古学ジャーナル』第二六五号　ニュー・サイエンス社
桜井甚一　一九八三「福水出土の古密教仏具からみた能登の山林宗教考」『北陸の考古学』石川考古学研究会
桜井甚一　一九八五「福水遺跡と浄水寺遺跡出土の仏具」『加能史料会報』第二号　加能史料研究会
佐々木幹雄　一九七五「三輪と陶邑」『大神神社史』大神神社
佐々木幹雄　一九七九「三輪山出土の須恵器」『古代』第六六号　早稲田大学考古学会
佐々木幹雄　一九八〇「三輪山祭祀の歴史的背景―出土須恵器を中心として―」『古代探叢―瀧口宏先生古希記念考古学論

集―』早稲田大学出版部
佐々木幹雄　一九八四「三輪氏と三輪山祭祀」『日本歴史』第四二九号　日本歴史学会
佐々木幹雄　一九八六「三輪山およびその周辺出土の子持勾玉」『大美和』第七一号　大神神社
佐藤禎宏・小野忍・酒井英一　一九七九「羽黒山頂出土の中世陶器（1）・（2）」『庄内考古学』第一六号　庄内考古学会
佐藤虎雄　一九五四「藤原道長の金峯詣」『大和文化研究』第二巻第二号　大和文化研究会
佐野大和　一九七二「二荒山」『神道考古学講座』第五巻　雄山閣
柴田立史　一九七九「日光山の入峰修行―華供峰を中心として―」『日光山と関東の修験道』（山岳宗教史研究叢書8）名著出版
菅谷文則　一九八四「吉野の自然と考古学遺跡」『吉野地域における文化的価値の再点検と信仰のための調査―昭和58年度報告書―』環境文化研究所
菅谷文則　一九八五「大峯信仰への考古学的アプローチ」『吉野地域における文化的価値の再点検と信仰のための調査―昭和59年度報告書―』環境文化研究所
菅谷文則　一九八六「吉野と大峯山」『吉野地域における文化的価値の再点検と信仰のための調査―昭和60年度報告書―』環境文化研究所
菅谷文則　一九八七a「大峰山寺の発掘調査とその意義」『日本考古学協会第53回総会研究発表要旨』日本考古学協会
菅谷文則　一九八七b「山岳信仰の根源」『山人の生業』（『日本の古代』第一〇巻）中央公論社
菅谷文則　一九八八「熊野と大峯信仰」『熊野権現』筑摩書房
菅谷文則　一九九五「大峯山寺の発掘」『山岳修験』第一六号　日本山岳修験学会
菅谷文則　一九九八「藤原道長埋経以前の大峰山（金峯山）」『帝塚山芸術文化』第五号　帝塚山学園芸術文化研究所

菅谷文則　二〇〇二「大峯奥駈道の考古学的考察」『奈良県歴史の道調査　大峯奥駈道調査報告書』奈良県教育委員会
菅谷文則　二〇〇三「大峯山の奈良時代開山」『山岳信仰と考古学』同成社
菅谷文則　二〇〇五「出羽三山の出土遺物」『日本の美術』第四六六号　至文堂
菅谷文則・前園実知雄・西藤清秀　一九八六「大峯山寺の発掘調査について」『仏教芸術』第一六八号　毎日新聞社
菅原寿清　二〇〇二『木曽御嶽信仰』岩田書院
椙山林継　二〇〇三「白山山頂出土遺物と白山信仰」『山岳信仰と考古学』同成社
鈴木景二　一九九八「古代中世の立山登拝について―雄山山頂の出土遺物―」『富山史壇』第一二七号　越中史壇会
鈴木景二　一九九九「立山信仰と雄山山頂の遺物」『紀要』第三〇号　富山大学人文学部
増補吉野町史編集委員会　二〇〇四『増補吉野町史』吉野町
高瀬重雄　一九六九『古代山岳信仰の史的考察』角川書店
高瀬重雄　一九七一「立山信仰と美術」『仏教芸術』第八一号　毎日新聞社
高瀬重雄　一九八一『立山信仰の歴史と文化』名著出版
高瀬重雄編　一九七七『白山・立山と北陸修験道』（山岳宗教史研究叢書10）名著出版
高橋健自　一九一一「古式の錫杖」『考古学雑誌』第一巻第七号　考古学会
高橋健自・西崎辰之助　一九二〇「三輪町大字馬場字山の神古墳」『奈良県史蹟勝地調査会報告書』第七回　奈良県
高橋　充　二〇一五「羽黒派」『修験道史入門』岩田書院
高慶　孝　二〇〇六「山と信仰―黒川・立山・武家とのかかわり―」『日本海文化研究所公開講座平成17年度記録集　山からみた日本海文化Ⅰ』富山市日本海文化研究所
竹田政敬　一九九八「大峯山奥駈け（和佐又山～前鬼口まで）踏査による表採資料」『山の考古学通信』第五～一〇合併号

山の考古学研究会
太宰府市教育委員会　一九八九『宝満山遺跡』（太宰府市の文化財第一二集）太宰府市教育委員会
太宰府市教育委員会　一九九七『宝満山遺跡群Ⅱ　北谷ダム建設に係わる調査報告』（太宰府市の文化財第三四集）　古都
太宰府保存協会
太宰府市教育委員会　二〇〇一『宝満山遺跡群Ⅲ　第11次・21次調査報告書』（太宰府市の文化財第五五集）太宰府市教育
委員会
太宰府市教育委員会　二〇〇五『宝満山遺跡群４』（太宰府市の文化財第七九集）太宰府市教育委員会
太宰府市教育委員会　二〇〇六『宝満山遺跡群５』（太宰府市の文化財第八四集）太宰府市教育委員会
太宰府市教育委員会　二〇一〇『宝満山遺跡群６』（太宰府市の文化財第一一一集）太宰府市教育委員会
立山の室堂保存修理委員会　一九九五『日本最古の山小屋［立山室堂］』立山の室堂保存修理委員会
立山町教育委員会　一九九七『立山雄山山頂遺跡―雄山神社峰本社社殿建替事業に伴う調査―』（立山町文化財調査報告書
第五冊）立山町教育委員会
立山町教育委員会・富山大学人文学部考古学研究室　一九九四『芦峅寺室堂遺跡―立山信仰の考古学的研究―』（立山町文
化財調査報告書第一八冊）立山町教育委員会
立山町婦人ボランティア養成講座編　一九八九『立山町の石造物１―芦峅寺地区』立山町教育委員会
田辺三郎助　一九八三「総持寺・蔵王権現鏡像の周辺」『MUSEUM』第三九二号　東京国立博物館
坪井良平　一九八四「羽黒山の巨鐘」『歴史考古学の研究』ビジネス教育出版社
寺沢　薫　一九八八「三輪山の祭祀遺跡とそのマツリ」『大神と石上　神体山と禁足地』筑摩書房
寺沢薫・千賀久　一九八三『日本の古代遺跡５　奈良中部』保育社

尖山祭祀遺跡発掘調査団　一九九七　『富山県立山町尖山祭祀遺跡発掘調査概報』尖山祭祀遺跡発掘調査団
戸川安章　一九八三　「出羽三山・宗教遺跡の発掘」『中世の考古学』名著出版
戸川安章　一九九三　『出羽修験の修行と生活』佼成出版社
戸川安章　二〇〇五ａ『出羽三山と修験道　戸川安章著作集1』岩田書院
戸川安章　二〇〇五ｂ『修験道と民俗宗教　戸川安章著作集2』岩田書院
時枝　務　一九八四　「中世東国における血盆経信仰の様相―草津白根山を中心として―」『信濃』第三六巻第八号　信濃史学会
時枝　務　一九九八　「出羽三山」『季刊考古学』第六三号　雄山閣出版
時枝　務　二〇〇三　「笈ケ岳山頂遺跡と出土遺物」『山岳信仰と考古学』同成社
時枝　務　二〇〇四　「出羽三山の考古学的諸問題―松崎照明論文を手がかりに―」『山岳修験』第三四号　日本山岳修験学会
時枝　務　二〇〇五ａ「考古学からみた羽黒修験」『千年の修験　羽黒山伏の世界』新宿書房
時枝　務　二〇〇五ｂ『修験道の考古学的研究』　雄山閣
時枝　務　二〇〇六　「銅板鋳出蔵王権現像考」『史峰』第三四号　新進考古学同人会
時枝　務　二〇〇七　「宝満山の懸仏」『立正考古』第四四号　立正大学考古学研究会
時枝　務　二〇一〇ａ「山岳霊場遺跡としての金峯山経塚」『東国史論』第二四号　群馬考古学研究会
時枝　務　二〇一〇ｂ「立山信仰の諸段階―日光男体山・白山との比較のなかで―」『椙山林継先生古稀記念論集　日本基層文化論叢』雄山閣
時枝　務　二〇一一　『山岳考古学―山岳遺跡研究の動向と課題―』ニュー・サイエンス社

時枝　務　二〇一四『霊場の考古学』高志書院
時枝　務　二〇一五「神道考古学における依代の問題」『立正大学大学院紀要』第三一号　立正大学大学院文学研究科
戸潤幹夫　一九九二「遺跡・遺物が語る白山信仰の軌跡」『白山の歴史と文化』石川県立白山ろく民俗資料館
富山県教育委員会　一九七〇『立山文化遺跡調査報告書』富山県教育委員会
富山県教育委員会　一九七一『風土記の丘（信仰遺産）』越中風土記の丘保存会
富山県教育委員会　一九八一『富山県歴史の道調査報告書―立山道―』富山県教育委員会
富山県［立山博物館］一九九三『立山中宮寺跡石造物分布調査報告書』富山県［立山博物館］
富山県［立山博物館］一九九四『春季企画展立山信仰―祈りと願い―』富山県［立山博物館］
富山県［立山博物館］一九九六『立山山上石造物・関連遺跡調査資料集3』富山県［立山博物館］
富山県［立山博物館］一九九七『立山山上石造物・関連遺跡調査報告書（一）室堂・玉殿窟』富山県［立山博物館］
富山県［立山博物館］一九九八ａ『立山山上石造物・関連遺跡調査報告書（二）地獄谷・賽の河原』富山県［立山博物館］
富山県［立山博物館］一九九八ｂ『神像・仏像は語る―越中立山の山岳信仰―』富山県［立山博物館］
中川光熹　一九七九「日光山修験道史」『日光山と関東の修験道』（山岳宗教史研究叢書8）名著出版
中野幡能編　一九八〇『筑前国宝満山信仰史の研究』名著出版
中山　郁　二〇〇七『修験と神道のあいだ―木曽御嶽信仰の近世・近代―』弘文堂
奈良県文化財保存事務所　一九八六『重要文化財　大峰山寺本堂修理工事報告書』奈良県教育委員会
奈良県立橿原考古学研究所　一九八四『速報展大峯山寺の出土遺宝』奈良県立橿原考古学研究所
奈良県立橿原考古学研究所　一九八五『大峯山寺の出土遺宝』大峯山寺・日本経済新聞社
奈良国立文化財研究所編　一九九三『梵鐘実測図集成』ビジネス教育出版社

奈良山岳遺跡研究会　二〇〇三『大峰山岳信仰遺跡の調査研究』由良大和古代文化研究協会
西井龍儀　一九九五「室堂平の信仰遺跡」『万華鏡』第四五号　ふるさと開発研究所
西井龍儀　一九九七ａ「立山地獄と地蔵菩薩」『万華鏡』第七〇号　ふるさと開発研究所
西井龍儀　一九九七ｂ「越中国の山岳信仰」『中・近世の北陸　考古学が語る社会史』桂書房
西井龍儀　二〇〇〇「立山周辺の中世石造物」『中世北陸の石塔・石仏』北陸中世考古学研究会
仁科　章　一九八五「坂井町木部新保出土の仏具―資料紹介―」『福井考古学会会誌』第三号　福井考古学会
日光市史編さん委員会　一九七九『日光市史』上巻　日光市
日光市史編さん委員会　一九八六『日光市史』史料編上巻　日光市
日光二荒山神社　一九六三『日光男体山　山頂遺跡発掘調査報告書』角川書店
橋本澄朗　一九九八「日光男体山」『季刊考古学』第六三号　雄山閣出版
橋本裕行　二〇〇一「弥山の壺」『山の考古学通信』No.一二～一三合併号　山の考古学研究会
橋本裕行　二〇〇八「封禅と道長」『王権と武器と信仰』同成社
橋本裕行　二〇〇九『山岳信仰の考古学的研究―吉野山南部遺跡群の測量・踏査報告等―』奈良県立橿原考古学研究所
橋本芳雄　一九五六「立山信仰の歴史（上）（中）（下）」『富山史壇』第七～九号　越中史壇会
濱田　隆　一九八六「藤原道長の御岳詣」『仏教芸術』第一六八号　毎日新聞社
濱田　隆　一九八七「金峯山信仰と美術」『月刊文化財』第二八二号　第一法規出版
原田昌幸　二〇〇五「山岳信仰の美術　出羽三山」『日本の美術』第四六六号　至文堂
樋口清之　一九二八「奈良県三輪山町山ノ神遺跡研究」『國學院雑誌』第一八巻第一〇・一二号　國學院大學
樋口清之　一九三八「奈良県三輪山町山ノ神遺跡研究」『考古学雑誌』第二八巻第三号　考古学会

樋口清之　一九五九「古代」『大三輪町史』大三輪町役場
樋口清之　一九七二「三輪山」『神道考古学講座』第五巻（祭祀遺跡特説）雄山閣出版
樋口清之　一九七五「神体山の考古学的背景」『大神神社史』大神神社
日和祐樹　一九七七「立山信仰と勧進」『白山・立山と北陸修験道』（山岳宗教史研究叢書10）名著出版
平野榮次　一九八六「霊神碑」『日本石仏図典』国書刊行会
広瀬都巽　一九二二「金峯山に於ける大発見」『考古学雑誌』第一三巻第四号　考古学会
廣瀬　誠　一九七一『立山と白山―その歴史・伝説・文学―』北国出版社
廣瀬　誠　一九九七「立山信仰―その歴史と文化―」『山岳修験』第二〇号　日本山岳修験学会
福江　充　一九九八a『立山信仰と立山曼荼羅―芦峅寺衆徒の勧進活動―』岩田書院
福江　充　一九九八b「立山信仰にみる石仏寄進の一例―江戸の信徒による姥堂境内六地蔵尊石像の寄進」『宗教民俗研究』第八号　日本宗教民俗学研究会
福江　充　二〇〇二『近世立山信仰の展開』岩田書院
福江　充　二〇〇七「剱岳をめぐる立山信仰」『地図中心』第四一七号　日本地図センター
福岡県教育委員会　二〇〇二『宝満山遺跡群　浦ノ田遺跡Ⅲ』（福岡県文化財調査報告書第一六九集）福岡県教育委員会
福田アジオ　一九九四「近世の村と民俗」『岩波講座日本通史』第一三巻　岩波書店
富士市立博物館　一九九八『人穴浅間神社の碑塔と拓影　人穴浅間神社碑塔群採拓調査の概要』富士市立博物館
富士宮市教育委員会　一九九八『史蹟人穴』富士宮市教育委員会
富士宮市教育委員会　二〇〇一『史蹟人穴Ⅱ　埋蔵文化財にかかわる範囲確認調査報告書』富士宮市教育委員会
富士吉田市教育委員会　二〇〇一『富士山吉田口登山道関連遺跡　歴史の道整備活用推進事業に伴う調査報告書』（富士吉

田市文化財調査報告書第3集）富士吉田市教育委員会
富士吉田市教育委員会　二〇〇三　『富士山吉田口登山道関連遺跡発掘調査報告書Ⅱ―歴史の道整備活用推進事業に伴う調査報告書』（富士吉田市文化財調査報告書第4集）富士吉田市教育委員会
富士吉田市史編さん委員会　一九九八　『富士吉田市史』史料編第1巻（自然・考古）富士吉田市
富士吉田市史編さん室　一九九一　『上吉田の石造物』富士吉田市史編さん室
富士吉田市立歴史民俗博物館　二〇〇六　『富士を登る―吉田口登山道ガイドマップ』富士吉田市教育委員会
富士吉田市歴史民俗博物館　二〇〇二　『企画展図録　富士の信仰遺跡』富士吉田市歴史民俗博物館
藤原良志　一九六一　「立山地獄の宝篋印塔と山形県鶴岡市極楽寺の宝篋印塔」『富山史壇』第二一号　越中史壇会
布施光敏　一九九八　「吉田口登山道の発掘調査」『山梨考古』第六九号　山梨県考古学協会
古谷清・丸山瓦全　一九二四　「日光二荒山頂上発見品に就て」『考古学雑誌』第一四巻第一〇号　考古学会
古谷清・丸山源八　一九二七　「日光二荒山上発掘品」『栃木県史蹟名勝天然紀念物調査報告』第二輯　栃木県
古谷　毅　二〇一〇「奈良県三輪山ノ神遺跡の祭祀考古学的検討」『椙山林継先生古稀記念論集　日本基層文化論叢』雄山閣
北陸中世考古学研究会　二〇〇〇　『中世北陸の石塔・石仏』北陸中世考古学研究会
北陸中世考古学研究会　二〇〇九　『中世北陸の山岳信仰』北陸中世考古学研究会
前園実知雄　一九八七　「大峯山寺の地下調査」『月刊文化財』第二八二号　第一法規出版
前園実知雄・松田真一　二〇〇四　『吉野　仙境の歴史』文英堂
前田洋子　一九八四　「羽黒鏡と羽黒山頂遺跡」『考古学雑誌』第七〇巻第一号　日本考古学会
松崎照明　二〇〇〇　「出羽三山修験の建築・羽黒山三神合祭殿」『仏教芸術』第二四八号　毎日新聞社
松村英之　二〇〇三　「白山と越前禅定道」『山岳信仰と考古学』同成社

丸山瓦全　一九二四「続日光二荒山頂の発見品に就て」『考古学雑誌』第一四巻第一四号　考古学会
宮家　準　一九七三「修験道―峰入の衣体と行場を中心として―」『神道考古学講座』第六巻　雄山閣
宮家　準　一九七六「修験道と仏教」『新版仏教考古学講座』第一巻　雄山閣
宮家　準　一九七九「大山の歴史と信仰」『大山・石鎚と西国修験道』（山岳宗教史研究叢書12）名著出版
三宅敏之　一九七七「金峯山経塚出土の『金銀花鳥唐草毛彫経箱』について」『木代修一先生喜寿記念論文集』三　雄山閣出版
三宅敏之　一九八三「藤原道長の埋経」『角田文衛博士古稀記念古代学叢論』古代学協会
三宅敏之　一九九五「金峯山経塚の諸問題」『山岳修験』第一六号　日本山岳修験学会
宮田　登　一九七〇『生き神信仰―人を神に祀る習俗―』塙書房
宮本哲郎　一九九三「立山採集遺物について」『大境』第一五号　富山考古学会
村山修一　一九七一「羽黒山信仰とその美術」『仏教芸術』第八一号　毎日新聞社
茂木雅博編　一九九八「特集山の考古学」『季刊考古学』第六三号　雄山閣出版
茂木雅博・奈良山岳遺跡研究会　二〇〇五「吉野町安禅寺跡測量調査報告」『研究紀要』第九集　由良大和古代文化研究所
森下恵介　一九九五「大峰踏査記録―葛川～前鬼―（その1）」『山の考古学通信』第四号　山の考古学研究会
森下恵介　一九九七「大峰の宿とその遺跡」『伊達先生古希記念　古代文化論叢』伊達先生古希記念論集刊行会
森下恵介　一九九八「吉野と大峰山」『季刊考古学』第六三号　雄山閣出版
森下恵介　二〇〇三「大峰山系の遺跡と遺物」『山岳信仰と考古学』同成社
森下恵介　二〇〇七「金峯山上の銭弘俶塔」『日中交流の考古学』同成社
森下恵介　二〇〇八「大峰山寺鐘小考」『王権と武器と信仰』同成社

森　弘子　一九七七「宝満山の開発と歴史的発展」『英彦山と九州の修験道』（山岳宗教史研究叢書13）名著出版
森　弘子　一九八一『宝満山歴史散歩』葦書房
森　弘子　二〇〇二「大宰府竈門山寺考」『山岳修験』第三〇号　日本山岳修験学会
森　弘子　二〇〇五「宝満菩薩の誕生」『山の考古学通信』第一七号　山の考古学研究会
森　弘子　二〇〇八『宝満山の環境歴史学的研究』大宰府顕彰会
森　弘子　二〇一〇「宝満山―大宰府鎮護の山―」『山岳信仰と考古学Ⅱ』同成社
矢島恭介　一九五九「金峯山出土の銅板経」『大和文化研究』第四巻第三号　大和文化研究会
山内賢一・久々忠義　一九八八「立山天狗平で採集された石鏃について」『大境』第一二号　富山県考古学会
山形県総合学術調査会　一九七五『出羽三山（月山・羽黒山・湯殿山）・葉山』山形県
山の考古学研究会編　二〇〇三『山岳信仰と考古学』同成社
山の考古学研究会編　二〇一〇『山岳信仰と考古学Ⅱ』同成社
山村信榮　二〇〇五ａ「考古学から見た太宰府宝満山」『山の考古学通信』第一七号　山の考古学研究会
山村信榮　二〇〇五ｂ「大宰府における国境祭祀と宝満山・有智山寺」『仏教芸術』第二八二号　毎日新聞社
山村信榮　二〇〇七ａ「山稜を利用した経塚ネットワークと密教寺院」『月刊考古学ジャーナル』第五六一号　ニュー・サイエンス社
山村信榮　二〇〇七ｂ「発掘調査からみた宝満山について」『都府楼』第三九号　古都大宰府保存協会
山村信榮　二〇一〇「宗教遺跡としての太宰府宝満山」『山岳信仰と考古学Ⅱ』同成社
山本義孝　一九九五「行者道を通して見た遠江の修験霊山―光明山・本宮山の事例を中心として―」『静岡県博物館協会研究紀要』第一八号　静岡県博物館協会

山本義孝　一九九七　「遠江における山岳修験の成立（上）」『静岡県博物館協会研究紀要』第二〇号　静岡県博物館協会
山本義孝　一九九八　「遠江における山岳修験の成立（下）」『静岡県博物館協会研究紀要』第二一号　静岡県博物館協会
山本義孝　二〇〇三ａ「深山田遺跡と修験道」『深山田遺跡　付録』（明野村文化財調査報告一六）明野村教育委員会
山本義孝　二〇〇三ｂ「甲斐における山岳信仰研究の展望」『帝京大学山梨文化財研究所報』第四六号　帝京大学山梨文化財研究所
山本義孝　二〇〇六ａ「彦山中における宿遺跡の検討」『山岳修験』第三七号　日本山岳修験学会
山本義孝　二〇〇六ｂ「修験道」『鎌倉時代の考古学』高志書院
山本義孝　二〇一二　『立山における山岳信仰遺跡の研究』富山県［立山博物館］
吉岡康暢　一九九四　『中世須恵器の研究』吉川弘文館
由谷裕哉　二〇〇八　『白山・立山の宗教文化』岩田書院
吉田孫四郎　一九〇七　「越中劔岳」『山岳』第五年第一号　日本山岳会
吉野歴史資料館　一九九七　『埋もれた吉野の寺院―金峯山寺の発掘から』吉野歴史資料館
米原　寛　一九九五　「立山室堂について―建造物の視点から―」『富山県［立山博物館］研究紀要』第二号　富山県［立山博物館］

あとがき

本書は、筆者が二〇〇二年から二〇一四年の間に執筆した論考に、新たに書き下ろした論文を加えて完成させたものである。

既刊論文は、日本山岳修験学会の『山岳修験』に掲載したものと、二〇〇六年から勤務するようになった立正大学関係の刊行物に掲載したものからなる。詳細は「初出一覧」に示した。それらにも、収録に際して加除筆をおこなったので、発表時と同じとは限らない。新規に書き下ろした論文は、それ以前に関連する論文を発表したものも含まれているが、既に古くなって使用できないなどの理由で、結局新たに書くことになった。

この本に収録した論文を執筆した時期は、勤務先が東京国立博物館から文化庁へ、さらに立正大学へと変わり、筆者にとって多忙な時期であった。長年勤めた東京国立博物館は、大規模な組織の改変が毎年おこなわれ、その度に名刺を作り直すことが続いた。異動した文化庁は、直接巻き込まれることはなかったが、高松塚壁画問題でごった返していた。その後、移った立正大学は、それまでとはまったく異なる環境で、講義の準備だけでも慣れない者には大きな仕事だった。

東京国立博物館に就職した頃には、研究する時間を確保できる環境があったが、文化庁に異動した頃にはそのような時代は昔語りで、過渡期を生きたことを実感した。考古資料から歴史を復原するためには、遺物を観察するだけではなく、それが出土した現地を踏査し、背後にある環境や歴史を読み取ることが大切なことを実感したのも、博物館の業務を通してであった。収蔵庫に整然と並んだたくさんの遺物を観察しながら、論文の構想を練ることができた頃は、学問の基礎を養うにはよい時代であった。その頃の研究は、最初の論文集である『修験道の考古学的研究』(雄山閣、二〇〇五年)に収めたが、本にまとめた頃には慌しい時代に突入していた。

その後、『山岳考古学―山岳遺跡研究の動向と課題―』(ニュー・サイエンス社、二〇一一年)と『霊場の考古学』(高志書院、二〇一四年)の二冊の単著を世に送り出したが、山岳宗教と関連しつつも、直接そのものではなかった。それぞれまとめておきたいものではあったが、論文集とは異なる性質のものであったから、いずれは山岳宗教についての考古学的な研究を一冊にまとめたいという気持ちがむらむらと生まれてきた。しかし、大学も意外と多忙で、入試などに関わると、いわゆる学内行政に忙殺される。まとめたいと思いつつ、目前の課題の対応に追われて、またもや時間だけが経過し、不足する論文を書く意気込みさえ消沈してしまう。

そのような中、立正大学の池上悟教授(現副学長)から短期の海外研修の話が舞い込み、それにあわせて一年間のサバティカルが取得できることになった。ベトナム滞在の一箇月間以外は、その気になれば論集をまとめる時間を割くことができる好条件を得たわけで、ありがたいことであった。その結果、本書が誕生することになったのであるが、当初予想していたほど簡単にまとめられたわけではない。何かと舞い込む雑用をこなしながら、可能な限り執筆の時間を確保して、ようやく脱稿に漕ぎ着けた。本来、執筆は早い方であったはずであるが、若い頃のように筆が進まないのは、あきらかに初老の衰えに起因する。かつての勢いで書けない分、あきらかに遅れたが、期間内に何とかかたちをなすまでに執筆が進んだのは幸運であった。

そのような経緯で、本書が世に出ることになったわけであるが、研究者が少ない分野であるということは、その分、本が売れないことを意味する。本書を出版することは、多分慈善事業に限りなく近いことであることが十分に予測される中で、無理な注文に応じていただいた岩田博さんには心から謝意を表したい。また、本書が成立するまでには、多くの方のお力添えをいただいているが、失礼ながら遺漏を恐れて氏名を記すことはしない。諒とせられたい。

時枝　務

初出一覧

序　章　書き下ろし
第一章　書き下ろし
第二章　書き下ろし
第三章　「近世立山の宗教空間―考古学からのアプローチ―」『立正考古』第五一号　一五～三二頁　立正大学考古学研究会　二〇一四年
第四章　「筑前宝満山における山頂祭祀の成立」『立正大学文学部論叢』第一三六号　五五～七四頁　立正大学文学部　二〇一三年、「八世紀後半の筑前宝満山」『考古学論究』第一五号　一七一～一八〇頁　立正大学考古学会　二〇一三年
第五章　「白山禅定と男体山禅定―白山山頂遺跡の特質をめぐって―」『山岳修験』第四三号　一～一六頁　日本山岳修験学会　二〇〇九年
第六章　書き下ろし
第七章　「平安時代前期における山岳宗教の動向―三鈷鐃を手がかりに―」『山岳修験』第二九号　一七～三一頁　日本山岳修験学会　二〇〇二年
第八章　書き下ろし
第九章　「北関東の木曽御嶽講と霊神碑」『山岳修験』第四二号　五三～六七頁　日本山岳修験学会　二〇〇八年
終　章　書き下ろし

著者略歴

時枝　務（ときえだ　つとむ）

昭和33年（1958）生まれ
立正大学大学院文学研究科修士課程修了。日本考古学。
東京国立博物館・文化庁を経て、立正大学文学部教授。
『修験道の考古学的研究』雄山閣　2005年、
『山岳考古学―山岳遺跡研究の動向と課題―』ニューサイエンス社　2011年、
『霊場の考古学』高志書院　2014年、などの著書がある。

山岳宗教遺跡の研究

2016年（平成28年）7月　第1刷　350部発行　　**定価［本体6400円＋税］**

著　者　時枝　務

発行所　有限会社岩田書院　代表・岩田　博　http://www.iwata-shoin.co.jp
〒157-0062 東京都世田谷区南烏山4-25-6-103　電話03-3326-3757 FAX03-3326-6788
組版・印刷・製本：藤原印刷　Printed in Japan

ISBN978-4-86602-971-9 C3021 ￥6400E

岩田書院 刊行案内 (22)

			本体価	刊行年月
855	群馬歴史民俗	歴史･民俗からみた環境と暮らし＜ﾌﾞｯｸﾚｯﾄH18＞	1600	2014.03
856	岩淵　令治	「江戸」の発見と商品化＜歴博フォーラム＞	2400	2014.03
857	福澤・渡辺	藩地域の農政と学問・金融＜松代藩４＞	5400	2014.04
859	松尾　恒一	東アジアの宗教文化	4800	2014.04
860	瀧音　能之	出雲古代史論攷	20000	2014.04
861	長谷川成一	北奥地域史の新地平	7900	2014.04
862	清水紘一他	近世長崎法制史料集１＜史料叢刊８＞	21000	2014.04
863	丸島　和洋	論集 戦国大名と国衆14 真田氏一門と家臣	4800	2014.04
864	長谷部・佐藤	般若院英泉の思想と行動	14800	2014.05
865	西海　賢二	博物館展示と地域社会	1850	2014.05
866	川勝　守生	近世日本石灰史料研究Ⅶ	9900	2014.05
867	武田氏研究会	戦国大名武田氏と地域社会＜ブックレットH19＞	1500	2014.05
868	田村　貞雄	秋葉信仰の新研究	9900	2014.05
869	山下　孝司	戦国期の城と地域	8900	2014.06
870	田中　久夫	生死の民俗と怨霊＜田中論集４＞	11800	2014.06
871	高見　寛孝	巫女･シャーマンと神道文化	3000	2014.06
872	時代考証学会	大河ドラマと市民の歴史意識	3800	2014.06
873	時代考証学会	時代劇制作現場と時代考証	2400	2014.06
874	中田　興吉	倭政権の構造 支配構造篇 上	2400	2014.07
875	中田　興吉	倭政権の構造 支配構造篇 下	3000	2014.07
876	高達奈緒美	佛説大蔵正教血盆経和解＜影印叢刊11＞	8900	2014.07
877	河野昭昌他	南北朝期 法隆寺記録＜史料選書３＞	2800	2014.07
878	宗教史懇話会	日本宗教史研究の軌跡と展望	2400	2014.08
879	首藤　善樹	修験道聖護院史辞典	5900	2014.08
880	宮原　武夫	古代東国の調庸と農民＜古代史８＞	5900	2014.08
881	由谷・佐藤	サブカルチャー聖地巡礼	2800	2014.09
882	西海　賢二	城下町の民俗的世界	18000	2014.09
883	笹原亮二他	ハレのかたち＜ブックレットH20＞	1500	2014.09
884	井上　恵一	後北条氏の武蔵支配と地域領主＜戦国史11＞	9900	2014.09
885	田中　久夫	陰陽師と俗信＜田中論集５＞	13800	2014.09
886	飯澤　文夫	地方史文献年鑑2013	25800	2014.10
887	木下　昌規	戦国期足利将軍家の権力構造＜中世史27＞	8900	2014.10
888	渡邊　大門	戦国・織豊期赤松氏の権力構造＜地域の中世15＞	2900	2014.10
889	福田アジオ	民俗学のこれまでとこれから	1850	2014.10
890	黒田　基樹	武蔵上田氏＜国衆15＞	4600	2014.11
891	柴　　裕之	戦国・織豊期大名徳川氏の領国支配＜戦後史12＞	9400	2014.11
892	保坂　達雄	神話の生成と折口学の射程	14800	2014.11
893	木下　　聡	美濃斎藤氏＜国衆16＞	3000	2014.12

岩田書院 刊行案内（23）

	著者	書名	本体価	刊行年月
894	新城　敏男	首里王府と八重山	14800	2015.01
895	根本誠二他	奈良平安時代の〈知〉の相関	11800	2015.01
896	石山　秀和	近世手習塾の地域社会史＜近世史39＞	7900	2015.01
897	和田　　実	享保十四年、象、江戸へゆく	1800	2015.02
898	倉石　忠彦	民俗地図方法論	11800	2015.02
899	関口　功一	日本古代地域編成史序説＜古代史９＞	9900	2015.02
900	根津　明義	古代越中の律令機構と荘園・交通＜古代史10＞	4800	2015.03
901	空間史学研究会	装飾の地層＜空間史学２＞	3800	2015.03
902	田口　祐子	現代の産育儀礼と厄年観	6900	2015.03
903	中野目　徹	公文書管理法とアーカイブズ＜ﾌﾞｯｸﾚｯﾄA18＞	1600	2015.03
904	東北大思想史	カミと人と死者	8400	2015.03
905	菊地　和博	民俗行事と庶民信仰＜山形民俗文化２＞	4900	2015.03
906	小池　淳一	現代社会と民俗文化＜歴博フォーラム＞	2400	2015.03
907	重信・小池	民俗表象の現在＜歴博フォーラム＞	2600	2015.03
908	真野　純子	近江三上の祭祀と社会	9000	2015.04
909	上野　秀治	近世の伊勢神宮と地域社会	11800	2015.04
910	松本三喜夫	歴史と文学から信心をよむ	3600	2015.04
911	丹治　健蔵	天狗党の乱と渡船場栗橋宿の通航査検	1800	2015.04
912	大西　泰正	宇喜多秀家と明石掃部	1850	2015.05
913	丹治　健蔵	近世関東の水運と商品取引 続	7400	2015.05
914	村井　良介	安芸毛利氏＜国衆17＞	5500	2015.05
915	川勝　守生	近世日本石灰史料研究Ⅷ	9900	2015.05
916	馬場　憲一	古文書にみる武州御嶽山の歴史	2400	2015.05
917	矢島　妙子	「よさこい系」祭りの都市民俗学	8400	2015.05
918	小林　健彦	越後上杉氏と京都雑掌＜戦国史13＞	8800	2015.05
919	西海　賢二	山村の生活史と民具	4000	2015.06
920	保坂　達雄	古代学の風景	3000	2015.06
921	本田　　昇	全国城郭縄張図集成	24000	2015.07
922	多久古文書	佐賀藩多久領 寺社家由緒書＜史料選書４＞	1200	2015.07
923	西島　太郎	松江藩の基礎的研究＜近世史41＞	8400	2015.07
924	根本　誠二	天平期の僧と仏	3400	2015.07
925	木本　好信	藤原北家・京家官人の考察＜古代史11＞	6200	2015.08
926	有安　美加	アワシマ信仰	3600	2015.08
927	全集刊行会	浅井了意全集：仮名草子編５	18800	2015.09
928	山内　治朋	伊予河野氏＜国衆18＞	4800	2015.09
929	池田　仁子	近世金沢の医療と医家＜近世史42＞	6400	2015.09
930	野本　寛一	牛馬民俗誌＜著作集４＞	14800	2015.09
931	四国地域史	「船」からみた四国＜ブックレットH21＞	1500	2015.09

岩田書院 刊行案内（24）

	著者	書名	本体価	刊行年月
932	阪本・長谷川	熊野那智御師史料<史料叢刊９>	4800	2015.09
933	山崎　一司	「花祭り」の意味するもの	6800	2015.09
934	長谷川ほか	修験道史入門	2800	2015.09
935	加賀藩ﾈｯﾄﾜｰｸ	加賀藩武家社会と学問・情報	9800	2015.10
936	橋本　裕之	儀礼と芸能の民俗誌	8400	2015.10
937	飯澤　文夫	地方史文献年鑑2014	25800	2015.10
938	首藤　善樹	修験道聖護院史要覧	11800	2015.10
939	横山　昭男	明治前期の地域経済と社会<近代史22>	7800	2015.10
940	柴辻　俊六	真田幸綱･昌幸･信幸･信繁	2800	2015.10
941	斉藤　　司	田中休愚「民間省要」の基礎的研究<近世史43>	11800	2015.10
942	黒田　基樹	北条氏房<国衆19>	4600	2015.11
943	鈴木　将典	戦国大名武田氏の領国支配<戦国史14>	8000	2015.12
944	加増　啓二	東京北東地域の中世的空間<地域の中世16>	3000	2015.12
945	板谷　　徹	近世琉球の王府芸能と唐・大和	9900	2016.01
946	長谷川裕子	戦国期の地域権力と惣国一揆<中世史28>	7900	2016.01
947	月井　　剛	戦国期地域権力と起請文<地域の中世17>	2200	2016.01
948	菅原　壽清	シャーマニズムとはなにか	11800	2016.02
949	渡辺　尚志	相給村落からみた近世社会	6000	2016.02
950	荒武賢一朗	東北からみえる近世･近現代	6000	2016.02
951	佐々木美智子	「産む性」と現代社会	9500	2016.02
952	同編集委員会	幕末佐賀藩の科学技術　上	8500	2016.02
953	同編集委員会	幕末佐賀藩の科学技術　下	8500	2016.02
954	長谷川賢二	修験道組織の形成と地域社会	7000	2016.03
955	木野　主計	近代日本の歴史認識再考	7000	2016.03
956	五十川伸矢	東アジア梵鐘生産史の研究	6800	2016.03
957	神崎　直美	幕末大名夫人の知的好奇心	2700	2016.03
958	岩下　哲典	城下町と日本人の心性	7000	2016.03
959	福原･西岡他	一式造り物の民俗行事	6000	2016.04
960	福嶋･後藤他	廣澤寺伝来　小笠原流弓馬故実書<史料叢刊10>	14800	2016.04
961	糸賀　茂男	常陸中世武士団の史的考察	7400	2016.05
962	川勝　守生	近世日本石灰史料研究Ⅸ	7900	2016.05
963	所　理喜夫	徳川権力と中近世の地域社会	11000	2016.05
964	大豆生田稔	近江商人の酒造経営と北関東の地域社会	5800	2016.05
965	上原　兼善	近世琉球貿易史の研究<近世史44>	12800	2016.06
966	日野西眞定	高野山信仰史の研究<宗教民俗８>	9900	2016.06
967	佐藤　久光	四国遍路の社会学	6800	2016.06
968	浜口　　尚	先住民生存捕鯨の文化人類学的研究	3000	2016.07
969	橋本　　章	戦国武将英雄譚の誕生	2800	2016.07